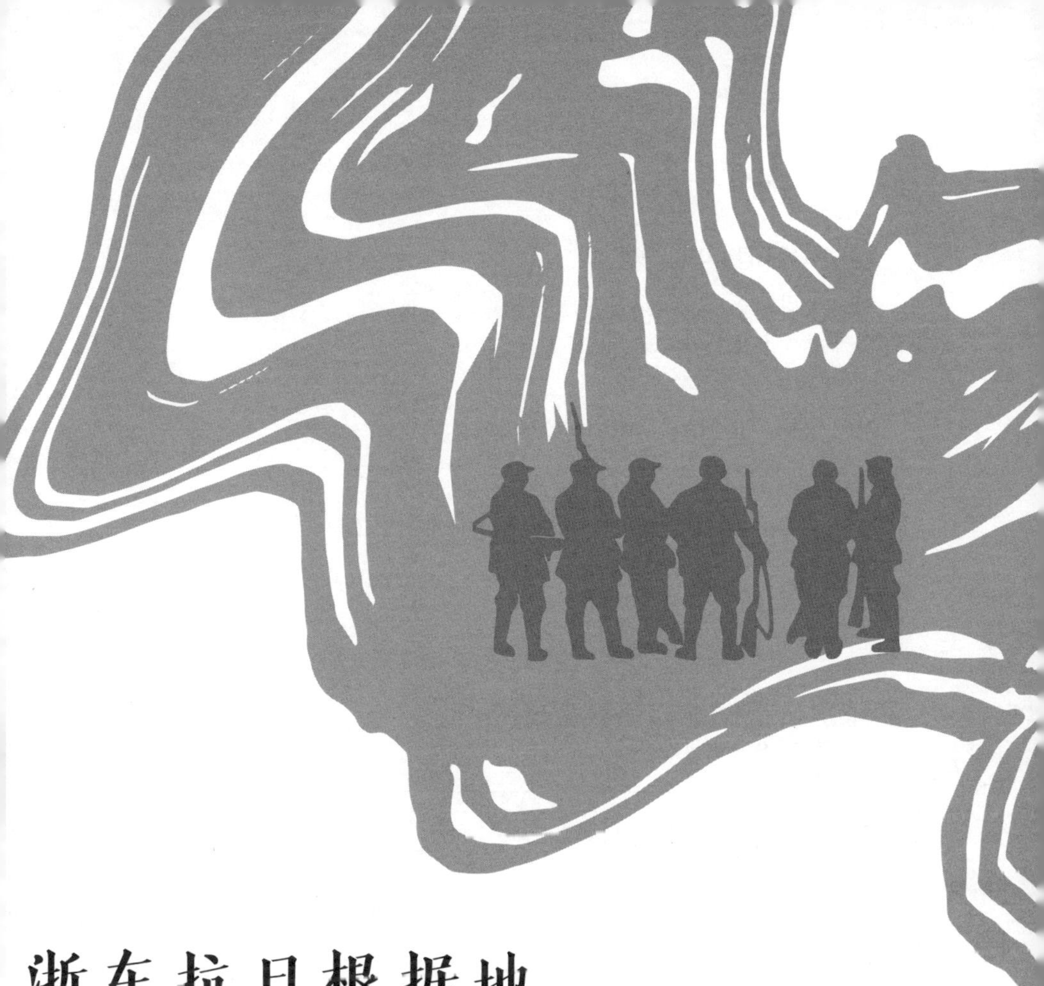

浙东抗日根据地
红色教育研究

吕克军◎著

浙江工商大學出版社 ZHEJIANG GONGSHANG UNIVERSITY PRESS | 杭州

图书在版编目（CIP）数据

浙东抗日根据地红色教育研究 / 吕克军著 . — 杭州：浙江工商大学出版社，2023.2
ISBN 978-7-5178-5237-7

Ⅰ . ①浙… Ⅱ . ①吕… Ⅲ . ①革命传统教育—研究—浙江 Ⅳ . ① D642

中国版本图书馆CIP数据核字（2022）第229873号

浙东抗日根据地红色教育研究

ZHEDONG KANG RI GENJUDI HONGSE JIAOYU YANJIU

吕克军 著

策划编辑 任晓燕
责任编辑 熊静文
责任校对 张春琴
封面设计 望宸文化
责任印制 包建辉
出版发行 浙江工商大学出版社
（杭州市教工路 198 号 邮政编码 310012）
（E-mail：zjgsupress@163.com）
（网址：http://www.zjgsupress.com）
电话：0571-88904980，88831806（传真）
排　　版 杭州彩地电脑图文有限公司
印　　刷 杭州高腾印务有限公司
开　　本 880 mm × 1230 mm 1/32
印　　张 9.125
字　　数 180 千
版 印 次 2023 年 2 月第 1 版 2023 年 2 月第 1 次印刷
书　　号 ISBN 978-7-5178-5237-7
定　　价 48.00 元

前 言

抗日战争这段历史是中国近代以来最为波澜壮阔的反抗外敌入侵、民族浴火重生的一段历史。习近平总书记对抗日战争十分重视，对抗日战争研究和编撰做出过多次重要论述。2015 年 7 月 30 日，习近平总书记在政治局集体学习时专门指出，要坚持用唯物史观来认识和记述历史，着力研究和深入阐释中国人民抗日战争的伟大意义、中国人民抗日战争在世界反法西斯战争中的重要地位、中国共产党的中流砥柱作用是中国人民抗日战争胜利的关键等重大问题；要求推出高水平的研究专著和通俗读物。[①]2020 年 9 月 3 日，习近平总书记在纪念中国人民抗日战争暨世界反法西斯战争胜利 75 周年座谈会上提出弘扬伟大抗

① 《习近平：让历史说话用史实发言　深入开展中国人民抗日战争研究》，2015 年 7 月 31 日，http://jhsjk.people.cn/article/27393899。

战精神，促进中华民族伟大复兴。同时，习近平总书记对浙江的红色抗战资源十分重视，在浙江工作期间，他就到浙东革命老区调研；2018 年 3 月 2 日，他又在给梁弄干部群众的回信中，提出“不忘初心、牢记使命，传承好红色基因，发挥好党组织战斗堡垒作用和党员先锋模范作用”[①]。作为一名学术工作者，理应以学术之公器贯彻习近平总书记的教导。

抗战时期，浙江是国民党统治的中心区域之一，也是被日本帝国主义重点侵略的地区之一，在军事、政治、经济、社会、文化等方面独具特色。相比较全国其他地区来说，中国共产党在这里建立抗日民族统一战线，建立敌后抗日根据地，展开对日寇、敌伪的斗争更加艰难，这也充分体现了中国共产党在抗战中的重要作用。正如习近平同志指出的，浙江人民为抗战胜利做出了重要贡献，是全国抗战的重要组成部分，要牢记中国共产党在抗战中的核心作用，牢记爱国传统，全面、系统、真实地记录好这段历史具有重要意义。长期以来，学界对浙东抗日根据地进行了深入研究，出现了大量研究成果，但相对于陕甘宁边区、晋察冀、晋冀鲁豫等抗日根据地的研究来说，在成果数量上有不小差距，这表明浙东抗日根据地的研究还有很大的空间。同时，在研究深度上，大多研究成果还处于表层，采用政治学、社会学等研究方法进行深度研究的成果还不多。在研究领域方面，大多数成果限于军事、政治、文化领域，对经

① 《习近平回信勉励浙江宁波余姚横坎头村全体党员》，《人民日报》2018 年 3 月 2 日，第 1 版。

济、社会、教育等进行研究的成果相对较少，有的研究领域甚至还没有一部专著，离习近平总书记提出的“总体研究要深、专题研究要细”的要求还有一定距离。

可喜的是，2021年省委在党史学习教育中提出守好“红色根脉”，充分运用“红色根脉”资源，这极大促进了浙江革命史和浙东抗日根据地史研究的发展，本书就是在伟大精神激励下产生的一个小成果。抗战时期是社会急剧变化、民族矛盾极端尖锐的时期，这一阶段，浙江地区的党组织也经历了从受到残酷打击变为在抗战中发挥中流砥柱作用，从力量弱小发展到组织健全、力量强大的过程。在这个过程中，中共通过建立抗日根据地，进行根据地建设，在政治、经济、社会、文教等领域中建政、执政经验日益成熟。特别是在教育领域，中共采用新民主主义教育方针，在社会教育、学校教育领域进行了深刻的转型，在干部教育领域也有了大发展。同时，浙东由于商品经济发达，在教育发展上也呈现了和其他地区不同的特点，体现了教育近代化进程中的内在机理和逻辑。本书作为这一领域的一部专著，为浙东抗日根据地研究增添了一点内容。但限于水平，写得还不甚深入，理论还不甚缜密，甚至一些具体内容也可能存在错漏现象，恳请各位方家指教！

目 录

绪 论

浙东敌后抗日根据地是全面抗战时期中国共产党在浙东地区建立的敌后抗日根据地，是全国19块抗日根据地之一，是在国民党统治的中心区域和日伪重点侵略地区建立的一块敌后抗日根据地。它是在全面抗战初期浙东地方党组织开展抗日救亡的基础上，按照中共中央决策指示，由华中局于1942年派军队和干部赴浙东地区与当地党组织进行艰苦斗争创立的，主要包括三北（余姚、慈溪、镇海3个县的姚江以北地区）、四明、金萧、淞沪4个基本区和三东（鄞县、奉化、镇海3个县的东部地区和定海县等地）抗日游击区。至抗战结束时，浙东抗日根据地面积达2万多平方千米，人口达400多万，成为南北跨钱塘江两岸，东临东海，西至浙赣铁路、金萧线广大地区的抗日根据地。浙东抗日根据地在其创立和建设过程中，在政治、经济、社会、文教等领域取得了突出成绩。教育方面贯彻中共中央的教育方针，吸取浙东教育传统中的有益成分，根据这一地区实际情况，针锋相对地和日伪奴化教育做坚决斗争，在社会教育、普通教育、干部教育等方面创造了很多好的经验做法。这段历史和丰富的经验值得认真总结研究，并在新时代传承发扬。关于浙东抗日根据地的研究比较丰富，但对浙东抗日根据地教育的研究相对比较薄弱，为了在前人基础上深入研究，笔者首先把相关研究成果进行必要的总结、分析。

一、关于浙东抗日根据地教育的研究成果

根据中国知网的数据，篇名中包含“浙东抗日根据地”的文章一共有 51 篇，其中研究性论文 44 篇。对浙东抗日根据地的研究可以分为 4 个阶段。第一阶段是起步阶段。时间从 1985 年到 1990 年，共计有研究论文 2 篇，为浙东抗日根据地的创建和根据地货币的一般性介绍。第二阶段是发展阶段。时间从 1991 年至 2000 年，共计有论文 10 篇，分别涉及根据地创建、法制建设、党建、统战、教育、越剧改革等内容，研究的领域扩大了，但大多仍为一般情况的介绍。第三阶段是持续发展阶段。时间从 2001 年至 2010 年，共计有论文 11 篇，内容大部分集中在文化领域，特别是越剧改革，反映出学界对这一领域的重视与偏好。第四阶段是深入发展阶段。时间从 2011 年至今，共计有论文 21 篇。这一阶段对浙东抗日根据地的研究有了新发展：一是领域扩大，对根据地建设中的政治、财政、文化、越剧改

革、教育、统战、廉政建设等方面都有研究论文；二是研究深入，不再是一般性的介绍，而是从多学科角度对相关领域和论题进行深入论述。

在这些研究性论文中，直接针对浙东抗日根据地教育进行研究的有2篇，即冯永之的《浙东抗日根据地的教育事业与教育方针》和钱文艳的《抗战时期浙东抗日根据地的小学教育》。《浙东抗日根据地的教育事业与教育方针》一文从宏观角度对浙东抗日根据地的社会教育、专业教育、普通教育进行了介绍，把浙东抗日根据地的教育方针总结为“坚持党对教育事业的领导”“坚持党的新民主主义文化教育方针”“社会教育重于学校教育、成人教育重于儿童教育、干部教育重于群众教育”“通过办教育推进抗日民族统一战线”等等。①虽然其中的“专业教育”提法不甚规范，“通过办教育来推进抗日民族统一战线的发展”应视为根据地教育的成效，但总体上该文的论述是正确的，其在浙东抗日根据地教育研究上筚路蓝缕之功不容埋没。《抗战时期浙东抗日根据地的小学教育》一文针对浙东抗日根据地的小学教育进行了研究，重点对浙东党组织和根据地政权对浙东小学教育的恢复和教育方针的确定，对根据地小学教育的师资、教材、经费问题及其成效做了介绍，但对学制这样重要的问题研究过于简单。虽然学术界一般把越剧改革作为文艺领域的问题来研究，但它也涉及社会教育领域。关于这方面的论文主要

① 冯永之:《浙东抗日根据地的教育事业与教育方针》,《宁波师范学院学报》(社会科学版)1991年第2期。

有钟冶平的《浙东抗日根据地的越剧改革》、汪湛穹的《乡村传统戏剧的时代呈现——基于浙东抗日根据地“的笃戏”改造的考察》等。《浙东抗日根据地的越剧改革》一文对浙东抗日根据地越剧改革的历史过程进行了详细介绍。《乡村传统戏剧的时代呈现——基于浙东抗日根据地“的笃戏”改造的考察》一文则对“上海袁雪芬等人的‘新越剧’主要体现为艺术本体的变化，而对根据地的‘的笃戏’改造只是政治正确”的观点质疑，从“的笃戏”改造的“时代使命”、“地方世界的革命道白”、“契合时代生活的乡村演艺”三个维度，指出“充任着民族民主‘革命机器’中的齿轮”的“的笃戏”，“突破了某些艺术表现的传统藩篱，将特定时空元素与现代表演技艺融为一体，逐渐形成了传统艺术的时代呈现方式”，在此基础上采用新的艺术表演形式，并深入近代乡村改良运动的背景中，作者认为“的笃戏”改革不仅是“对一种民间艺术形式的简单利用，而同时也致力于其艺术价值的挖掘”。[①] 研究视角独特，剖析深入。此外，还有一些没有收录到中国知网中的文章，如包晓峰的《浙东抗日根据地文化教育工作概述》(收录于中共浙江省委党史研究室编《浙江八年抗战(下册)》，中共党史出版社，1996年)，对根据地的社会教育、干部教育、学校教育进行了介绍，也颇有价值。

至今还没有专门研究浙东抗日根据地教育的专著，只是在一些著作中有部分内容涉及浙东抗日根据地教育。主要有浙江省

① 汪湛穹:《乡村传统戏剧的时代呈现——基于浙东抗日根据地“的笃戏”改造的考察》,《中国农史》2020年第6期。

新四军历史研究会编《浙东抗日根据地史》(中共党史出版社，2005年)，张彬主编《浙江教育史》(浙江教育出版社，2006年)，李涛著《浙江近代乡村教育史》(杭州出版社，2009年)，辜筠芳著《宁波教育史》(浙江大学出版社，2011年)，陈桂生著《中国革命根据地教育史(中册)》(华东师范大学出版社，2016年)，朝泽江著《宁波抗日战争史》(宁波出版社，2020年)，宋荐戈、张腾霄著《简明中国革命根据地教育史》(中国文史出版社，2016年)，等等。《浙东抗日根据地史》是第一部浙东抗日根据地地方通史，详细记述了浙东抗日根据地的创立、形成和发展，在第十章“财政经济与文化教育卫生工作”的第二节“文化教育卫生事业”中以一个小节的篇幅对教育事业的发展做了叙述，对浙东抗日根据地的教育方针、社会教育、学校教育等内容进行了介绍，但限于通史体裁，不可能有对教育这部分内容的详细论述。《浙江教育史》是一部关于浙江教育的通史，第十一章“南京国民政府时期的浙江教育(下)”的第四节“抗日民主根据地的教育”对浙东抗日根据地的教育进行了论述，其主要论述框架是分“把干部教育放在第一位”“结合地方实际开展民众教育”“改革普通中小学教育”三部分[①]，基本内容都有所涉及，但同样因为是通史体裁，又把浙东、浙西、浙南三个根据地放在一起论述，不可能有很多篇幅深入阐述浙东抗日根据地的教育。《浙江近代乡村教育史》是对浙江近代乡村

① 张彬主编:《浙江教育史》，浙江教育出版社2006年版，第607—612页。

教育进行研究的一部著作，主要针对浙江乡村教育的发展及存在问题，指出“整个中国乡村教育近代化的变迁过程通常是缓慢而又艰苦，且往往处于自生自灭状态的”[①]；在第四章“抗日战争时期乡村教育的破坏和重建”的第二节“浙江抗日根据地农村教育政策的制定与推广”中，以“浙东抗日根据地教育文化事业的发展”为小标题对根据地教育进行了研究。《宁波教育史》在第九章“中华民国国民政府时期（1927—1949）的宁波教育”的第三节“抗战时期（1937—1945）的宁波教育”中，将“四明山抗日根据地和中共控制游击区的教育”“国民党流迁政权的教育”与“沦陷区的奴化教育与反奴化教育”并列，对浙东抗日根据地的教育进行了简要介绍。《中国革命根据地教育史（中册）》在第四编“华中区敌后抗日根据地、华南游击区教育”中以一节的篇幅，专门介绍了浙东区抗日根据地的教育。《宁波抗日战争史》第十二章“开展浙东抗日根据地建设”的第三节“开展文化教育建设”中，以部分内容对社会教育、学校教育和干部教育做了介绍。《简明中国革命根据地教育史》对浙东抗日根据地的冬学运动做了简要介绍。

二、浙东抗日根据地教育史料

学术研究要建立在扎实史料基础之上，浙东抗日根据地的教育史料较为丰富。

---

① 李涛：《浙江近代乡村教育史》，杭州出版社 2009 年版，第 1 页。

一是档案史料。浙江省档案馆、宁波市档案馆、余姚市档案馆、慈溪市档案馆、鄞州区档案馆馆藏了一些浙东抗日根据地的档案史料。如浙江省档案馆分别在20世纪50年代进行过两次档案收集，20世纪80年代进行过一次档案收集。其中关于文教方面的档案有浙东区党委和浙东行署关于教育的文件和《新浙东报》等；宁波市档案馆保存有《时事简讯》《新浙东报》和有关会议的记录；余姚市档案馆藏有教导队的教材等史料。

二是公开出版或内部出版的史料选编。如中共浙江省委党史资料征集研究委员会、浙江省档案馆编《浙东抗日根据地》（中共党史资料出版社，1987年）；杭州大学历史系、浙江省档案馆编《浙江革命历史档案选编（抗日战争时期·下）》（浙江人民出版社，1985年）也收录了一些浙东抗日根据地教育的史料；宁波市新四军暨华中敌后抗日根据地研究会编的“浙东抗战与敌后抗日根据地史料丛书”第六卷《根据地的各项建设》（中共党史出版社，2001年）中有关于文化教育的档案和会议史料；浙江省教育科学研究所编的《浙江革命根据地教育资料汇编（上、中、下册）》（浙江教育出版社，1987年，内部发行）对新民主主义革命时期浙江各革命根据地教育的史料收集颇丰，其中关于浙东抗日根据地教育的史料也收录了很多；浙东抗日根据地革命文化史料编纂委员会编的《浙东抗日根据地革命文化史料选编》（内部资料，1992年）虽名曰文化史料，但因文化与教育的密切关系，也收录了不少教育史料；浙江省新四军历史研究会浙东分会编的《浙东抗日根据地文化教育专辑》（内部资料，2009年），分“文献”“大事记”“回忆录”“文艺作品”几类收录了较多教育史料；宁波市政协文史委员会编的《烽火浙东——纪念抗战全面爆发80周年回忆文选》（宁波出版社，2018年）收录了全面抗战时期一些历史亲历者的回忆文章，颇为珍贵；中共绍兴市委党史办公室、绍兴市文化局编的《绍兴革命文化史料汇编（1919—1949）》（团结出版社，1992年）收录了浙东的一些教育史料。另外，余姚市、慈溪市、宁波市鄞州区等地的党史资料，如《慈溪抗战文献》（中共党史出版社，2007年）也保存了一些浙东抗日根据地教育史料。

三是民国时期的报刊。如《浙东》《浙江教育》《教育季刊》《浙江潮》《余姚教育行政》，以及伪浙东行署编的《浙东行政公报》，伪《浙东文化》、伪《教育建设》等。

四是地方志书。如《浙江省教育志》（浙江大学出版社，2004年）、《浙江通志·教育志（一）（二）》（浙江人民出版社，2019年）、《浙江教育简志》（浙江人民出版社，1988年）、《宁波市教育志》（浙江教育出版社，1996年）、《鄞县教育志》（海洋出版社，1993年）、《余姚市教育志》（浙江教育出版社，2018年）、《慈溪市教育志》（浙江教育出版社，2016年）等。

三、研究思路

面对相对薄弱的浙东抗日根据地研究成果和较为丰富的史料，应加强对浙东抗日根据地教育的研究。在研究中，首先坚持以马克思主义理论和教育思想为指导，自觉运用历史唯物主义和辩证唯物主义，以马克思主义认识论指导对浙东抗日根据地教育的研究。其次，要认真搜集、整理史料，分析鉴别，和前人成果对应、印证，筑牢浙东抗日根据地教育的史实基础。再次，应认真吸收教育学、社会学等相关学科的理论和方法，放宽视野，在教育近代化进程中把握浙东抗日根据地教育的发展路径、措施和方法的历史必然性。浙东抗日根据地教育研究应综合采用历史学、教育学、社会学的理论和研究方法。单在历史学领域进行研究，则难免对浙东抗日根据地教育的专业理解不深；单从教育学、社会学角度进行研究，则不免缺乏扎实的史实基础；同时，教育学界大多将教育近代化放在一个中国向西方教育制度学习、移植的框架中来分析问题，大多以西方现代教育制度为标准来评价中国教育的成效，大多把关注点放在城市的教育发展方面，这固然有一定背景和原因，但也导致了对中国教育近代化中的不适、冲突关注不够，对乡村教育研究不够，对中国共产党领导的革命根据地尤其是抗日根据地的教育发展重视不够，等等问题。这些问题反映在教育史著作中，表现为大部分著作把革命根据地教育放在次要位置，作为中国教育近代化进程中的一个特例来阐述。因此，要以新的视角对中国抗日根据地教育史进行深入研究和理论总结。最后，还应该深入结合浙东地区、浙东文化的特质对浙东抗日根据地教育进行研究。近代以来浙东地区“开风气之先”，其中工商文明因素明显，浙东文化有经世致用、义利并重的特点，教育也深受其影响，比较发达，浙东抗日根据地教育的发展不是无源之水、无本之木，离不开这个背景，因此在研究中应充分考虑到这些因素。

在以上理论认识和方法论的基础上，本书展开了对浙东抗日根据地教育的研究和阐述。首先，在第一章第一节介绍了浙东地区教育的发展概况，指出其成就、特点及其中隐藏的深刻问题，把根据地教育的发展放在了浙江教育近代化的进程之中；接着，在第二节中介绍了浙东抗日根据地的创建过程；在第三节中对根据地教育方针政策的形成过程和内容特点做了详细介绍和分析。但本书并未预设立场和理论框架，而是以丰富的史实重建浙东抗日根据地教育的发展场景，分别拿出三章（第二、三、四章）对浙东抗日根据地的社会教育、普通教育、干部教育进行介绍和阐述。其中第二章“优位优为的社会教育”对浙东抗日根据地的社会教育，从组织形式（载体）、运动形式和艺术形式三个维度进行详细论述，说明社会教育为何“优位”，又因何“优为”。第三章“恢复、转型中的普通教育”对普通教育则抓住“恢复和转型”，介绍了中国共产党在日伪、国民党顽固派和地方封建势力的“三重压力”下有关“奴化教育”的坚决抗击和对受到严重摧残的根据地教育的恢复，接着从学制、教材、教学、经费和教师、学生的组织化等方面细分条析，水到渠成地得出“转型”结论。在第四章“全面发展的干部教育”中，对党员教育、干部教育、军队教育和青年教育进行了详细介绍，其中很多内容为之前研究所罕见。经过这样详细分析和阐述，最后在第五章中对浙东抗日根据地的教育在更高层面进行总结，提出“三期叠加”概念，把浙东抗日根据地教育放在中国教育近代化的背景中，指出根据地教育出现的历史必然性，总结浙东抗日根据地教育的历史经验；并以习近平新时代中国特色社会主义思想和习近平同志对教育、“红色基因”的系列重要论述为指导，深刻阐述浙东抗日根据地教育对当代教育发展的启示。

四、主要创新点

笔者在认真吸收前人研究成果的基础上，对浙东抗日根据地教育进行了较为深入的研究，综合运用历史学、教育学、社会学的理论方法，创新主要体现在以下几方面：

第一，这是第一本关于浙东抗日根据地教育的专著，填补了这一研究领域的空白。笔者从档案馆和纷纭芜杂的史料中搜集了大量关于浙东抗日根据地教育的历史资料，并进行系统化整理，使本书建立在比较扎实的史料基础之上，所附参考资料更加详细，使本书成为至今最为翔实的关于浙东抗日根据地教育研究的著作。

第二，为抗日根据地新民主主义模式的教育提出“细分”例证。新民主主义教育是一个庞大的体系，对其具体内容和特点需要进行细化和分析，对其各组成部分的内容需要进行认真阐述。新民主主义教育在各抗日根据地的表现也不同，浙东抗日根据地教育是一个非常有特点的例证。本书提出的浙东抗日根据地教育的“细分”模式表现为：一是浙东抗日根据地的教育方针和中央、陕甘宁边区教育方针的区别；二是社会教育中的俱乐部载体（组织形式）；三是普通教育全面转型及其正规化。通过对全面抗战时期浙东抗日根据地教育的系统总结，通过理论分析和史实印证，本书指出浙东抗日根据地教育对新民主主义教育方针的创造性贯彻和发展。

第三，本研究成果可为浙东抗日根据地“红色基因”传承提供扎实例证。习近平同志对浙东老根据地极为关注，并进行过多次考察调研，2018 年，他给浙东抗日根据地群众的复信中，提出“办好农村的事情，实现乡村振兴，基层党组织必须坚强，党员队伍必须过硬。希望你们不忘初心、牢记使命，传承好红色基因，发挥好党组织战斗堡垒作用和党员先锋模范作用”[①]，对浙东抗日根据地“红色基因”的传承提出更高要求。但相比其他抗日根据地的研究，关于浙东抗日根据地的研究相对薄弱，如根据中国知网的统计，关于陕甘宁边区的研究论文有 2368 篇，关于晋察冀抗日根据地的研究论文有 155 篇，关于浙东抗日根据地的研究文章仅有 51 篇，这表明浙东抗日根据地的研究还有很大的空间，浙东抗日根据地“红色基因”的传承在各领域的基础研究还存在欠缺。本书按照习近平新时代中国特色社会主义思想和习近平同志关于“红色基因”的系列重要论述的指导，为传承浙东抗日根据地“红色基因”提供了扎实的研究成果。

① 《习近平回信勉励浙江宁波余姚横坎头村全体党员》，《人民日报》2018 年 3 月 2 日，第 1 版。

第一章　浙东地区教育概况与浙东抗日根据地教育方针政策

浙东地区经济较为发达，有深厚的文化传统。在经世致用的浙东文化影响下，浙东教育在古代得到了一定发展。近代以来，在西方资本主义文化入侵的背景下，浙东教育近代化起步较早、发展较快，但在乡村也存在着结构性发展障碍。全面抗战时期，面对民族危亡和乡村教育衰败，中国共产党在浙东创建巩固的敌后抗日根据地，认真贯彻中央关于新民主主义教育的精神，制定适合根据地实际情况的教育方针和政策，促进了浙东抗日根据地教育的发展。

第一节　全面抗战前浙东地区教育发展概况

浙东首先是一个地理概念，但作为地理概念的浙东，在不同历史时期，其范围上的区别也比较大。从浙江地图可以明显看出，如果从钱塘江（旧称浙江）的南源头衢江上游马金溪到下游汇入杭州湾来看，浙江的地形被西南一东北流向的钱塘江分为东、西两部分，钱塘江以东地区称为浙东，以西地区称为浙西。这便是“大浙东”，包括现在的宁波、绍兴、舟山、台州、金华、温州、丽水、衢州 8 个地级市。但在明代以后至中华人民共和国成立前，浙东主要指宁波、绍兴地区。中华人民共和国成立后，浙东一般指宁波地区。

从行政区划上看，唐朝设江南道，下分置浙江东道、浙江西道两个节度使；北宋时期设立两浙路，南宋绍兴二年（1132 年）分为浙东路、浙西路；元末浙江单独置省；元朝至正二十六年（1366 年），明太祖设浙江行中书省，洪武年间改为承宣布政使司；清朝延续。民国初期，宁波府取消，设置会稽道，管辖原宁、绍、台管理的鄞县、慈溪、镇海、奉化、诸暨、余姚、上虞、绍兴、萧山、天台等 20 个县。1932 年 8 月，国民政府浙江省政府采取省、县两级制，将全省划为 12 个行政督察区，其中第四区包括诸暨、上虞、余姚、嵊县等 7 县，第五区包括鄞县、慈溪、奉化、镇海等 7 个县。1933 年，改划为 6 个特区，其中第五特区下辖鄞县、奉化、镇海、慈溪、嵊县、余姚、上虞等

11 个县。1935 年 8 月，黄绍竑担任浙江省政府主席时，对行政督察区进行调整，设为 9 个行政督察区，其中绍兴行政督察区包括绍兴、诸暨、上虞、萧山、新昌、嵊州、余姚 7 个县，鄞县行政督察区包括鄞县、慈溪、奉化、镇海、象山、定海、南田 7 个县。1940 年 1 月，全省调整为 10 个行政督察区，其中第三督察区辖诸暨、余姚、嵊县、上虞等 7 个县，第六督察区辖鄞县、慈溪、镇海、奉化等 7 个县。1942 年，全省设 10 个行政督察区，各督察区所辖县有微调，其中第三督察区下辖诸暨、余姚、嵊县、上虞、东阳等 10 个县，第六督察区下辖鄞县、慈溪、奉化、镇海等 8 个县。1943 年 4 月，全省增划为 11 个行政督察区。全面抗战时期，浙东的行政区划多有调整，但在人们心中，浙东的范围基本未变。浙东抗日根据地是主要位于浙东地区、但又不限于浙东的抗日根据地，主要包括四明地区、金萧地区、三北地区（余姚、慈溪、镇海县等姚江以北地区）和现属上海市的淞沪地区 4 个基本区（即中国共产党牢固控制的地区），还包括三东（奉化、鄞县、镇海 3 个县的东部地区和定海县等地）抗日游击区，以及诸（暨）义（乌）东（阳）抗日游击区。

浙东地区地处浙江沿海地带，位于杭州湾南岸，东靠大海，远离中原。这一地区气候适宜，降水充沛，山多地少，物产丰富，港口优良，水路交通便利。早在隋唐时期，宁波与日本、朝鲜、南洋等国家和地区往来频繁；宋元时期，宁波的海外交通贸易更加繁荣。至明代，禁绝海外交流，浙东地区的对外交往受到一定影响。第一次鸦片战争后，清政府在西方资本主义列强的侵略下签订《南京条约》，宁波划为通商口岸，这极大地刺激了浙东地区资本主义的发展，近代以来浙东商品经济和对外贸易发达，农商皆本，人民生活比较富庶。

浙东地区经济发达、文化昌盛，有深厚的文化传统和学术特点。宋代开始形成与程朱理学相区别的浙东学派，“经世致用”的学术主旨和理学的“存天理、灭人欲”形成鲜明对比。陈亮和永嘉学派对朱熹的理学进行了批判，提出了“经世致用”“义利统一”“王霸并用”等思想。明朝王阳明吸取陆九渊心学中的有益成分，提出“致良知”“知行合一”思想，开创了阳明心学。清代浙东学派以黄宗羲为代表，重申经世致用，反对君主专制，提出工商皆本等思想，直接影响、促进了浙东地区近代工商业发展。在浙东文化的熏陶下，浙东的教育也得到长足发展，并形成了不同于其他区域的特点。浙东人文荟萃，人才众多，自宋至清，宁波境内中进士者2478人，“其中巍科人物（包括会元、状元、榜眼、探花和传胪）38人，仅次于苏州、杭州”[①]。历史上自成一家的思想家、学者、专家代有人出，在数量上居全国前列。

一、浙江古代教育

浙东地区的教育有悠久的历史。东汉时，余姚就有了学官。三国时期，慈溪建立了虞都尉讲舍。唐开元年间设明州，即建

① 宁波市教育委员会编：《宁波市教育志》，浙江教育出版社1996年版，第2页。

立州学；会昌六年（846年），象山县建立县学。唐宋时期，浙东地区得到开发，农业、手工业和贸易得到长足发展，经济的发展直接促进了文化教育的发展，慈溪、奉化、余姚、鄞县等县设立县学。宋朝末年，由于金军的南侵，政治经济中心转移到南方，浙东的教育进入繁盛阶段，不仅州学、县学普遍成立，私人办学也十分兴盛。明清时期，浙东府学、县学、社学等各级官学设置完备，民间的私学、书院也十分兴盛。

（一）官学的发展

公元1世纪末，余姚出现了浙东地区最早的学宫，据《后汉书》中关于黄昌的记载，“黄昌字圣真，会稽余姚人也。本出孤微。居近学宫，数见诸生修庠序之礼，因好之，遂就经学。又晓习文法，仕郡为决曹”[①]。可见东汉时余姚已有学宫，而且是官办学校。东晋，孙靖任会稽内史时，修建学校，督导教学，浙东成为教育昌盛之地。唐开元年间设置明州，成立州学，《宝庆四明志》记载：“唐州县皆有学。开元二十六年，明始置州，学宜随州立矣。宝应、广德间，州毁于袁晁之乱。”[②]唐代宗年间，明州州学在袁晁领导的浙东农民起义中被毁。北宋天禧二年（1018年），太守李夷庚再建州学。南宋绍兴十九年（1149年），郡守徐琛在州学中设立藏书楼。元朝设立路学，内设教授、学

---

① 范晔：《后汉书》，中华书局2007年版，第731页。

② 浙江省地方志编纂委员会编：《宝庆〈四明志〉卷第二》，《宋元浙江方志集成》第7册，杭州出版社2009年版，第3127页。

正、学录，1283 年毁于战乱。明朝设立府学，内设教授、训导，招收廪生 40 名，后扩招复广生 40 名，附学生若干，府学教学制度严格，注重考试。清朝对府学也十分重视，基本延续明朝学制，曾重修府学达 12 次之多。民国建立，府学废除。

浙东地区的县学中，象山县学的建立最早，建于唐会昌六年（846 年），其他县学基本都初建于宋代。其中，鄞县县学建立于宋庆历八年（1048 年）。1047 年，王安石到任鄞州县令，他认为人必须经过教化、陶冶才能成才，因此亲自聘请慈溪知名学者杜醇担任县学教授，以孔庙为县学，在鄞县开展官办教育；县学于 1103 年迁移至鄞县西南，1130 年毁于金兵南侵中。慈溪县学于宋庆历八年（1048 年）由县令林肇建于县城东南，王安石特作《慈溪县儒学记》以表彰。余姚县学是宋庆历年间的县令谢景初所建，元丰元年（1078 年），县令黄铸再建县学于县东南。镇海县于北宋崇宁元年至五年间（1102—1106 年）建增广学宫，建炎年间被毁；绍兴八年（1138 年），县令章汝意建县学于县城东北，庆元元年（1195 年）增建大成殿。奉化县学建于景佑元年至五年（1034—1038 年），由县令于房创建。宁海县学由县令苏季成于祥符五年（1012 年）所建。

之后，历代均比较重视县学，各县的县学虽因火灾、战乱、改朝换代等时有停办或损毁现象，但一到政治稳定、社会承平便予以重建或重修，恢复官学的教育秩序。如明代，太祖朱元璋认为“治国以教化为先，教化以学校为本”，洪武二年（1369 年）“令郡县皆立学校”，并规定了府学和县学的编制和生员名额。同时，明朝加强了科举制度，规定科举包括乡试、会试、殿试三级，参加最低一级乡试的大多为府学、县学学生，这就强化了官学和科举的联系。浙东地方政府和官员大多对官学十分重视，增加教育经费，购置图书，给予灯油补助。

社学创始于元代，元世祖至元二十三年（1286 年）颁旨令各地设立社学，要求在乡镇每五十家为一社，每社设立社学一所。但社学在元朝并未真正推行下去。明洪武八年（1375 年），朱元璋下旨："昔成周之世，家有塾，党有庠，故民无不习于学，是以教化行而风俗美。今京师及县皆有学，而乡社之民未睹教化，宜令有司更置社学，延师儒以教民间子弟，庶可导民善俗也。"[①] 在实际推行中，"乡里则凡三十五家皆置一学，愿读书者尽得预焉，又谓之社学……守令于其同方之先辈，择一有学行者以教之，在子弟称为师训，在官府称为秀才。其教之也，以《百家姓》《千字文》为首，继以经、史、历、算之属；守令亦稽其所弟子之数，时考其勤惰而报之行省，三年大比，行省拔其秀才之尤者贡之朝"[②]。明朝在全国大力推行社学。经过一段时间的推行，浙东地区普遍设立了社学。如成化年间（1465—1487 年），象山县共有社学 24 处；慈溪县城坊隅有社学 15 处，乡都有社学 35 处；奉化县城坊隅有 1 处，乡都有 7 处；定海县

①《明太祖实录》卷九十六，台湾"中央研究院"历史语言研究所 1962 年校勘本，第 579 页。

② 鄞县教育志编纂办公室编：《鄞县教育志》，海洋出版社 1993 年版，第 48 页。

城坊隅有1处，乡都有24处。[①]社学办学采取政府鼓励、督促但不强求的政策，教学内容适合农村乡情，教授《三字经》《千字文》等以开蒙，宣传封建礼教道德，讲解基本的政府法令，对普及教育起到了较大作用。到清朝初期，因私塾的快速发展，社学废除。

（二）私学的发展

私学主要包括书院、讲舍及私塾、义学等各种形式的蒙学机构。私学是由民间力量开办的，虽然有时政府会提供一些资助和支持，但其主持者、教师都是民间力量，其资金也大多来自私人、家族学田或庙产等。

书院（讲舍）是集藏书、教学功能为一体的教育机构。浙东的书院在唐朝时开始出现，如根据光绪《慈溪县志》的记载，三国东吴骑都尉虞翻在鸣鹤场建舍讲学，称虞都尉讲舍。唐大中四年（850年）出现了蓬莱书院。虽有人认为《慈溪县志》是光绪年间的县志，其证明力偏弱，对蓬莱书院是不是书院也还有争论，但说它们是书院的萌芽却不容置疑。书院的产生有主客观原因：一是北宋鉴于五代十国兵变纷多而采取“崇文抑武”国策，优待文人，重视教育，对民间办学的控制也比较宽松；二是宋代雕版印刷流行于世，为教育普及提供了技术条件。北宋初年，在浙东地区开设书院的有杨适、杜醇、王致、王说、

① 钱茂伟、毛阳光：《宁波通史》（元明卷），宁波出版社2009年版，第308页。

楼郁五人，号称“庆历五先生”。他们都受到学者胡瑗教育思想的影响，胡瑗先生提出育“致天下之治”人才的教育目标，鼓励德、智、体、乐全面培养；倡导分科教学；注重言传身教，提倡技术教育。王致、王说在鄞西创办书院，楼郁在月湖创办讲舍，“庆历五先生”以书院（讲舍）为依托培养了大批人才，使浙东文脉得以传承。南宋时期是书院兴盛的时期。朱熹的理学、陆九渊的心学流传浙东，而尤以心学的影响巨大。南宋孝宗时，淳熙四先生舒璘、沈焕、杨简、袁燮，继承陆九渊的学说，和高阅一起形成四明学派。吕祖谦一方面继承了程朱理学的合理内容，另一方面兼取众长，提出了“明理求实”的教育思想，其弟子楼昉也设立迂斋讲舍，从学者有几百人之多。著名的书院还有高阅在鄞县城南创立的长春书院、杨简曾讲学过的杨文员工书院、楼郁创办的城南书院、焦瑗创办的焦徽君讲舍等10多所书院（讲舍），反映出南宋时期浙东地区书院教育的繁荣。相比较府学、县学等官学，书院的办学比较自由，多采用问诘、辩论方式，书院有一定的藏书，提倡学生钻研，主持书院的山长多为某个学术门派的饱学之士。

明代前期，在严厉的文化政策下，浙东的书院处于低迷阶段。直至明中期，随着南方商品经济的发展和文化的繁荣，在王阳明等有影响力的思想家的影响下，浙东的书院才得到迅猛恢复和发展，其数量居全国前列。王阳明是余姚人，形成了姚江学派，其弟子创办姚江书院，采用“讲会”形式传播其思想学术，培养了大批人才，把阳明心学传播到全国各地，而其家乡浙东地区所受影响更著。姚江书院有规范的办学规章和详细的制度。在其影响下，浙东地区创办书院蔚然成风，影响大的有十几所。

清初期，作为异族入侵的统治者为了保证政权巩固，压制民间思想的传播和私学的创设。康熙、雍正年间，清朝统治者感觉统治已巩固，遂放松对私学的限制，有深厚传统的浙东书院迅速发展起来。康熙七年（1668年），余姚人黄宗羲在甬上讲经会基础上创办甬上证人书院。黄宗羲以“经世致用”为教学思想，以经为本，辅之以史学和其他学科的教学，培养了万斯同、全祖望等大量人才。同一时期，韩孔继承王阳明的办学宗旨，复兴了姚江书院。之后，浙东书院大为兴盛，据不完全统计，明代宁波所属书院有57所之多。[①] 清代书院，虽然政府加强了控制，有官学化倾向，但并未完全成为官学。浙东的书院仍较为兴盛，如鄞县有书院3所、慈溪2所、奉化9所、镇海8所、余姚2所，[②] 影响一时。

私塾（村塾）是家庭（村庄）延请教师在家（村）中教授儿童的私人办学；义塾（义学）是由宗族、地方提供经费所办的学堂。宋仁宗时期，鄞县县令王安石在创办县学的同时还参与创办了官办小学，开启了蒙学教育。民间的私塾、义塾也得到较大发展。宋代，吕次姚在余姚创办吕氏义学。元代，浙东的私塾、义塾大为发展。应本仁在鄞县捐田创办义塾；四明唐起

① 辜筠芳：《宁波教育史》，浙江大学出版社2011年版，第135页。
② 邵祖德等编：《浙江教育简志》，浙江人民出版社1988年版，第15—16页。

贤创办“一经斋”，聘请名师教育自家子弟；程端礼所著《程氏家塾读书分年日程》成为著名的家塾教学计划，被国子监颁行郡邑学校效仿。宋代，鄞县创立义学制度，史浩、沈焕和汪思温、汪大猷父子等倡建义田庄，有屋15楹。“是田之设，非止济人之急而以崇廉耻之风；将使从官者清白自持，为士者专意学业。”[①]私塾、义塾对儿童教育起到了作用，但传统私塾、义塾教育教师薪水处于低微水平，教学内容单一，教学方法单调乏味，教学水平参差不齐。

二、浙东教育近代化

1840年6月，第一次鸦片战争爆发。1842年中英签订了《南京条约》，次年签订了《五口通商章程》等不平等条约，宁波被开放为通商口岸。宁波的教育近代化就在这样极为特殊的历史背景下开始了。在《五口通商章程》颁布后的第二年，英国基督教女传教士爱尔德赛来到宁波，在祝都桥建立了爱尔德赛女子学校，这是中国第一所教会女子学校。1845年7月，美国传教士在江北创办了崇信义塾，这是浙江省最早的男子寄宿学校，于1867年迁到杭州，是之江大学的前身。1847年，美国传教士柯夫人又创办一所女校。在起初几年，传教士在宁波设立的大多是小学堂，后慢慢发展到中学甚至高等学校。1857年，爱尔德赛女子学校和柯夫人设立的女校合并，扩展进行中学教

① 鄞县教育志编纂办公室编:《鄞县教育志》，海洋出版社1993年版，第56页。

育。1860年，英国偕我公会设立学塾（大书房），后发展为斐迪小学、中学。这些教会学校的教学内容主要包括宗教教义、英语、西方自然科学、社会科学和中国传统儒学内容。教会学校自然是为了传教之需要，但在客观上也为宁波培养了一些人才，把西方先进的科学技术知识传到中国，为中国教育近代化的转型准备了条件。第二次鸦片战争后签订的《天津条约》规定西方传教士可自由进入内地传教，传教士在宁波又创办了不少学校。如1868年英国基督教传教士创办的义塾，后来扩展为三一小学、中学；1869年英国传教士在宁波创办了三所女塾，后合并为仁德女校。这些传教士还组成“基督教学校教科书编纂委员会”，开始系统地对中国教育进行改造。这一时期，清政府内部的洋务派进行了“洋务运动”，提出“自强”“求富”的口号，兴办企业和新式学校，培养洋务人才。宁波得风气之先，一些商人和官员参与兴办新学。1871年，镇海巨商叶澄衷创办叶氏义庄，开设英语、数学等一些新学学科，1878年又扩大为两等小学堂。1879年，知府宗廉翰创办辨志书院，在传统儒学教育之外，还开设了数学、地理等自然科学学科，这是宁波官方兴办新式学校的开始。两年后，鄞县人金雅妹赴美学医，1888年回国，她是中国第一位女留学生。在清政府派往美国的四批留学生中，宁波学子在全省独占鳌头。1894年，中国在甲午战争中惨败，光绪皇帝深感此为“千年未有之大变局”，于1898年进行了“维新运动”，教育是变法中的重要内容。“维新运动”提出了废除八股，改革科举制度；设立京师大学堂，课程上引进西方教育内容；各地筹办高、中、小学堂，兼教中学和西学；大规模派遣出国留学生；等等内容。这是对中国传统教育的深层次、大规模改革，虽然“维新运动”因顽固派的阻挠而失败，但新学改革一经出现便不可遏止。其中浙东地区因早有西方教育进入，创办新式教育更加积极。1897 年，宁波知府程稻村联合地方知名人物创办了储才学堂，讲授西方自然科学、社会科学学科，这是宁波第一所新式中学，1904 年改称宁波府中学堂。在浙东各县，1894 年慈溪县改尚义堂经塾为安定学堂，1896 年鄞县创办了愈愚学堂和密山学堂，1898 年余姚创办达善学堂，这些学堂都讲授新式学科。

1900 年，八国联军侵略中国，签订了《辛丑条约》。中国处于瓜分豆剖的亡国境地，慈禧太后在保证自己权力的基础上进行了“清末新政”。“清末新政”的范围广泛，是涵盖政治、经济、军事、教育等各领域的全面性改革，在教育领域进行了包括废止科举、改革旧式教育、建立新式教育、鼓励留学等新政措施。1901 年 9 月，清政府颁文“著各省所有书院，于省城均改设大学堂，各府及直隶州均改设中学堂，各州县均改设小学堂，并多设蒙养学堂。其教法当以四书五经、纲常大义为主，务使心术纯正，文行交修，博通时务，讲求实学，庶几植基立本，成德达材”①。在清中央政府的鼓励下，浙东地区的新式教育发展进入井喷状态。在小学教育方面，大量私塾、书院改为新

① 朱寿朋编：《光绪朝东华录》第 169 卷，中华书局 1958 年版，第 4719 页。

式小学堂，普遍设立新式小学堂。1903 年，清政府颁布《小学堂章程》，要求“七岁必须入初等小学”。1905 年 7 月，宁波成立宁波府教育会，第二年鄞县教育会成立，教育会由政府倡导，地方士绅参加。1907 年各县劝学所成立，成为地方教育行政机构。在政府鼓励和地方士绅的积极参与下，教育会制定了“私塾改良办法”，做出了教育发展规划，促进了浙东新式小学堂的迅速发展。仅 1902 年一年，宁波知府高英就在城区创办了 4 所官办小学堂。鄞县仅在 1906 年、1907 年两年便有 15 所私塾、义塾、书院改为新式小学堂；从 1905 年至 1907 年，新办了 27 所小学。1907 年，“全县有高等小学堂 1 所，学生 57 人；两等小学堂 15 所，学生 599 人；初等小学堂 62 所，学生 1944 人；半日学堂 1 所，学生 15 人”；1909 年，“全县有高等小学堂 1 所，学生 102 人；两等小学堂 14 所，学生 729 人；初等小学堂 71 所，学生 2959 人；半日学堂 1 所，学生 64 人。共有小学堂 87 所，学生3854 人”[①]。虽然这个数字占全县学龄儿童的比例还比较低，但短短几年增速如此之快，成效可见一斑。1908 年，宁波府所属各县的高等、初等、两等、半日制小学堂总计 280 所，学生人数达 10453 人。[②] 新式学堂的教学内容加大了对西方自然学科和英语的教学比重。同时，高等教育也开始起步，1906 年宁波法政学堂成立。在学制方面，1902 年清政府颁布《钦定学堂章程》，规定初等教育包括蒙学堂、寻常小学堂、高等小学堂三

① 鄞县教育志编纂办公室编:《鄞县教育志》，海洋出版社 1993 年版，第 84 页。
② 宁波市教育委员会编:《宁波市教育志》，浙江教育出版社 1996 年版，第 40 页。

级，但此章程未能得到切实施行。1903年，《奏定学堂章程》颁布，规定初等教育包括初等小学堂和高等小学堂两级，初等小学堂7岁入学，学制5年，课程设中国文学、讲经读经、算术、历史、地理、格致、体操、修身8科；高等小学堂学制4年，设中国文学、读经讲经、修身、算术、中国历史、地理、格致、体操、图画9科。浙东的新式学堂遵照清中央政府制定的学制认真施行。在留学教育方面，浙东也是留学生集中的地区之一。1902年，慈溪人韩清泉由浙江大学选派到日本留学。清末浙东地区学生留学日本的最多，次之欧美；而且由于浙东往日本的海上交通方便，赴日自费留学蔚然成风。但浙东在新学堂推进中，因国困民穷、推行过快、地方士绅中饱私囊、群众对新学不理解等，不少地方出现了毁学现象。1910年4月，余姚乡民因官吏和士绅敛财而捣毁学堂；6月28日，余姚乡民捣毁新学；7月29日，余姚乡民又因禁止迎神赛会等捣毁两所学堂。这有在清末地方自治中办学权交给地方士绅掌控的地方自治机构，地方士绅拥有了征收学捐权力而出现的贪腐、聚敛等原因，也有城乡分化、社会和教育转型中出现的底层群众的紧张心理状态等深层次原因。这导致城乡近代教育资源的不平衡和社会阶层进一步分化，这些问题在一定历史时期影响到浙东教育近代化的成效。

1912年中华民国成立，受近代西方教育的民族资产阶级掌握了政权，浙东教育进入了一个新的发展阶段。南京临时政府成立伊始便颁布了《普通教育暂行办法》《普通教育暂行课程标准》，对清末新政中教育改革的一些弊端予以规范和进一步改革。民国时期浙江实行省、县两级行政体制，废除宁波府，改为派出机构会稽道，管辖原宁、绍、台三府所辖县。县政府设教育科，后改称第三科。1916 年，县恢复劝学所，同时教育科仍存在，但教育行政职能转移到劝学所。1924 年，县成立教育局，增设视学一人；在县内划分学区，每区设教育委员一人。教育行政机构的完善，加强了教育管理，促进了教育发展。学制方面，1912 年 9 月，中华民国颁布了“壬子学制”，次年经过完善形成“壬子癸丑学制”。初等小学校学习年限 4 年，儿童 6 岁入学；高等小学校学习年限 3 年，儿童 11 岁入学。1922 年，实施“壬戌学制”，小学学习年限 6 年，初级 4 年，高级 2 年，亦称“四 · 二制”。浙东地区也按此实行。1912 年，浙江省颁布《对于小学教育的办法》，改学堂为学校。小学分初等和高等，有城镇乡立、县立和私立三大类，原则上初小由城镇乡负责设立，高小由县负责设立，鼓励经济基础厚实的城镇或私人开办高小。初小修业年限为 4 年，实行男女同校；高小修业年限为 3 年。废除读经科，其他课程基本和清末相同。这一年，宁波城区新设、改设小学 11 所。当年，宁波所属各县高等、两等、初等小学共计“493 所，学生 22661 人”。[①] 各县情况是“鄞县 112 所，学生 5668 人；慈溪 38 所，学生 1645 人；奉化 130 所，学生 5346 人；镇海 87 所，学生 5245 人；象山 35 所，学生 970 人；

① 宁波市教育委员会编：《宁波市教育志》，浙江教育出版社 1996 年版，第 41 页。

余姚52所，学生2095人；宁海39所，学生1692人（鄞县学校数未报齐）”[①]。1915年后，浙东根据《国民学校令》，推行义务教育。整个北洋政府时期，浙东初等教育在数量上基本呈上升趋势。如以鄞县为样本，1913年小学有156所，学生有8635人；1923年小学有321所，学生有20072人。[②]但成效很不巩固。中华民国北洋政府时期，浙东的中等教育也得到了一定发展。1911年，宁波府中学堂改称浙江省立第四中学堂，1912年改称省立第四中学，扩大了招生规模。1912年，陈训正等人集资办学，设立私立效实中学，聘请名师，几年内教学质量迅速上升，成为浙东名校。另外，教会创办的中学也取得了一定的发展。至1923年，宁波城区发展到10所中学。这一时期，师范学校和职业学校也得到了较好的发展。1912年，宁波府师范学堂改称宁波师范学校，次年又改称省立第四师范学校；1912年2月，宁属女子师范学校创立；1922年，幼稚师范学校成立。因为浙东工商业比较发达，同时又由于民间捐资办学渠道通畅，职业学校得以大量创办，这成为浙东教育的一个特点。1912年，宁波公立中等工业学校成立。1914年，在教育部《实业学校令》的鼓励下，宁波公立甲种商业学校创办。1918年，定海渔业传习所成立。1919年，镇海县成立樊氏便蒙乙种商业学校。1920年，陈忠衡创设务本商业学校。1922年，私立宁波女子职业学校成立。至1923年，宁波共有职业学校6所。

① 宁波市教育委员会编:《宁波市教育志》，浙江教育出版社1996年版，第41页。
② 鄞县教育志编纂办公室编:《鄞县教育志》，海洋出版社1993年版，第85页。

1927 年 4 月，南京国民政府成立，国民党在浙江也建立起统治，至 1937 年全面抗战爆发，这一时期是国民党在浙江加紧进行建设的时期，号称“黄金十年”。南京国民政府的主要领导人蒋介石是浙东人，对浙江尤其浙东地区十分关注。1927 年 5 月，浙江省废会稽道，划鄞县城区及周边区域建立宁波市；1931 年又撤销宁波市，并入鄞县；次年浙江设立 12 个行政督察区，浙东地区各县大多归第四、五行政督察区管辖。宁波市政府设教育局，下设总务、学校教育、社会教育 3 个科，另设督学。设立社会教育科表明浙东地区开始把社会教育纳入教育行政推行的范畴。在教育内容上，1927 年南京国民政府刚建立就通过《浙江省实施党化教育大纲》，提出在学校教育中以国民党的意识形态来教化学生，即实行“党化教育”，只是由于蔡元培等专家和教育界人士的反对而改以“三民主义教育”名称，但在内容上并无根本区别。为保证“党化教育”的实现，国民党在学校中实行训育制度，制定《中小学训育主任办法》《各级各类学校党义及训育主任工作大纲》等，设立专职训育人员，要求他们“随时调查学生平时所阅刊物及其所发表之言论”。蒋介石本人则提倡“四维八德”，要求浙江每一个学校都悬挂张贴。浙江作为蒋介石的老家，为推行训育制定了多个细化制度，如《浙江省实施党化教育大纲》《浙江省中等学校训育暂行标准》《审查党义教师资格条例》《善导中等学校学生思想方案》等，浙东也遵照执行，在学校中普遍开展了党义教育，进步教师和青年学生对此十分反感。在初等教育领域，推行义务教育。1928 年 5 月，南京国民政府通过《厉行全国义务教育案》；1930 年 4 月，教育部又制定《改进全国教育方案》，提出详细的义务教育计划。当年，浙江成立义务教育委员会，省主席张静江兼任义务教育委员会主席，以表示对义务教育的重视，同时制定《浙江省实施义务教育试办区办法》，要求在 5 年内在各试办区完成义务教育。但雷声大雨点小，试办区的地方经费预算中的义务教育经费除江山县外大多未落实，义务教育成效寥寥。但从数量上来说，浙东的初等教育仍居全省前列。对于中等教育，浙东地区主要是根据南京国民政府“调整教育格局”政策进行调整、整顿。1932 年，南京国民政府制定《中学法》《师范学校法》《职业学校法》，目的是对 1922 年中学实行综合制的弊端予以革新。浙东地区把综合制中学分为中学、师范和职业学校，普通中学采取“三三制”。在这个过程中，浙东地区又创办了一些新学校。如 1927 年，中山公学、宁波市立女子中学成立。之后，慈溪、奉化、宁海各设立一所县立中学，余姚县设立初级中学。对于私立学校，则按教育部《私立学校规程》进行规范，使其起到补充公立学校不足的作用。教育格局调整后，师范教育和职业教育也得到了一定的促进。除了几个师范讲习所外，各县设立了师范专业学校，如 1931 年鄞县设立县立乡村师范学校，1932 年奉化成立幼稚师范科；至 1932 年，宁波地区有师范学校、讲习所 5 所，学生 232 人，教职员 49 人。①1933 年，

① 宁波市教育委员会编:《宁波市教育志》，浙江教育出版社 1996 年版，第 150 页。

锦堂乡村师范学校成立。此外，职业教育方面主要有私立武岭初级农业职业学校、镇海县立商科职业学校、鄞县高级护士职业学校、宁波高级水产职业学校、宁波国医专门学校等。民众教育的推行是这一时期浙东教育的新内容。1927 年国民党夺取政权后，力图以其“训政”理论对全社会进行教化，为达到这个目标，就要对民众进行“党化教育”“三民主义教育”，所以在教育行政机构专门设立推行社会教育的处室。浙东地区也按照南京国民政府的规定推行民众教育。宁波市在 1927 年 11 月便在小学校内设立 10 所民众学校，招收贫民进行识字、党义等教育，每期 5 个月。次年，宁波市政府又设立成年妇女补习学校，对妇女进行文化教育和职业教育。1929 年，宁波市成立识字运动委员会。同年，宁波市民众教育馆设立。民众教育对社会教育水平的提高起到了一定作用，但国民党推行社会教育的主要目的不是提高群众教育文化水平，而是对民众思想进行控制；从社会教育设施的分布来看，国民党的民众教育重视城市，忽视农村；从参与主体上看，只有官方从上至下的灌输，缺少民间知识分子的参与；从效果上看，虽宣传上轰轰烈烈，但实际效果欠佳。

更为严重的是，国民党政权的教育模式是仿行西方资本主义近代教育模式，重视正规化教育，重视城市教育，而忽视农村非规范性教育，忽视经济、文化条件十分落后的乡村教育。这在乡村私塾改造中有充分体现。如对于农村私塾，南京国民政府成立后，虽然新式学校有了较多增加，但农村中仍存在数量不少的私塾。根据《改良私塾办法》，政府机构对所谓存在不按时登记、违反“三民主义”、墨守成规、塾舍简陋等情况的私塾，一律予以取缔处理，而新式学校又不能如需设立，这对浙东山区、偏远农村来说，不仅起不到提高儿童入学率的作用，反而导致一些适龄儿童的失学。浙东有发展教育的优良土壤，是教育近代化的先行者，也取得了一定成绩。但国民党推行的教育，限于其阶级局限，忽视底层农民阶级、工人阶级的利益及教育需求；同时在教育近代化过程中，造成教育资源极端向城市集中，出现了城乡教育的撕裂。在日本帝国主义侵略中国时，这种撕裂更为加剧，不利于人民团结抗战。

第二节　浙东抗日根据地的创立和建设

浙东地区虽是国民党统治的核心区域之一，但有着深厚的革命传统。中国共产党创建时期，浙东的先进知识分子施存统、俞秀松、陈望道等为党的建立做了很多工作，陈望道第一个翻译并出版《共产党宣言》中文全译本。大革命时期，庵东盐民发动了当时浙江最大规模的一次罢工。蒋介石发动“四一二”反革命政变后，浙东党组织受到沉重打击，但仍在极为艰苦的环境中坚持斗争，在余姚、定海、诸暨等地发动武装反抗，虽然起义均告失败，但浙东的中共党组织仍长期坚持地下斗争。全面抗战爆发后，浙东的中共党组织得到迅速发展。1937 年 9

月，中共宁波特别支部在鄞县成立，次月成立中共浙东临时特委。1938 年 5 月，中共浙江临时省委成立后，改中共浙东临时特委为中共宁绍特委，统一领导浙东革命和抗战工作。浙东党组织按照中央和省委精神认真开展工作，认真贯彻抗日民族统一战线，参加政工队工作并在其中起到主导作用。1938 年 7 月后，中共宁绍特委在省委发出指示信后，积极进行政治动员、发展组织等工作。1939 年初，国民党召开五届五中全会，年底又掀起了第一次反共高潮，作为蒋介石老家的浙东是国民党反共的重点地区之一。中国共产党针锋相对，为加强对浙东的领导，于 1941 年 3 月建立宁属特委。次年 2 月，中共浙江省委遭到破坏，但浙东党组织仍在艰难环境中“隐蔽精干”、坚持斗争。

一、日本帝国主义对浙东地区的侵略

日军在占领杭嘉湖地区后，因其战略安排和巩固足以保证地区统治，暂时未对浙东地区进行大规模进攻，只是派海军进行一些小型骚扰，派空军进行轰炸，但也造成了对浙东地区的严重破坏。从 1939 年 12 月至 1941 年 4 月，日军对奉化等地进行了长达一年半之久的飞机轰炸，导致人员死伤和房屋被毁。1940 年 10 月，日军公然违背国联《关于禁用毒气或类似毒气及细菌方法作战协议书》，悍然在宁波上空投掷了染有鼠疫杆菌的跳蚤等物，“此次鄞县发生鼠疫之区域，适在人烟稠密之市区中心”，“自十月二十九日至十二月六日止（以患者发病日期计算）鼠疫流行共三十四天，染疫者九十九人，其中死亡者九十七人，痊愈者二人”[①]。“足以证实鄞衢两县之突发鼠疫，显然是敌机散播跳蚤来传布腺性鼠疫，并且形成败血性鼠疫”[②]，给浙东人民带来长久伤害。

1941 年 4 月，日军为实现对我国东南沿海的封锁，夺取宁波、温州等地的战略物资，实现“以战养战”，发动了“宁绍战役”。日军先派陆军在杭州湾南岸登陆，攻占绍兴、诸暨等地；另派海军在镇海、石浦、海门、瑞安等处登陆，攻占象山、镇海、奉化、慈溪、余姚、宁波、黄岩、温州等地。日军在占领区烧杀抢劫，无恶不作。如在登陆镇海后短短四五天内，杀死百姓 100 多名，烧毁房屋 780 多间。在攻陷慈溪后，“侵入县东之骆驼桥、庄桥、长石桥、汝溪各乡镇，沿途以机枪扫射平民，并在长石桥纵火焚毁中心小学，捣毁镇公所，并在骆驼桥、庄桥一带，大肆劫掳，按户搜劫，致使贸易委员会暗中寄存庄桥之物资，全部被劫，而民众之粮食、金属器皿、财物等，亦尽行劫去，装载帆船三十余艘，运往宁波。二十二日上午冲入县城，又复架起机枪，向大街小巷遍地扫射，致我不及撤退之无知平民，伤亡三十余人。下午敌复纵使士兵捣毁县府，搜查

① 容启荣：《浙江鼠疫调查报告书》，浙江省档案馆、中共浙江省委党史研究室编：《日本侵略浙江实录》，中共党史出版社 1995 年版，第 781—782 页。

②《陈万里谈鄞县、衢县、金华鼠疫》，浙江省档案馆、中共浙江省委党史研究室编：《日本侵略浙江实录》，中共党史出版社 1995 年版，第 775 页。

商店、民家，妇女被污辱者，凡十三人。所有商店，未及搬运之货物，除以一部抛弃街巷唆使痞棍自行抢取外，余均全部被敌劫有。一面又使宵小任意抢劫民家，是以城区住户，十室九空”①。在宁绍战役中，诸暨的损失也很大，65 个乡镇中有 5657 户受到摧残，1112 人被杀，543 人受伤，149 人失踪，财产损失约 3000 万。②宁绍战役期间，在浙东地区的国民党部队达十几万人之多，但在日军进攻下，除少数部队抵抗外，大多数部队直接撤退；地方政府也不顾守土之责，望风而逃，在教育领域也未采取有效的防敌措施。

面对日军的疯狂进攻，国民党政权虽明知日军战略目的是切断国际援助通道，但仍远避浙南、抵抗乏力，地方政府不思抵抗、望风而逃，反而积极反共。面对这种危急局面，中共中央及时调整了抗战布局，决定在浙东建立巩固的抗日根据地。

二、浙东抗日根据地的创建

1941 年 2 月 1 日，党中央、毛泽东指示，华中区要重视鄂豫陕边、苏鲁和包括浙东在内的沪杭甬地区。4 月 30 日，毛泽东致电刘少奇、陈毅等，要求在浙东等地区“组织各该地之游

①《慈溪沦陷之后》，浙江省档案馆、中共浙江省委党史研究室编：《日本侵略浙江实录》，中共党史出版社 1995 年版，第 79 页。

②《诸暨县应变经过与损失》，浙江省档案馆、中共浙江省委党史研究室编：《日本侵略浙江实录》，中共党史出版社 1995 年版，第 82—83 页。

击战争”，“发展广大的游击战争”。[①] 华中局为贯彻中央决策，于 5 月召开会议研究，决定以宁波、诸暨为战略发展地区，成立了江南区党委，谭震林任书记。1942 年 6 月，陈毅、曾山代表华中局指示：“浙江情况由于敌人进攻占领金华后，整个浙东十几县都要沦陷，实利我向前发展创浙省敌后抗日根据地……启龙与一师抽调出来的张文碧、刘亨云等同志组织浙东行委，尽可能抽调部分干部随同所抽调的武装电告，立即挺进到浙东敌后，提出配合同（国）军作战与保家保乡口号，广泛开展敌后统战工作，采取多种多样名义和形式组织群众特别是武装力量，创造敌后根据地。”[②]7 月，任命谭启龙为浙东区党委书记、何克希为区党委军事部长。中国共产党开始在浙东积极进行了敌后抗日根据地的创建。

中共浦东工委按照华中局的指示精神，以国民党第三战区淞沪游击队第五支队（简称“淞沪五支队”或“三五支队”）的合法番号“灰色隐蔽”，发展壮大人民军队力量。1941 年，“三五支队”分几批从浦东南渡到浙东的三北地区，大部分兵力整编为五支队四大队（简称“五支四大”），成为之后浙东游击纵队的基础。“五支四大”在三北连续打击日伪军，扩大了中国共产党在三北的力量范围，振奋了民心，并与宁绍特委建立了横

① 《毛泽东等关于发展从淞沪到福州广大地区的游击战争致刘少奇、陈毅、饶漱石电》，中共浙江省委党史资料征集研究委员会、浙江省档案馆编：《浙东抗日根据地》，中共党史资料出版社 1987 年版，第 25 页。

② 《陈、曾对谭启龙提议的答复》，中共浙江省委党史资料征集研究委员会、浙江省档案馆编：《浙东抗日根据地》，中共党史资料出版社 1987 年版，第 26 页。

向联系。1941 年 10 月，中共浙东军分会成立，吕炳奎任书记。“五支四大”和“暂三纵”还在三北等地建立了多个办事处，参与地方行政事务。1942 年 6 月下旬，在浙赣战役爆发、中共浙江省委被破坏的危难时期，谭启龙、连柏生等于 6 月下旬率领“五支一大”的队伍南渡到三北地区，和“五支四大”等浙东部队会合，并和浙东党组织接上关系，成立了中共浙东行动委员会，谭启龙任书记。7 月，中共浙东区党委成立，下设 4 个地区级党工委。18 日，浙东敌后第一次干部扩大会议在慈北召开，谭启龙就浙东敌后抗日根据地的建立做了讲话，要求认真执行抗日民族统一战线，团结领导浙东各阶级、各团体；大力发展抗日武装，扩大根据地；粉碎敌伪扫荡，打破敌人伪化浙东敌后的阴谋；发动群众，改善人民生活；适当改善现有的行政机构；发展经济和文教事业；等等。[①] 这为浙东抗日根据地的创建和发展指明了方向。随后于 8 月成立了浙东军政委员会和三北游击司令部。

当时，浙东的局势十分复杂，既有日军、伪军，还有国民党军、地方杂牌军队，共产党领导的军队力量最小。1942 年 9 月，区党委认真分析形势，制定了“坚持三北，开辟四明，控制会稽山”的战略，连柏生率领五支队坚守三北地区，林达率领特务大队和新国民兵团开辟慈东、慈西地区，谭启龙、何克希等

① 参见谭启龙：《目前国内外形势与我党发展浙江敌后游击战争建立根据地的方针》，中共浙江省委党史资料征集研究委员会、浙江省档案馆编：《浙东抗日根据地》，中共党史资料出版社 1987 年版，第 28—45 页。

于10月率领部队进军四明山区，取得阳觉殿、石门战斗的胜利，建立了姚南办事处，在四明山区扎下了根，并在11至12月间打败了顽军艾庆章部，取得第一次反顽斗争的胜利。其间，区党委成立了三北游击司令部总办事处，王仲良任主任，下设民运、军事、总务3个科，在三北根据地扎下了根。

1943年2月，区党委在慈南杜徐召开会议，分析形势，研究下一步斗争方向和工作任务。会议认为“浙东的斗争还是个三角斗争的形势”，提出了共产党及其领导的军队在浙东地区的总任务，是“建立与巩固浙东敌后人民抗日游击根据地，继续努力领导与组织浙东敌后人民的抗日游击战争，加强积蓄自己的力量，巩固与扩大浙江各党各派各阶层人民的抗日民族统一战线”，具体包括建立巩固的抗日根据地、巩固与扩大统一战线、为争取浙江和全国形势好转而坚持斗争等3个任务。[①]根据会议精神，1943年4月，人民军队攻克梁弄，控制了四明山区，把姚慈办事处改为三北司令部南山总办事处，下设4个办事处，巩固了四明山抗日根据地。四明山区成为浙东抗日根据地的中心，并促进了周边金萧地区、诸北地区、金义浦地区抗日根据地的建立和发展。浙东抗日根据地日益扩大。

浙东抗日战争的红火局面和根据地的扩大，引起了日伪和国民党顽固派的仇视。1943年春，日伪开始对三北地区进行“清

①《我党我军在浙东地区今后的一般任务》，杭州大学历史系、浙江省档案馆编：《浙江革命历史档案选编》（抗日战争时期·下），浙江人民出版社1985年版，第53—54页。

乡”。4 月，日军完成了对庵东地区的封锁，在三北沿海地区的各交通要道建设碉堡和瞭望台，把控盐业生产和流通，妄图扼住三北抗日根据地的脖子。共产党及其领导的军队与之针锋相对，3 月三北地委在慈北召开扩大会议，对反“清乡”做出部署安排；开展破袭战、破坏日伪的通讯和封锁，发动群众展开对敌人的人民战争，沉重打击了日伪军，使日伪的“清乡”图谋不能得逞。国民党顽固派也不顾民族大义，对共产党领导的军队大搞摩擦。1943 年 10 月，蒋介石命第 32 集团军进攻浙东，副司令竺鸣涛担任总指挥。中共反对内战但不惧怕战争，以仅 2000 多的兵力进行自卫反击，果断挫败了国民党军的进攻。12 月，新四军浙东游击纵队成立，公开打出了新四军的旗号，号召国民党一致抗日。同时为便于建立和巩固根据地政权，经华中局批准，1944 年 1 月，浙东敌后临时行政委员会在四明山区成立，连柏生任主席。浙东敌后临时行政委员会提出了包括抗战、政治、经济、文教等各方面内容的“施政纲领”。共产党及其领导的军队公开呼吁国民党停止内战，但国民党并未停止进攻，一度总兵力有 3 万多人。日伪军也纠集 1500 多人对四明山区进行扫荡，“配合”国民党反动派。浙东游击纵队采取“内线防御外线出击”的方式，但因兵力差距过于悬殊，虽取得局部胜利，但伤亡较大，几次战斗失利。区党委和浙东纵队认真总结经验教训，做出了“坚持四明，巩固三北，分散游击，向敌后发展”的决策。四明地委针对四明地区严峻形势，专门给地方各级党委发出反顽“清剿”的指示，要求在全党进行广泛动员，采取游击战和运动战、发动群众、巩固革命政权等措施，打破国民党反动派的进攻，使共产党和根据地政权牢牢站立在浙东大地。6 月，因日军发动第二次浙赣战役，衢州、龙游等地陷落，国民党被迫把“清剿”的军队撤回，第二次反顽斗争结束。共产党及其领导的军队还坚持海上抗战，开辟海北抗日游击区，建立嵊（州）新（昌）奉（化）抗日游击区，巩固了金萧抗日游击根据地和浦东抗日游击根据地，浙东抗日根据地得到进一步发展和巩固。

1944 年 9 月，区党委在慈北召开浙东第一届军政干部会议。谭启龙首先在开幕式上讲话，提出了总结反顽斗争以来的经验教训和反攻日寇的两大任务，并做了《目前形势与我军今后的任务》报告。何克希、张文碧、刘亨云分别对军事、政治工作和行政工作做了报告。会议对浙东一年来的军政工作做了总结，指出“思想上、政治上的准备深入下层不够”“形成教条主义的作风”等问题，[①] 要求在之后工作中“反对过左过右倾向”，加强思想政治工作，粉碎敌伪和国民党顽固派的进攻，整训部队，开展游击战争。10 月 9 日，华中局根据中央发展东南的战略，指示浙东地区要加快发展，开展义乌、金华、兰溪等敌伪区的游击战争。为贯彻中央、华中局和第一届军政干部会议精神，推动浙东各项工作发展，11 月，区党委计划召开浙东各界临时

①《浙东一年来的军政工作总结与今后重要任务》，杭州大学历史系、浙江省档案馆编：《浙江革命历史档案选编》（抗日战争时期·下），浙江人民出版社 1985 年版，第 299 页。

代表会议，通过法定程序由人民决定成立浙东抗日根据地的最高行政机构。经过一段时间的代表选举和筹备，浙东各界临时代表会议于1945年1月21日召开，选举产生浙东行政委员会、浙东临时参议会，之后成立浙东行政公署，下设4个地区级专署（特派员办公处）。同月，浙东游击纵队被改编为苏浙军区第二纵队。浙东行署的成立有力促进了浙东地区的发展和抗战反攻局面的形成，之后取得了讨田（岫山）战役的胜利。5月，苏浙军区南下部队和浙东军队在富春江会师，通过多次战役，取得了第三次反顽斗争的胜利。

1945年7月，抗日战争进入大反攻阶段。8月9日，毛泽东发出《对日寇的最后一战》的号召；12日，中共中央根据当时形势，考虑到国共关系，决定对江南各大城市不做占领打算，要求浙东部队除地方武装继续就地坚持斗争，主力部队转移到沪宁线一带，不攻占杭州、宁波，而是集中力量打击日伪军。之后，共产党及其领导的军队进行了大反攻，在三北、四明、金萧、淞沪等地区对日伪军开展了大规模进攻。后因国民党发动内战，中国共产党隐忍为国，将主力撤出浙东。至抗日战争结束，浙东抗日根据地面积扩大到2万多平方千米，人口达400多万，为抗日战争的胜利和浙东革命形势的发展做出了巨大贡献。

三、浙东抗日根据地各领域建设

在浙东抗日根据地建设上，中国共产党和根据地政权植根人民，勤恳工作，创造了很多经验做法，分述如下：

（一）加强党的建设，指引教育的正确方向

坚持党的领导，在实际工作中形成党在各项工作中的核心地位至关重要，也是党领导浙东抗战和革命的一条经验。连柏生指出，“只有在共产党的领导计划下，只有实行共产党的政策，一切抗战建国的大业才有胜利完成的保证”①。由此出发，中共坚决反对有害于抗日的官僚主义、形式主义。何克希认为，要“逐步地加强与改造各地政府，使政府更进一步地与当地人民相结合”②。中国共产党在沦陷区和游击区敌伪横行的艰苦局面下坚决斗争，坚持工作，为此不惜牺牲生命。区党委非常强调党员在各方面的模范带头作用，要求“提高党员的积极性与模范表率作用”；在具体措施上，采取“每个连队先选择几个好的党员或干部，先行公开几个，以他们的模范行动来建立群众的教育，

① 《连柏生在浙东行委扩大会议上的总结报告》，杭州大学历史系、浙江省档案馆编：《浙江革命历史档案选编》（抗日战争时期·下），浙江人民出版社 1985 年版，第 209 页。

② 《浙东敌后临时行政委员会扩大会议圆满闭幕》，杭州大学历史系、浙江省档案馆编：《浙江革命历史档案选编》（抗日战争时期·下），浙江人民出版社 1985 年版，第 220 页。

加强群众对党的认识，提高党的政治威信”[①]。

中共党员不仅要在组织上成为一名党员，重要的是在思想上入党，所以思想政治教育在其中起着关键作用，部队的党员干部站在抗日斗争的第一线，对他们来说尤为如此。浙东的部队来源较多，既有谭震林、谭启龙等带来的主力部队，又有来自根据地各地区的地方武装，还有收编的游杂力量。这支部队非常年轻，大多数没有大革命和土地革命战争的经历，所以在思想上、作风上不可避免地带有一些缺点。比如普遍存在政治水平相对不高、深入群众不够、定力不足等问题。浙东区党委和纵队政治部把思想政治教育看作部队的生命线，从当时抗战实际出发，理论联系实际，针对部队的突出问题和关键环节，采取多种方式进行思想政治教育，确定了思想政治教育的具体内容，主要包括：抗日教育、阶级（民族）教育、政策教育、宗旨和任务教育、国际主义教育、纪律教育等。思想政治教育密切联系当时的抗日实际，这表现在阶级教育、宗旨教育、国际教育等内容都和支撑抗战的民族主义教育结合在一起，反映出中国共产党是根植于中国爱国传统和优秀文化中的、为人民谋利益的政党。

中国共产党高度重视党的组织建设，对党组织与行政机关、群团组织的关系，区党委做出详细规定。党组织与行政机关的

① 《浙东游击纵队政治部关于连队政治组织改变与党的工作的决定》，杭州大学历史系、浙江省档案馆编：《浙江革命历史档案选编》（抗日战争时期·下），浙江人民出版社1985年版，第354页。

关系，“在党内是党员服从支部，行政上是服从连长，党必须保证行政任务的完成”[①]，“行政上要尊重党，党要去保证行政”[②]。如当时的南山县在处理党政关系时，首先坚持党的集中统一领导，但是在具体方式上，党并不直接进行行政工作，“对政府的业务活动，坚持党政分开，独立自主，不加干涉”[③]，让政府放开手脚工作；在政府布置行政任务后，“县委通过各级党的组织，发动群众，完成政府布置的各项任务”[④]。同时，党委对政府起着监督作用，“县委通过各级党的组织和群众的意见及各种反映，向政府提出批评和建议，以共同做好党的工作和政府工作”[⑤]。1944年9月，浙东区党委在《浙东一年来的军政工作总结与今后重要任务》中，提出“坚决提高政治委员制”，“提高党、政治机关政治工作的威信”，强化政委和政治工作机关的职能；并加强支部在军队中的地位，指出“支部要在部队中起领导作用”，而

①《浙东游击纵队政治部关于连队政治组织改变与党的工作的决定》，杭州大学历史系、浙江省档案馆编:《浙江革命历史档案选编》(抗日战争时期·下)，浙江人民出版社1985年版，第353页。

②《浙东部队党的工作检讨》，杭州大学历史系、浙江省档案馆编:《浙江革命历史档案选编》(抗日战争时期·下)，浙江人民出版社1985年版，第371页。

③ 朱之光:《南山县抗日民主政权的建设》，宁波市新四军暨华中敌后抗日根据地研究会编:《统战与政权建设》(浙东抗战与敌后抗日根据地史料丛书·第五卷)，中共党史出版社2001年版，第130页。

④ 朱之光:《南山县抗日民主政权的建设》，宁波市新四军暨华中敌后抗日根据地研究会编:《统战与政权建设》(浙东抗战与敌后抗日根据地史料丛书·第五卷)，中共党史出版社2001年版，第130页。

⑤ 朱之光:《南山县抗日民主政权的建设》，宁波市新四军暨华中敌后抗日根据地研究会编:《统战与政权建设》(浙东抗战与敌后抗日根据地史料丛书·第五卷)，中共党史出版社2001年版，第130页。

且“每一任务的执行要经过支部的讨论”。[①] 11 月，纵队政治部根据“组织和发扬广大战士群众的积极性，团结广大群众来完成一定的任务”原则，认为基层连队的思想政治教育，“许多仅徒具形式，实际上不能发生多大作用，而这些组织的重叠，又成为连队积极分子的负担与广大战士群众脱离的东西”，着手对连队的政治组织做出改革。纵队政治部决定：关于连队军人俱乐部的主要任务，主要是“组织与推动全体人员平时和战时的学习，用群众教育方式”。[②]

党组织的先进性是通过具体的党员和党员的具体行动体现出来的，根据地政权高度重视党员政治素质的提高。部队党组织因党员数量多，一般是在巩固中求发展，在党员数量少的单位则是先求发展再加以巩固。已经有一定数量党员的连队，必须加强提高党员的质量，把党的思想教育放在首要地位，严格党的组织生活，并定期（6 个月 1 次）举行党员的审查鉴定工作。新的部队（其地方部队）及党员很少的连队，以发展工作为主，发展条件不要求过高，基本上按照党章的规定，发展时经过一定手续和个别考察与审查，对于新党员必须加强教育，凡新党员入党时各支部必须进行严肃的入党仪式，以提高党员对党的认识。同时，规范入党、组织关系转调的相关制度。如吸收党

①《浙东一年来的军政工作总结与今后重要任务》，杭州大学历史系、浙江省档案馆编：《浙江革命历史档案选编》（抗日战争时期·下），浙江人民出版社 1985 年版，第 305 页。

② 浙江省文化厅革命文化史料征集领导小组办公室编：《浙江省革命（进步）文化大事记 1919—1949》，内部资料 1992 年版，第 184 页。

员时，必须对对象进行审查，入党要求必须进行宣誓仪式；又如党的关系转调时，“支部与政治处必须给予鉴定，并把该鉴定转至新的工作部门，作为对他的了解与参考”①。

在党的建设中注意党的民主生活，规定上级的指示、决定的计划，应尽可能组织和发动党员讨论，支部必须保证指示、决定、计划的彻底完成，各级行政首长定期向党员做报告，听取党员的意见。正确实行民主集中制，强调民主基础上的集中和集中指导下的民主，使党员在党的各种会议上畅所欲言；同时，反对极端民主化及会上不说会下乱说，反对集中决策后不认真执行。提拔干部时，应当通过党的组织讨论和鉴定，班、排级干部由支部提出鉴定意见。政治处审查交支队部决定，连、营级干部由总支讨论，提出鉴定意见，政治部审查，司令部决定。允许党员有在一定组织范围内对党的干部进行批评的权利。新党员入党及处分党员，必须经过委员会多数人员通过，任何人不能决定。允许党员向上级提意见及越级上访。

通过这些措施，在浙东抗日根据地建立了一支坚强的、有战斗力的政党，其成为领导抗战和根据地各项事业发展的核心，并为教育发展指引了正确的政治方向。

①《浙东游击纵队政治部关于连队政治组织改变与党的工作的决定》，杭州大学历史系、浙江省档案馆编：《浙江革命历史档案选编》(抗日战争时期·下)，浙江人民出版社 1985 年版，第 355 页。

（二）加强政权建设，促进教育事业的恢复和发展

中共在浙东地区建政的特点是从基层到高级，夯实政权基础，最后水到渠成地建立高层政权。在艰苦环境下，浙东抗日根据地的政权创建不是一开始就建立正式高级政权机构，而是首先采取“灰色隐蔽”发展力量，建立非政权形式的机构，如1941年三北地区“暂三纵”在虞北和姚北建立3个办事处，“五支四大”在慈北建立总办事处，承担抗战宣传、发动群众、保障部队供给等工作职能；展开科学探索，这些机构承担的职能不是完备的政府职能，但这些基本属于行政职能范畴，因此这些机构可被称为“类政权机构”。1942年6月，根据形势发展，谭启龙提出在浙东“成立党军统一领导机构”①；7月，区党委认为要“适当地改善现有的行政机构，并逐渐地使之成为人民抗日的民主政权”②。“五支四大”总办事处改为三北总办事处，下设2个办事处，这标志着总办事处由一支部队的机构转变为三北地区的政权机构，但这个机构的合法性还需要人民的赋权。对这个过程，中国共产党希望不仅是形式上、程序上的赋权，更是实质性赋权，即通过为人民服务的过程获得群众的认可。1942年12月，区党委发出《关于开展与深入群众工作的指示》，

① 《对开发浙江工作的建议》，宁波市新四军暨华中敌后抗日根据地研究会编：《发动群众创建根据地》（浙东抗战与敌后抗日根据地史料丛书·第四卷），中共党史出版社2001年版，第14页。

② 谭启龙：《目前国内外形势与我党发展浙江敌后游击战争建立根据地的方针》，中共浙江省委党史资料征集研究委员会、浙江省档案馆编：《浙东抗日根据地》，中共党史资料出版社1987年版，第40页。

认为“群众工作仍是我们工作中最薄弱的一环”，“还未体验到人民与我们的生死相关、血肉相连”[①]；要求“用一切方法去帮助人民在不妨害抗日总原则下，尽量改善人民的生活”，“进一步地与我建立血肉相关［连］、患难与共的联系”[②]。进而在革命工作中为群众谋利益，与群众打成一片，在群众心中建立真正的合法性。四明地区的建政也是类似这样的过程。经过真心实意的合法性内化过程，1944 年 1 月，浙东临时行政委员会成立，成为浙东抗日根据地的最高行政机构，但这个最高行政机构此时还是临时的，还需要人民程序上的授权。

同时，中共对在浙东建政的主要关注点不是高层机构的建立，而是基层机构的建立。1942 年 7 月 18 日，刚来到浙东的谭启龙就针对基层政权问题提出，“目前改造行政的主要方法，不是直接发动群众去废除保甲，而是经过多数群众起来控告和撤换最坏最顽固的保甲行政人员，经过民选方法，选举人民自己的保甲长，党员应尽量争取选举”[③]。中共采取先下后上的办法，发动群众，对作为国民党政权基础的保甲长区分不同情况予以处置。对一心投敌的保长予以坚决打击，对搜刮百姓、有贪腐

①《浙东区党委关于开展与深入群众工作的指示》，宁波市新四军暨华中敌后抗日根据地研究会编：《发动群众创建根据地》（浙东抗战与敌后抗日根据地史料丛书·第四卷），中共党史出版社 2001 年版，第 45 页。

②《浙东区党委关于开展与深入群众工作的指示》，宁波市新四军暨华中敌后抗日根据地研究会编：《发动群众创建根据地》（浙东抗战与敌后抗日根据地史料丛书·第四卷），中共党史出版社 2001 年版，第 49 页。

③ 谭启龙：《目前国内外形势与我党发展浙江敌后游击战争建立根据地的方针》，中共浙江省委党史资料征集研究委员会、浙江省档案馆编：《浙东抗日根据地》，中共党史资料出版社 1987 年版，第 40 页。

行为的保长予以教育提高，对抱有爱国思想、名声甚好的士绅则予以团结，通过保长培训班等方式提升保长的思想政治水平和增强其抗战信心。同时，通过深入细致的工作培养积极分子，通过民选使他们掌握基层政权。如鄞慈县慈南区大隐乡是连接四明地区和三北地区的通道，但其基层为旧保长所占据，他们在征粮收税时中饱私囊、鱼肉百姓，个别甚至为日伪军指认农会干部，危害抗战的进行。中共认为基层政权掌握在谁手中至关重要。1943 年，县、区委派的民运指导员刘士光带两位同志去该乡工作。几位同志到了大隐乡后，经过宣传鼓动，扎根串连，发动群众，进行减租减息运动；并在这个过程中提高群众觉悟，培养积极分子队伍。这样过了 1 年时间，在全乡 10 个保 20 多个自然村中改选了保长，并选出群众代表 200 多人。然后再由保到乡政权，乡政权于 9 月 8 日由这些代表选举成立乡行政委员会。《新浙东报》报道："九月八日慈南 ×× 乡成立乡行政委员会。公选委员七人，以推进乡政。出席代表由各保保民大会选出，有保甲长、农民、女教师及带着发髻缠尖子小脚的农妇两女代表，共二百多人……票选结果，除 ×× 票数最多、当选为主任，其余六人为委员。接着新镇长举行宣誓就职。"① 在三北、四明地区的地方基层政权得到有效改造后，最终于 1945 年初召开浙东各界临时代表会议，通过选举成立浙东行政委员会和浙东行署。

---

① 参见汪志荣：《忆大隐乡民主选举》，《统战与政权建设》（浙东抗战与敌后抗日根据地史料丛书·第五卷），中共党史出版社 2001 年版，第 231、233 页。

法制建设是衡量一个政权治理水平的标准之一。浙东党组织在抗战的紧张形势和艰苦环境中，认真制定法律法规，提高根据地政权的法制化水平，取得了较好成效。法制建设的第一个体现是在浙东抗日根据地最高行政机构成立时，便颁布了《浙东临时行政委员会施政纲领》，这是浙东根据地政权的根本大法。1945 年 1 月，在浙东各界临时行政委员会上通过的《浙东地区施政纲领》则明确提出了“民则有用法律程序与手续以及其他方式控告任何公务人员非法行为之权利”，“建立司法制度及各县区乡（镇）调解委员会，正确处理各地民刑案件”等具体规定。第二个体现是根据地政权制定了系统的法律法规体系。根据地政权于 1945 年初制定了《浙东行政审理司法案件暂行办法》《浙东行政区惩治汉奸暂行条例》《浙东行政区惩治贪污暂行条例》《乡调解委员会章程》等法律法规，使政务活动和人民行为有法可依。虽因抗战形势的迅速发展和中央的“北撤”决策，浙东抗日根据地的法制建设被迫中断，但从以上这些成果也可以看出，根据地政权的法制建设对根据地的发展起到了有益作用。

中国共产党坚持宗旨意识，根据地政权一直提倡克己奉公，实行廉洁政治。1944 年 1 月 15 日，浙东敌后临时行政委员会颁布施政纲领，其中明确提出了“厉行廉洁政治，严惩公务人员之贪污行为”。1945 年 1 月 21 日至 31 日，浙东抗日根据地召开浙东敌后各界人民临时代表大会（以下简称“各代会”），参加会议的代表来自各党派、各地区和各阶层。浙东敌后临时行政委员会主任连柏生在会上做施政报告，对根据地发展和政权建设状况做了汇报，并自觉接受代表的审议和监督。《浙东地区施政纲领》重申了“厉行廉洁政治”的政治宣示，并逐步建立司法制度，保证廉政建设的长远有效。

浙东抗日根据地政权建立了法制和生活规定全方位覆盖的制度体系。民国时期，浙东地区已建立了代议制政体和现代司法制度，基本上是司法机关主导施行廉政的模式，廉政建设完全是司法机关的职责。在民国前期，浙东地区实行地方自治，地方士绅对行政官员起到一定的制约作用，但其在掌管基层事务时，自身出现了触目惊心的贪腐现象。这说明专门机构和自治体制在当时无法有效解决贪腐问题，而且这种现象在全面抗战之前愈演愈烈，在全面抗战时期则成为进行抗战的体制性障碍。在显性制度层面，浙东抗日根据地建立起在多个领域发挥作用、功能互补的综合性制度体系。浙东行署专门制定了反腐的相关法规《浙东行政区惩治贪污暂行条例》(以下简称《条例》)，其内容虽然比较简单，但在概念界定、实体法和程序法等方面规定得较为全面，立法技术也比较科学与规范。浙东的立法机构一成立便立即制定反腐法规，反映了浙东政权对法制建设的重视。具体言之，《条例》中对“公务员”主体范围的界定、罪名设立和执法程序等方面的规定已形成了较完备的体系。法的形式离不开具体环境要求，《条例》形式上较为简单，一定程度上适应了战争形势和根据地社会环境的需要。

权力机关的监督是廉政运行机制的重要环节。马克思主义政治学中权力机关是按“议行合一”原则建立的，认为权力属于全体人民，人民产生权力机关，权力机关在闭会期间让渡给常设机构代表人民直接行使权力，因而在一定意义上来说是“社会解放的政治形式”。因此，“各代会”作为根据地政权的最高权力机关，不仅是根据地政权产生的法理源头，而且是最高监督机构。行使监督权贯穿于代表选举、大会召开、审议报告、提出议案和会后实施、整改等全链条、多环节。如在代表选举环节，早在 1944 年 11 月初，中共浙东区党委向各级党组织发出进行会议代表选举的通知。采取普选方式产生代表的是四明地区和三北地区，其他地区由于环境限制采取指定或推举方式。四明、三北地区在“各代会”成立之前成立的基层政权很多是普选产生，有深厚的民主基础。大会召开时，临时行委会主任连柏生做工作报告，对一年来的根据地发展和政权建设状况做了汇报，接受人民代表的审议和监督。民选代表在“各代会”具有极强的荣誉感和高度的责任心，积极监督政府。“各代会”监督政府主要通过提交议案、反馈意见、提出建议、质询等形式实现。仅以议案为例，代表们经过认真讨论，提出的议案内容涉及政治、军事、经济、教育等根据地建设的各个方面。如代表们在教育方面共提出 9 项提案，其中之一是“确定教育经费并保障教员生活案”，指出要“将各区各地之迷信会产……将其彻底调查清楚，由豪绅、地痞之手中拨充为教育经费。此类项由政府机关协力援助，以达目的”[①]，有效防止教育经费的流失和中饱。对于代表提出的议案，浙东行署在闭会后认真加以处理，大部分问题得到有效解决，表明这种高层监督是行之有效的。

（三）积极发展经济，为教育发展奠定物质基础

经济是上层建筑的基础，教育的发展也离不开根据地的经济发展。中国共产党、根据地政权为了抗战需要和人民利益，与日伪进行坚决的经济斗争，大力发展经济，为教育发展奠定坚实的物质基础。

1942 年 7 月 18 日，谭启龙在《目前国内外形势与我党发展浙江敌后游击战争建立根据地的方针》中提出了财经工作方针，“禁止物资粮食资敌，禁用伪币，维持法币，适当地抑平物价，调济民粮，限止敌人毒品及消耗品运入，适当地注意改善人民的生活”[②]。在农业上，根据地政权布置了“反抢粮”斗争，让日伪在浙东得不到有效的粮食供给。同时，面对阻碍农业生产发展的封建土地制度，进行减租减息运动。1942 年，共产党及其领导的军队一到浙东地区就提出实行“二五减租”，1943 年从三北地区开始进行减租减息运动，在取得经验后扩展到四明、金萧等地区，促进了生产力的发展。另外，面对抗战相持阶段的严重困难，1944 年浙东进行了大生产运动，领导群众生产自救，

①《确定教育经费并保障教员生活案》，浙江省档案馆 G001-1-0880。

② 谭启龙：《目前国内外形势与我党发展浙江敌后游击战争建立根据地的方针》，中共浙江省委党史资料征集研究委员会、浙江省档案馆编：《浙东抗日根据地》，中共党史资料出版社 1987 年版，第 41 页。

渡过难关。在工商业上，浙东抗日根据地政权保障私营工商业发展，调节劳资关系，鼓励民间创办工厂；大力发展兵工厂、印刷厂、被服厂、布匹厂和盐场等公营工业；兴办各种类型的合作社，提高群众收入，减轻群众负担。

中共和根据地政权对财税工作十分重视，谭启龙认为“财政经济来源，不应放在打汉奸或罚款或临时捐款等等的基础上，我们应主张废除一切苛捐杂税及人民不应有的负担。一切抗日经费的来源，应由全体人民（除最贫苦者免收外）合理负担，不应放在少数人身上”[①]。《浙东地区施政纲领》提出：“废除一切苛捐杂税，实行合理的收税制度，征收统一的公粮田赋及统一的进出口货物税，务使居民中除极贫困者应予免税外，均须按照财产等级或所得多寡，实行程度不同的累进税制度，使百分之八十以上人民均能担负到抗日经费。实行统一收支，建立预决算制度，厉行节约运动，反对贪污浪费，保证财政收支平衡。”[②] 建立健全财税机构，合理税负，减轻人民负担，保证抗战和文教事业的财政需要。

另外，中共和根据地政权还大力发展文教、卫生、新闻等事业，提高根据地人民的文化水平，鼓舞根据地军民抗战士气，保障人民群众生命健康。由于教育事业在之后内容中会详细叙

① 谭启龙：《目前国内外形势与我党发展浙江敌后游击战争建立根据地的方针》，中共浙江省委党史资料征集研究委员会、浙江省档案馆编：《浙东抗日根据地》，中共党史资料出版社 1987 年版，第 41 页。

②《浙东地区施政纲领》，杭州大学历史系、浙江省档案馆编：《浙江革命历史档案选编》（抗日战争时期·下），浙江人民出版社 1985 年版，第 437 页。

述，同时限于篇幅，此处不再赘述。

第三节 浙东根据地教育方针政策的形成和教育管理机构的建立

在党的创建、大革命和土地革命战争时期，浙江就有悠久的革命传统。在建党时期，一批先进的浙江进步文化精英参与了建党，其中有不少精英从事文教工作。大革命时期，浙东著名教育家杨贤江撰写了《教育史 ABC》《新教育大纲》等著作，提出“教育是观念形态的劳动领域之一”[①]的观点，对具有社会主义性质的教育提出了破坏资产阶级性质教育、在儿童和成人中培养适合新的社会关系的思想意识、实行免费公共教育、发展成人教育、“指导全人生”等思想[②]。杨贤江的教育思想在浙东影响一时，在少数学校还得到了实践，如 1933 年慈溪晋群小学校长阎季平（严式轮）以杨贤江教育思想为指导办学，进行社会教育，宣传抗日救亡。全面抗战爆发后，面对日寇的疯狂掠夺和奴化教育，国民党政权在教育领域提出了一些应变措施。1937 年 4 月，蒋介石在国民党临时全国代表大会上提出“教育平时要当战时看，战时要当平时看”的原则。[③]国民政府也实行了一些学校内迁、反对日伪教育的措施，但其主旨仍是“一切

① 杨贤江：《杨贤江全集》第三卷，河南教育出版社 1995 年版，第 264 页。
② 杨贤江：《杨贤江全集》第二卷，河南教育出版社 1995 年版，第 325 页。
③《第三次全国教育会议宣言》,《教育通讯》1939 年第 11 期。

仍以维持正常教育”，显示出对抗战的最高宗旨重视不够，不能适应浙东抗战之需要。浙东抗日根据地创建后，中国共产党坚持爱国主义精神，为有效支援抗战，鲜明提出了自己的教育方针和政策，迅速建立了精简高效的教育管理机构，使教育为抗战服务，为提高社会各群体文化素质服务，促使根据地教育在艰难环境中得到恢复与发展。浙东抗日根据地吸收了浙东的优秀教育思想资源，认真贯彻中央、华中局的教育方针政策，结合根据地实际，形成了具有自己特色的教育方针、政策。

一、中共中央和华中局的教育方针、政策

中共中央的教育方针和政策有一个发展过程。在土地革命战争时期，苏维埃政权一度确立“进行广泛的马克思共产主义教育”的方针①，后根据抗战初期的形势转变为“抗战教育政策”“国防教育政策”，1937年陕甘宁边区还提出“国难教育”。这都反映出中国共产党为了抗战需要，根据抗战形势相应地改进、发展教育方针。全面抗战爆发后，中国共产党一方面坚决反对国民党投降派对抗战的投降行径和敷衍态度，另一方面认为要集中全部力量坚决抗日，必须充分调动教育领域的力量。8月25日，中央政治局在洛川会议上决定的《抗日救国十大纲领》中提出了“抗日的教育政策”，具体包括“改变教育的旧制度、旧课程，实行以抗日救国为目标的新制度、新课程；实施普及

① 陈元晖等编：《老解放区教育资料》(一)，教育科学出版社1981年版，第36页。

的义务的免费的教育方案，提高人民民族觉悟的程度；实行全国学生的武装训练”等，并制定了包括学制、教学等内容在内的较为详细的方案。在1938年9月至11月召开的六届六中全会上，毛泽东再次强调“伟大的抗战必须有伟大的抗战教育运动与之相配合，二者间的不配合现象亟应免除”，并对教育政策予以细化，提出：“1.改订学制，废除不急需与不必要的课程，改变管理制度，以教授战争所必要之课程及发扬学生的积极性为原则；2.创设并扩大、增强各种干部学校，培养大批的抗日干部；3.广泛发展民众教育，组织各种补习学校、识字运动、戏剧运动、歌唱运动、体育运动，创办敌前各种地方通俗报纸，提高人民的民族文化与民族觉悟；4.办理义务的小学教育，以民族精神教育新后代。”① 这是包括学制改革、干部教育、社会教育和普通教育在内的详细教育方案。经过在各抗日根据地的实践，这个教育方针政策在凝聚教育界信心、支援抗战等方面起到了积极作用，但在实践中也出现了只重视抗战、忽视民主和教育质量等问题。

1940年初，毛泽东发表《新民主主义论》，对抗战时期文教事业的性质、内容和发展方向做了详细论述，系统总结出新民主主义教育方针，提出在“现阶段上中国新的国民文化的内容，既不是资产阶级的文化专制主义，又不是单纯的无产阶级的社会主义，而是以无产阶级社会主义文化思想为领导的人民大众

① 毛泽东:《论新阶段》,《毛泽东同志论教育工作》，人民教育出版社1992年版，第48页。

的反帝反封建的新民主主义”[①]，“民族的科学的大众的文化，就是人民大众反帝反封建的文化，就是新民主主义的文化，就是中华民族的新文化”[②]。同年3月，中共中央书记处批准了这个提法，认为“应该确立国民教育的基本内容为新民主主义的教育，这即是以马列主义的理论与方法为出发点的关于民族革命的教育与科学的教育”[③]。1941年2月，中共中央发表《各抗日根据地文化教育政策讨论提纲（草案）》，对根据地教育政策做了深入探讨，认为根据地的统一的教育政策，应该也按照中央提出的“新民主主义文化”的原则，新民主主义教育应该是“抗日的、民主的、科学的、大众的”，是“团结一切抗日的、民主的、自由思想的”，“反对奴役的、黑暗的、复古的、封建的”。[④]认为根据地教育方针和文化方针在精神实质上具有一致性，教育作为上层建筑的一部分，和政治、文化等上层建筑一样，五四运动以来提倡的“民主”和“科学”仍是教育的原则性内容，同时根据抗战之需要与时俱进地增加抗战、爱国和人民大众的阶级利益等内容。1941年9月，《解放日报》以社论形式提出“民主的教育固然需要民主的政治，民主的政治也同样需要民主的

① 毛泽东：《新民主主义论》，《毛泽东选集》第二卷，人民出版社1991年版，第706页。

② 毛泽东：《新民主主义论》，《毛泽东选集》第二卷，人民出版社1991年版，第708—709页。

③ 中共中央书记处：《关于开展抗日民主地区国民教育的指示》，陕西师范大学教育科学研究所编：《陕甘宁边区教育资料（教育方针政策部分）》（上册），教育科学出版社1981年版，第80页。

④《各抗日根据地文化教育政策讨论提纲（草案）》，陕西师范大学教育科学研究所编：《陕甘宁边区教育资料（教育方针政策部分）》（上册），教育科学出版社1981年版，第150页。

教育”[①]，直接阐明了这个道理；在坚持抗战时期教育的发展方向上，则指出“只有把我们今天的教育与我们今天的战争与革命相结合，才是培养健全公民与健全干部的唯一方法”[②]。这个论述表明，抗战时期根据地的教育必须要和抗战、革命结合，而不能分割为两张皮，教育既是为了培养适应抗战需要的干部，也是为了培养具有现代政治意识的公民。1943 年 2 月，在陕甘宁边区专员、县长联席会议上，确立了边区教育政策，第一在职干部教育，第二学校干部教育，第三社会教育，第四国民教育，[③]对抗日根据地教育的具体内容做了规定。

华中局认真贯彻中央的教育方针、政策。1942 年，刘少奇主持华中局工作，指出了党在教育领域的任务是“开展根据地的文化教育，办理各种学校，训练人民成为新的公民”，“各乡学校及民众学校应即办起来，各县中学亦须从速办理。各根据地之高中及专门班应加扩大。教育经费，各级政府应给予保障，所有学产收入，一律拨交学校。教员的训练，应加紧进行；教员的待遇，应加以确定，给予相当的保障。课本的编审与印刷，须迅速进行。对于民众教育，则须在群众运动发展的基础上，去广泛地大规模地进行”[④]。刘少奇的这些指示精神在华中局各根

---

①《打碎旧的一套》,《解放日报》1941 年 9 月 11 日。

②《打碎旧的一套》,《解放日报》1941 年 9 月 11 日。

③《一九四三年教育工作中的几个问题》，陕西师范大学教育科学研究所编:《陕甘宁边区教育资料（教育方针政策部分）》（下册），教育科学出版社 1981 年版，第 356 页。

④ 江苏省教育科学研究所老解放区教育史编写组:《华中苏皖革命根据地教育大事记》，内部资料 1996 年版，第 21 页。

据地得到不同程度的实施。

二、中共和浙东抗日根据地政权对教育方针、政策的探索

由于浙东抗日根据地成立比较晚，一直到1942年夏，中共领导的军队才根据中央、华中局的决策进入浙东的三北地区，正式开辟浙东敌后抗日根据地。刚到浙东，中共对浙东教育的状况还不太了解，并没有马上做决策，而是着手对浙东教育进行调研。因此，这一时期只是提出了几个原则性问题。1942年7月18日，谭启龙在浙东敌后第一次干部扩大会议上，提出“浙江文化教育相当发达，知识青年相当多，对于这个问题，我们不应忽视，同时亦须了解，我们今天所处环境不能进行彻底改革教育，只能按照情形，注意一些重要的问题”[①]，指出了浙东教育的特点，提出不要在情况没有摸清楚时就试图进行大幅度改革。对于浙东教育发展的具体措施，则主要是针对抗战需要，提出了4条原则办法：一是“目前文教中心，是提高与发扬民族的自尊心与自信心，及抗日的技术教育，广泛地告诉人民打鬼子的具体办法，提高人民抗日的自信心，与汪逆奴化愚民欺骗政策做斗争，发扬民族气节与正义感”；二是“一切学校应以上列原则做中心，并发扬学生抗日民主自由权利，给予学生言论、集会、结社、抗日自由，改善教职员生活”；三是“欢迎并爱护

① 谭启龙：《目前国内外形势与我党发展浙江敌后游击战争建立根据地的方针》，中共浙江省委党史资料征集研究委员会、浙江省档案馆编：《浙东抗日根据地》，中共党史资料出版社1987年版，第42页。

知识青年、文化工作者，开办农村小型报纸、刊物及一切有利于抗日团结的文化事业，尽一切可能方法，进行群众文教工作，如座谈会、戏剧等”；四是“大量地吸收当地抗日知识青年参加部队工作，并大胆地使用与提拔担任各种工作”。[①]谭启龙的这个讲话中关于文教事业的内容虽然相对其他工作的内容来说比较简单，但是一个完整的系统，包括了教育目的、学校教育、教师队伍建设等内容。不过，其着眼点还是“实行抗战教育政策”，团结和发挥教育界的力量促进抗战形势发展，而关于浙东教育政策的具体内容在当时来说确实还不十分清晰，还要在实践中予以深化。

中共看到了浙东文教事业基础比较发达的特点，根据这一有利条件对浙东教育提出了发展方向和内容。1942 年 8 月 25 日，区党委宣传部再次指出“浙江为文化相当发展的地区，接近上海且有过抗战初期的进步时期”[②]，“对于目前流通书籍一般的宜按照各单位各人之学习计划，进行分配与流通”[③]，要求认真保管和使用书籍以备文教事业之需，显示出区党委对文教事业的高度重视。1943 年 2 月，区党委在《我党我军在浙东地区今后的一般任务》中指出，“必须加强党对文化教育事业的领导，有计

① 谭启龙：《目前国内外形势与我党发展浙江敌后游击战争建立根据地的方针》，中共浙江省委党史资料征集研究委员会、浙江省档案馆编：《浙东抗日根据地》，中共党史资料出版社 1987 年版，第 42 页。

②《关于保管与使用书籍方面的指示》，罗未央主编：《浙江革命（进步）文化历史文献选编》，浙江美术学院出版社 1993 年版，第 58 页。

③《关于保管与使用书籍方面的指示》，罗未央主编：《浙江革命（进步）文化历史文献选编》，浙江美术学院出版社 1993 年版，第 59 页。

划地协助地方上办理文教事业”，并提出了任务，一是“对于我军活动区现有学校及一切文教机关及人士加以调查研究，定出我们的方针，给予适当的帮助与领导。特别在三北一般地方人士对于文教事业很有兴趣，有人在筹备中学，这是值得我们注意的”；二是“要积极地与敌伪奴化教育做斗争。在汪精卫对英美宣战的欺骗口号下，最近敌伪对一切奴化教育的进行，已更加紧在筹备举办各种训练班，举行各种集会，虽其作用并不一定很大，但我们不应忽视”；三是“要对一切挑拨离间的违反民主的错误的‘合法’的理论与思想做斗争，要善于将民主理论及三民主义新中国的理论来宣传，但必须反对用党八股的一套，反对把根据地的一套搬过来，而必须站在人民立场地方化，适合浙江党的政策，尤其要注意抓住黄绍竑初期的各种进步言论来加以发扬光大”；四是“应该多方推动与吸收地方文化工作青年及文化人、地方各界领袖参加各种文教事业，扩大抗日的民主的文化教育事业”。[①] 这是中共对浙东教育的探索，提出了坚决反对日伪奴化教育、重视教育、尊重地方小学积极性等政策。同时在这次会议上，还提出了“加强干部党员的教育”的内容，要求“根据各地环境决定自己的教育方针与计划，一般来讲，干部教育可开办短期县区级训练组，但主要在于组织在职干部学校，一般党员教育以提高党性教育及一般的政策教育为主，

①《我党我军在浙东地区今后的一般任务》，杭州大学历史系、浙江省档案馆编：《浙江革命历史档案选编》（抗日战争时期・下），浙江人民出版社 1985 年版，第 67—68 页。

对新党员主要教以‘怎样做一个共产党员’、党员气节等，要做到每个党员能为党工作，而不是挂名的党员。健全党的组织生活，及时检讨与总结工作，是教育的最好办法”。[①]这个政策确定了党对教育集中统一领导、反对奴化教育的原则，对干部教育、学校教育的内容也做了规定，对教育发展动力、依靠力量也做了阐述。但因为这时中共及其领导的军队还处于紧张的根据地创建和军事斗争时期，浙东教育尚处于恢复和初创阶段，教育政策的内容还不十分详细。

1944 年 1 月 15 日，浙东敌后临时行政委员会正式公布其施政纲领，关于教育的纲领性内容是：“实行抗战与民主的普及教育，改善中小学教师待遇、提高其文化政治水平，改进学校教材，推行社会教育，奖励抗日书报之出版发行，提高科学知识与文艺运动，欢迎各地科学艺术人才来根据地工作，给予教师及公务人员以学习进修之机会，开办各种短期训练班，允许在校学生以民主自治权利，普遍提高人民政治认识及文化水平，加强抗战胜利信心。”[②]这是浙东政权关于教育方针的正式宣示，内容虽然不长，但内涵极为丰富，它指出了浙东教育的方向，是以促进抗战为目标，着重普及、推行社会教育，发扬教育民主，提高人民群众的政治文化水平。不过，虽然这个纲领中提

---

①《我党我军在浙东地区今后的一般任务》，杭州大学历史系、浙江省档案馆编：《浙江革命历史档案选编》（抗日战争时期·下），浙江人民出版社 1985 年版，第 139 页。

②《浙东敌后临时行政委员会施政纲领》（节选），罗未央主编：《浙江革命（进步）文化历史文献选编》，浙江美术学院出版社 1993 年版，第 65 页。

出了学校教育和社会教育，但对两者的主次关系并未进行阐述，这是因为中共不是以教条先入为主，而是经过充分实践才制定出符合实际的教育政策。

在党中央提出新民主主义教育方针之后，1942 年 5 月，毛泽东在延安文艺座谈会上发表了重要讲话，提出了对为什么人服务、提高和普及、个人和群众的关系等问题的正确论述。

浙东对这个讲话进行了认真学习讨论。1944 年 4 月 20—21 日举行了文化工作者座谈会，文教处处长黄源在会上对一些原则性问题做了阐述。“在报告毛泽东同志的结论中，他特别提出了中国文坛上争论很久的如何‘提高与普及’问题，说明其二者的正确关系。并侧重毛泽东同志指出的‘在普及的基础上提高，在提高的指导下普及’的正确原则。”[①] 普及和提高的关系问题是根据地教育发展中面临的一个实际问题，毛泽东提出的解决原则和办法对浙东抗日根据地的教育发展同样适用。

关于对普通教育和社会教育关系的认识，它一方面是中共在浙东抗战和根据地教育的发展中进行艰苦探索形成的，另一方面也是基于对中央关于教育方针的学习和贯彻。1943 年春的边区政府会议上，提出了“干部教育第一，国民教育第二”的原则。在 1944 年上半年，中央和陕甘宁边区对普通教育和社会教育的关系做了多次论述。1 月 8 日，陕甘宁边区政府主席林伯渠在边区委员会第十次会议上再次重复了这个原则。4 月 7 日的

① 《我军举行文艺座谈 黄源先生解释文艺新方向》，《新浙东报》1944 年 4 月 27 日。

《解放日报》社论提出“目前根据地的普通教育系统，就应该按照现在的群众教育和干部教育的这种需要，而进行全部的重新调整”①，实际上提出了调整普通教育和社会教育的关系问题。如果说这个表述还不十分明确的话，一个多月后《解放日报》上的另一篇文章则表述得更加明确，这篇名为《论普通教育中的学制与课程》的文章写道：“干部教育应该重于群众教育”，“在干部教育中，现任干部的提高又应重于未来干部的培养”，“在群众教育中，成人教育也应重于儿童教育”。②浙东抗日根据地的教育方针和这个提法在精神上是一致的。

1944 年 6 月 30 日，罗白桦在四明地区行政扩大会议上，对四明地区成立 3 个月以来教育工作的经验教训进行了总结，指出“改造农村，提高文化，小学教师是能起中心作用的，因之，社会教育必须以学校教育为基础”③。一方面重视社会教育，另一方面也阐述了学校教育和社会教育的关系。知识分子在根据地社会改造中的作用至关重要，在当时的根据地，小学教师是知识分子的代表群体，所以说社会教育的基础是学校教育，但此时对社会教育的必要性还没有阐述完全。

仅在很短时间之后，在四明特派员办公处（以下简称“四明特办”）第五次政务扩大会议上，文教处处长黄源就对社会教育

① 《根据地普通教育的改革问题》，《解放日报》1944 年 4 月 7 日社论。

② 《论普通教育中的学制与课程》，《解放日报》1944 年 5 月 27 日社论。

③ 《四明地区三个月来行政工作总结与我们今后还要做些什么》，浙江省教育科学研究所编：《浙江革命根据地教育资料汇编》（上册），浙江教育出版社 1987 年版，第 35—36 页。

的必要性做出阐述，他讲道："一个值得严重注意的问题，是以儿童为本位的教育，这是不适宜的，以全人口说现在只有 1/20 人受教育，所以应该转变到成人为本位的教育——尤以农民为主应普遍展开农会教育。"①社会教育优先于学校教育，主要是因为党员干部对革命和抗战的作用至关重要，中共是先锋队性质的政党，有强烈的改造社会的愿望，干部在根据地各项事业的推进中也起着重要作用。但浙东抗日根据地政权对学校教育也没有放松。1944 年 7 月，浙东行委会在半年工作总结中提出："继续改善小学教育事业及教职员的生活，开展社会教育，使之适合于敌后抗战之需要。"②这表明，社会教育的优先和对小学教育的重视是辩证统一的，都是为了抗战需要。

社会教育优先的方针并不单纯是中共的决定，还是广大人民群众的民主选择。1944 年 7 月 21 日，文教处举行了暑假教育研究会议，浙东教育界的 40 多名代表参加会议，对教育方针和一些具体问题进行了热烈讨论。一位代表说"过去的一套不适用了，一定要学一套新的办法"，并指出"要使一般人不轻视教育，必须教授学生'学以致用'的教育"。③另一位代表强调了教育必须与实际联系的道理。这些意见都和何克希提出的"今

①《四明地区三个月来行政工作总结与我们今后还要做些什么》，浙江省教育科学研究所编：《浙江革命根据地教育资料汇编》（上册），浙江教育出版社 1987 年版，第 37 页。

②《浙东敌后行政委员会总结半年施政工作　确定今后行政工作总方针》，《新浙东报》1944 年 7 月 22 日。

③《走上教育新方向　文教处举办暑期教育研究会》，《新浙东报》1944 年 8 月 7 日。

天的教育事业，应不应该走一个新的方向”[①]问题相呼应。

三、浙东抗日根据地教育方针、政策的确立及其内涵

1944年10月，浙东召开第三届文教扩大会议，在这次会议上决定了新的教育方针。大会召开了6天，连柏生主席等根据地领导参加。在17日的开幕式上，文教处处长黄源讲话，指出“本次大会的中心任务，在于根据与抗日民主联系的文教政策与浙东人民的要求，来彻底改造浙东的文教事业，使之对浙东的抗建事业做更大的贡献”[②]。大会首先传达了中央的文教政策和毛泽东关于文艺运动的讲话精神，然后进行了热烈讨论，最后对浙东教育方针做出正式决议。浙东教育方针的内容为“社会教育重于学校教育、成人教育重于儿童教育、干部教育重于群众教育”。

会议详细解释了“社会教育重于学校教育”的原因，“今天社会教育的主要对象，是广大的农民群众，一切教育内容与方式方法，就都要以切合农民要求为第一”[③]。会议指出开展社会教育的具体办法：一是“各地建立农村俱乐部，要把农村俱乐部作为团结各阶层，宣传党政军各项政策、法令、设施及造成下层人民舆论，有系统吸收人民反映的机构，并将它作为各项社会活动（纠纷调解，议租）的中心场所”；二是“争取和团结民

①《走上教育新方向　文教处举办暑期教育研究会》，《新浙东报》1944年8月7日。
②《第三届浙东文教会决定新的文教方针》，《新浙东报》1944年10月11日。
③《第三届浙东文教会决定新的教育方针》，《新浙东报》1944年10月11日。

间艺人——由于民间艺人是生长在广大农民心田中的，他们用艺术为工具，密切地联系着农民，对农民所喜闻乐见的民间艺术形式是最熟悉的，因此成为今日新教育工作的重要桥梁之一”；三是“提倡与改造民间艺术形式，如戏剧（的笃班、绍兴高调等）、音乐（小调、山歌、胡琴、锣鼓等）、绘画（连环画、年画、门神、壁画等）、小说（章回小说、宣卷本等）、舞蹈（马灯调舞蹈、高跷、舞灯等），运用这些来进行对群众的政治教育是最有效的”；四是“学校社教工作，决定目前各校社会部主任、音乐教师的当前工作”。[①] 这对教育方针和发展社会教育具体措施都予以明确规定，说明浙东抗日根据地的教育方针已定型。

同时，“社会教育重于学校教育、成人教育重于儿童教育”不仅是指社会教育和学校教育的地位问题，还包含“改造学校教育”之意。学校教育改造是包括领导体制、学制、教学、教材、儿童组织等内容在内的综合体系，具体如下：一是学校行政方面，“所有公私学校应向‘民办公助’的方向发展，尽量尊重地方上的意见，运用地方上的人力物力来办理”；二是学制改革方面，“适应农村及市镇的实际需要”，予以改革；三是课程改革方面，“总的原则是着重抗日战争知识和生产知识的增加，启发民主的精神，培养劳动观念、集体观念等”；四是开展“儿童组织与训导”。[②]

①《第三届浙东文教会决定新的教育方针》，《新浙东报》1944 年 10 月 11 日。
②《第三届浙东文教会决定新的教育方针》，《新浙东报》1944 年 10 月 11 日。

这次会议确定的浙东抗日根据地文教方针明显受到了陕甘宁边区制定的文教方针的影响。黄源讲："这些新的文教方针，在《解放日报》的几篇社论中早已明确指出了。"①1944年，党中央的机关报《解放日报》发表了多篇关于教育方针的社论、文章，主要包括《教育上的革命》(1944年1月13日)、《陕甘宁边区教育工作改革的方针》(1944年2月8日)、《根据地普通教育的改革问题》(1944年4月7日)、《论普通教育中的学制与课程》(1944年5月27日)等。如《陕甘宁边区教育工作改革的方针》再次强调"干部教育第一，国民教育第二"的方针；《根据地普通教育的改革问题》认为"新教育"有4条弊端，指出"最广大人民群众需要一种最广大的群众的教育和一种为了群众的干部的教育"②；《论普通教育中的学制与课程》则提出了"干部教育应该重于群众教育""在干部教育中，现任干部的提高又应重于未来干部的培养""在群众教育中，成人教育也应重于儿童教育"③。浙东抗日根据地教育方针是直接吸取了其中的一些提法而又有所变化，在精神实质上则是一致的。

但是，这次会上没有对"干部教育重于群众教育"的具体内容予以解释。虽然干部教育是中共的传统，在苏维埃时期就形成了较为成熟的内容，在抗战时期陕甘宁根据地也有丰富的干部教育经验。但浙东抗日根据地政权对其在全面抗战时期的具

---

①《第三届浙东文教会决定新的教育方针》,《新浙东报》1944年10月11日。
②《根据地普通教育的改革问题》,《解放日报》1944年4月7日。
③《论普通教育中的学制与课程》,《解放日报》1944年5月27日。

体内容仍有必要给予正式解读，这一点在之后浙东敌后临时行政委员会的《一九四五年浙东地区施政方向草案》中进行了详细阐述。

1945 年 1 月，在浙东各级临时代表会议上通过的《浙东地区施政纲领》中，对教育方针做了公开表述，内容为："实行抗战与民主的普及教育，创办各种学校及各种短期训练班，吸收抗日青年、知识分子及失学失业与流亡青年，训练培养抗建人才，编制抗战民主教材，务使学习与抗建实践生活相联系。给予在学学生及教职员有参加各种抗战工作及课外正当活动的自由。同时改善各级学校教师的生活，提高其政治文化水准。推广抗日书报，奖励自由研究科学知识，尊重知识分子，提倡科学与文艺运动，欢迎各地科学艺术人才来根据地工作。"① 纲领中的教育方针和浙东第三届文教会上提出的教育方针在内容上有区别，原因可能有以下两点：一是两者的场合不同，因此在内容上有所侧重；二是两者在根本上是一致的，都是建设抗战与民主的教育，只是在表述上有差异。因此，浙东教育方针在本质上还是第三届文教扩大会上阐述的内容。正如连柏生主席在临代会上做的一年施政报告中指出的，文教方面确定"社会教育重于学校教育、成人教育重于儿童教育、干部教育重于群众教育"的新方针，开办鲁迅学院，解决干部问题，成立社教队，

① 《浙东地区施政纲领》，杭州大学历史系、浙江省档案馆编：《浙江革命历史档案选编》（抗日战争时期·下），浙江人民出版社 1985 年版，第 435 页。

改造民间艺人，推进社会教育。[1]可以看出，作为施政纲领基础的施政报告阐述的内容更为实际。但需要指出的是，会议上对纲领的教育方针及其目的做了通俗解释，如在当时参会者的笔记中，对文教政策方针的记述是：

> 三、我们文教政策方针——大众、民主、抗日
>
> 只能作为浙东的方向，在抗日民主旗帜下，团结争取教育并改进三北所有无党无派各党各派在职或非在职的男女知识分子，以抗日民主内容教育儿童特别（是）农民与反抗战反民主思想做斗争，配合我党政治军事经济各项斗争来坚持浙东斗争。
>
> 目前，第一，以团结争取在职的小教为主；第二，适当改进教课内容与学生组织；第三，要创造文教工作的方式方法，编制社教读物，总的应该向社教开展。[2]

由此可见，抗战胜利和民主政治是各类教育的目的，而社会教育优先、学校教育改造、党员干部教育等是手段。

浙东教育方针、政策的具体内容在 1945 年 1 月 31 日完稿的《一九四五年浙东地区施政方向草案》（简称《施政方向》）中，表述得更为详细。浙东敌后临时行政委员会在临代会同期

---

① 连柏生：《在浙东临代会上的一年施政报告》，《新浙东报》1945 年 1 月 26 日。

②《田井笔记（一年来政权工作总结）》（节选），浙江省教育科学研究所编：《浙江革命根据地教育资料汇编》（上册），浙江教育出版社 1987 年版，第 75—76 页。

制定的这个草案，对干部教育、社会教育、学校教育、教育界统战工作、教育经费、教育队伍培养等问题都做了详细规定，值得认真分析。“干部教育重于群众教育”的原因是“一切任务的完成与工作的开展，除了有正确的政策与领导外，就决定于足够而胜任的干部”；具体教育方式是“较大规模的集训”“有计划地灵活地运用各种形式，举办各种训练班、讲习会、座谈会等”，以在职干部为培训教育的重点，“在教育内容与方式上，应该是实事求是的民主作风”。[①]这就对第三届文教扩大会议上“干部教育重于群众教育”的原则做了详细的阐释。

对于社会教育，则明确为“农村社会教育”，指出“为成人教育，特别是对广大农民，应普遍开展社会教育工作”[②]。“社教工作的主要方式，首先应以文化娱乐着手，可运用并改造各种各样的民间艺术形式，以达到进行政治思想教育的目的。文教处社教队须担负实验改造民间艺术，培养社教干部，对各级社教机关做业务上之指导与帮助。专署与各县于原有教育费中提出款项，调用并吸收相当小教及社教队或组。各乡镇或保并建立农村俱乐部，其工作内容方式方法与组织方式，可视当时当地具体环境而不同，其性质与任务，在使农村各阶层在文化娱乐活动与民主政治活动中，进行政治思想教育，及生产技术教

①《一九四五年浙东地区施政方向草案》（节选），浙江省教育科学研究所编：《浙江革命根据地教育资料汇编》（上册），浙江教育出版社1987年版，第79页。

②《一九四五年浙东地区施政方向草案》（节选），浙江省教育科学研究所编：《浙江革命根据地教育资料汇编》（上册），浙江教育出版社1987年版，第79页。

育，但群众教育必须从实际出发，与战争、生产及每一时期的政治工作任务密切配合与联系。”①

学校教育则是提出“继续改造”的任务。首先，要求“根据浙东的具体环境，进行改造传统教育的教学内容，课程与学制的工作，去年已有了初步的实验，但今后应（从）进行改造广大小教的思想着手，因此，对小教的思想领导是很重要的，并须善于运用行政力量辅助之。其次是根据各区不同的社会环境，适当改造传统教育的课程学制，使儿童教育与抗战生产、政府工作密切联系起来。第三，着手编印小学教科书，与及时的补充材料。第四，整顿中等教育，并创办新型的中学。第五，改造学校儿童自治组织，培养儿童的集体民主精神与劳动观念”②。

对于“文教界的统战工作”，指出：“浙东地区素为我国人才辈出之处，过去对团结与教育广大小教及初步争取众多的民间艺人工作虽有成绩，但以现有的成绩与现有的广大的人才而论，相差甚远。故今后必须加强这一部分工作。首先应加强教育会的领导，并以教育会为核心，广泛吸收地方知识分子，团结民间艺人，并争取敌后与大后方的学生青年及文化技术人士。对文教界人士与艺术及技术人员必须均予重视，并切实改善其生

①《一九四五年浙东地区施政方向草案》（节选），浙江省教育科学研究所编：《浙江革命根据地教育资料汇编》（上册），浙江教育出版社 1987 年版，第 79—80 页。

②《一九四五年浙东地区施政方向草案》（节选），浙江省教育科学研究所编：《浙江革命根据地教育资料汇编》（上册），浙江教育出版社 1987 年版，第 80 页。

活。[①]在抗战的艰苦环境中，教育经费问题十分重要。《施政方向》提出“教育经费（包括学校教育经费与社会教育经费）基本上以区为单位，放到统筹控制教育经费中，应确定相当之社教经费，以保证社教工作之开展”[②]。对于教育人才的培养，《施政方向》专门指出：“培养与创造文教模范工作者，是推动文教工作，改造文教干部思想的一个新的重要领导方法。模范工作者的产生，必须经过耐心培养与群众性的选举，最好以区为单位。政府对模范工作者则予以适当的表扬与奖励，尤须帮助其政策的研究与执行，并业务的潜心学习。”[③]由于这是临时行委会做出的施政内容，因此《施政方向》比《浙东地区施政纲领》的原则性规定更加具体、详细、准确，更具操作性。至此，浙东抗日根据地的教育方针、政策已完全成熟。

四、教育管理机构的建立

为有效发展根据地教育，共产党及其领导的军队到浙东后，根据浙东教育的实际情况，适当改变原有教育机构，逐渐成立、充实教育管理机构。华中局为浙东抗日根据地输送了黄源、楼适夷等水平高、有经验的文教干部。

---

①《一九四五年浙东地区施政方向草案》（节选），浙江省教育科学研究所编：《浙江革命根据地教育资料汇编》（上册），浙江教育出版社 1987 年版，第 80 页。

②《一九四五年浙东地区施政方向草案》（节选），浙江省教育科学研究所编：《浙江革命根据地教育资料汇编》（上册），浙江教育出版社 1987 年版，第 80—81 页。

③《一九四五年浙东地区施政方向草案》（节选），浙江省教育科学研究所编：《浙江革命根据地教育资料汇编》（上册），浙江教育出版社 1987 年版，第 81 页。

浙东行署设立文教处，文教处处长由黄源担任，副处长由楼适夷担任。黄源生于1905年，浙江海盐人，是和鲁迅先生有密切关系的进步文化人士。全面抗战爆发后，基于民族大义，他参加抗战，于1938年参加了新四军，次年加入中国共产党。“皖南事变”后任鲁迅艺术学院华中分院教导主任、《江淮报》副总编等。1943年来到浙东抗日根据地，先后任文教处处长、区党委宣传部副部长、鲁迅学院院长等职。楼适夷，1905年生，浙东余姚人，曾留学日本。1931年回国后，参加“左联”工作，是著名作家。1944年来到浙东抗日根据地，任文教处副处长等职，他写的《四明山杂记》是对抗战时期浙东抗日根据地的生动描述。高水平的文化界人才参加、领导浙东文教工作，对浙东教育的发展起到了重要作用。

与此同时，各地区（办事处）设立文教科，各县政府也设文教科，乡镇设立文教指导员（教育委员），具体负责教育行政管理事务；同时，乡中心小学负责一定的教学行政工作。

第二章　优位优为的社会教育

在马克思主义教育理论体系中，“社会教育”概念最早出现在《共产党宣言》中，即“用社会教育代替家庭教育”，也称公共教育。在苏联的社会主义教育实践中，社会教育主要指群众教育或曰成人教育。在土地革命战争时期的苏区教育中，社会教育主要指以工农阶级为主体的群众教育，苏维埃政权高度重视社会教育，发动群众开展各种形式的群众教育，取得了很大成绩。资本主义列强入侵中国后，教会教育对妇女、儿童进行过一点社会教育。清末满清政府提出过民众教育，但成效寥寥。进入民国后，蔡元培在教育部设立负责社会教育的科室。五四运动之后，社会教育以“平民教育”名义有了一定发展。南京国民政府成立后，在《三民主义教育实施原则》中提出了“民众教育”的具体计划。1927 年后，国民党掌控浙江政权，也开始实行社会教育，在教育厅和地方教育行政管理机构中设立第三课（科），承担社会教育的管理职责，拨付专门经费，成立民众教育实验学校，在各县市成立民众教育馆，其宗旨为“以就民众实际生活，施行补充教育，使获得多方面之健全”，从其宗旨就可以看出社会教育处于正式学校教育的补充地位。社会教育的内容则是以“三民主义”为核心的党化教育，辅之以文化和生活的内容。到全面抗战前，社会教育虽有一定发展，但国民党政权进行社会教育主要采取由政府推动的方式，不善于、也不敢发动群众，形式化、官僚化色彩浓厚，未能取得预想效果。抗日战争时期，中国共产党提出的“社会教育重于学校教育、成人教育重于儿童教育”的方针把社会教育放在了优先位置，浙东抗日根据地政权认真贯彻党的教育方针，深入群众、发动群众、开展运动，在组织形式、运动形式、艺术形式上找到了适合根据地社会教育发展的途径和方式。

第一节　俱乐部——社会教育的重要组织形式

社会教育并不是中国共产党和浙东抗日根据地政权的主观设想，而是有一定的历史基础和社会基础的。全面抗战时期，中国共产党坚持抗日民族统一战线，为有效提高群众思想文化素质大力发展社会教育，摒弃了国民党政权采用的官僚式社教方式，根据浙东的实际情况和抗战之需要，对社会教育的地位、性质和内容进行革新。而找到一种能有效推进社教的组织形式至关重要。

中国传统教育一贯重视学校教育，忽视社会教育。作为工人阶级先锋队的中国共产党认为，要取得革命和社会主义的胜利，不发动广大群众不行，不大范围提高群众的文化素质不行。在全面抗战之前，中共对陕甘宁边区的工作就提出，在教育上要实行普及教育，从文化上解放广大贫苦群众。在全面抗战初期，中国共产党就对浙东地区的社会教育十分重视。在日寇侵略浙江之初，中共就在政工队等官方组织内进行社会教育，但影响有限、未成体系，效果也不持久。1941 年 9 月，《解放日报》社论提出彻底改进包括社会教育在内的教育体系。中国共产党在创立浙东抗日根据地之后，具备了推进社会教育的条件，开始大规模地推行社会教育。浙东抗日根据地学习、吸收了陕甘宁边区的社会教育经验。1942 年之后，陕甘宁边区的社会教育实践蔚然成风。经过实践，陕甘宁边区的社会教育在内容、形式和成效上都有很大进步。1944 年 1 月，林伯渠在边区政府委员会上指出："社会教育方面，新的作风已在延安创造出来，并逐渐推广出去，延大、文协、鲁艺、平剧院、文工团等团体的下乡劳动，是一件值得欢迎的大事。我们应该帮助他们。尤其教育机关要同他们发生密切的联系，搜集经验，作为改进边区社会教育的出发阵地。"[①] 陕甘宁边区的社会教育取得了令人欣喜的

①《陕甘宁边区教育工作改革的方针》,《解放日报》1944 年 2 月 8 日。

成绩，但这时社会教育的经验还不成系统，社会教育的具体政策还未正式制定出来。4 月 7 日，《解放日报》以社论形式指出，“我们一定要使教育的基础生根在最广大人民群众的需要中间。最广大人民群众需要一种最广大的群众的教育和一种为了群众的干部的教育”①，树立了社会教育优先原则。在 5 月 27 日《解放日报》的社论中，进一步提出“在群众教育中，成人教育也应该重于儿童教育”②。对这些社教方针和经验，浙东区党委和文教部门深入领会，结合浙东实际情况切实执行，指导根据地社会教育的实践。

一、浙东抗日根据地创建初期的社会教育

1944 年 10 月，浙东行署文教处在第三次文教工作会议上，确立了“社会教育重于学校教育、成人教育重于儿童教育、干部教育重于群众教育”的教育方针，把社会教育提到了优先位置。这个方针不是凭空出现的，在其确立之前经过了调查研究、典型试点、取得经验的过程；同样，俱乐部组织形式也不是在社会教育伊始便自然出现的，而是经历了一个复杂的实践过程。

1942 年 12 月，姚南县就在群众干部训练班中提出社会教育的“一般性号召”，之后采取文教干部下乡进行社会教育的方法，但效果并不太好。姚慈县的各界民众联合代表大会也决定

①《根据地普通教育的改革问题》，《解放日报》1944 年 4 月 7 日。
②《论普通教育中的学制与课程》，《解放日报》1944 年 5 月 27 日。

通过冬学进行社会教育的计划。1943 年 9 月，龙山区教育会以小学教师为主力进行社会教育，“聘请学校教师为该校所在地农会自卫队文化教员，每校指定一位教师负主要责任，并确定今后各团体开会必须邀请对方派员列席，任何工作决定相互通知，以便配合协助，且由区队部区教育会编订课本教材，由各文化教员负责教育自卫队、农会，对时事方面，也经常由文化教员向自卫队队员、农会会员报告，以提高他们文化政治水平，平时自卫队农会无论何种工作皆可请求文化教员帮助”[①]。学校教师确实是推行社会教育的重要力量，按照当时根据地的文化水平，也应该重视教师在社会教育中的重要作用，但大规模开展根据地社会教育仅靠学校教师是远远不够的。

1944 年 7 月，四明山区在对社会教育的研究中，提出社会教育“要创造新形式，召开群众大会，反对一般化”，充分利用集镇、赛会，“利用各种民间艺术的旧形式，插入新的内容，向群众演唱”；在敌占区要采取武装宣传教育的方式。[②] 对社会教育的对象、动力、方法都做了研究，认为社会教育的对象应该是农村基本群众；不应仅把教师作为根据地社教运动的动力，还要加上民运干部、地方青年；采取“夜校或民众识字班，由中心小学举办”[③] 等方法，并规定社会教育的经费要占全部教育

① 《龙山区教育会推动社会教育》,《时事简讯》1943 年 10 月 6 日。

② 《四明地区第二届行政扩大会议决议案》，罗未央主编:《浙江革命（进步）文化历史文献选编》，浙江美术学院出版社 1993 年版，第 71 页。

③ 《四明山地区第二届行政扩大会议决议案》(节选)，浙江省教育科学研究所编:《浙江革命根据地教育资料汇编》(上册)，浙江教育出版社 1987 年版，第 42 页。

经费的 30%—50%。这些显示了根据地政权对社会教育的重视，但也说明在社教运动开始之时，根据地仍是准备按照传统做法，依托既有的教育机构和资源来开展社会教育。在初期的社会教育中，还采用了多种生动活泼的方式，如在 1944 年 7 月，三北教育会在一座寺庙的香市上举行宣传画展、读报活动和戏剧表演，但这种一般性的社教形式很难有持续性效果。此外，1944 年上虞县在制定 5、6、7 月的群众教育工作时，提出“以政治教育、生产教育为中心”“运用浙东报教育时事”“生产教育与业务联系起来”[①]，主要采取办夜校、座谈会、群众大会等形式。应该说，这些方法有一定效果，但针对性不强，仅依靠召开会议，群众很难形成系统的思想政治和文化知识，同时这样的方式也很难评估其教育效果。这就给根据地社会教育的领导者提出一个问题：一般性地推行社会教育容易，难的是如何找到一个能大规模、切实有效并能评估效果的推进社会教育的方式！

恰逢其时，三北地区的一些地方在推行社会教育中发现了一个有意思的现象。三北地区在 1944 年上半年的社会教育中，进行了深入探索。三北地区的一个区组成了社教队，主要利用平时的晚上和暑期的时间，在农村对农民进行了读报、宣传等形式的社会教育。社教的教材由教育会编写，并开展演讲、作文比赛、辩论会和生产竞赛英雄大会等。经费问题则是采取征集农民福利式股金的方式解决。但在推行中，发现教育会的理事

①《上虞县五、六、七三个月的工作计划》，浙江省教育科学研究所编：《浙江革命根据地教育资料汇编》（上册），浙江教育出版社 1987 年版，第 34 页。

分布太分散，理事会的组织不健全，产生了“工作抓不住中心”的感觉，于是有了建立“社教据点”的想法。就是在农村的社教中建立一个固定的“点”，解决社教人员来了便开展活动，走了便“人亡政息”的问题。但这个“点”的具体内容是什么？根据地的文教部门和社教人员的头脑中还不清晰，还需要在实践中探讨。

二、社教试点与俱乐部的出现

无独有偶，浙东行署在1944年夏天召开了第一次文教工作会议。虽然此时对新民主主义的教育方针和社会教育的提法有所了解，但行署文教处对社会教育的组织形式和具体办法却有无从下手之感。这是因为社会教育的对象十分宽泛且差别又大，对不同经济条件的村庄和家庭进行社教该采取什么办法？对不同身份、年龄、性别的群众怎么能采取同样的方法？有人甚至提出对和尚、尼姑怎样进行社会教育，社教怎么组织，进行社教工作的力量来自哪里等问题。大规模推进社会教育光靠学校教师是不够的，因为光是恢复和发展学校教育，教师已经不敷使用。这些问题不可能凭领导人拍脑袋或会议讨论一下就可以确定，只能从实践中找到解决办法。

于是，这次文教会议决定在鄞慈县进行社教试点。鄞慈县是浙东行署在鄞县西部和慈溪县南部设立的一个县级行政区，大部分是山区，人口比较稠密，传统上小学教育比较发达，高小得到一定普及，有较悠久的革命传统，民众的政治觉悟比较高，有一些教育人才，中共的治理比较巩固。所以，在这个地方进行社教试点比较合适。

鄞慈县的党委和政府都十分重视社教试点。县委书记和县办主任亲自带头在乌岩镇举行训练班，县委书记对农会骨干、民兵骨干进行培训，县办主任对乡保长进行培训，接着又在慈南区对小学教员进行培训。经过这几个培训，第一次文教工作会议上提出的一些问题，开始有了眉目。

同时，文教处也到鄞慈县的“点”进行调研。1944 年 8 月，文教处社教队到慈镇县视察社教工作。《新浙东报》对试点和调研情况进行了详细报道：

> 本月十日文教处社教队抵达 ×× 后，受当地区署邀请召开社教座谈会。到会区署及小教干部等廿五人。慈镇县办李科长提出四项意见：（一）乡村娱乐，时间要短，通常不应超过一个半钟点。（二）地点要择桥头广场，可以多吸收听众观众。（三）材料要精要新鲜多样。（四）民众俱乐会可每周举行一次。
>
> 继特请文教处黄处长致辞，他说社教工作是提高人民政治认识与政治觉悟的，而这些任务必须通过文化娱乐来完成。“我们做群众文化工作，第一便要使自己——知识分子工农化，×× 区署工作队同志正向这个正确方向做，我认为是很好的。至于社教文艺形式，

首先要提倡的笃戏，它出生于浙东，流行于浙东，为浙东多数民众所乐意接受（根据各位报告，爱好洋歌的只有小部分人，爱听爱唱的笃调、小调的都是大部分农民）。因此我们应当用各式各样的方法来充实它提倡它，当然我们还不能忽略了包括各阶层的文化娱乐——如漫画、话剧、平剧、歌咏等等。”

对于巩固民间俱乐部，黄处长认为：“我们工作者要注意善于领导工作，善于帮助及找寻民间艺人和艺术干部，一开头便要讲清楚，我们搞工作的还是客人，真正的主人是民众，是民众干部，因此，只有慢慢将这项工作交给他们才能长期维持这俱乐部，我所说的便是应该避免包办主义，选择文化娱乐题材，要做到八分地方性二分一般性，愈往下层，愈是需要。”最后他说：“俱乐部是我们新的学校，我们编的笃戏、编小调便是编教科书。教小调教的笃戏便是向学生上课，愿各位同仁把社教工作及俱乐部工作作如是看。”

于是大家讨论，决议：（一）编印小调集。（二）决定社教队下乡的中心工作乡。（三）建立社教队与暑工队、教育会的联系。（四）暑工队结束后的俱乐部的工作维持办法等。[①]

①《文教处社教队下乡　开展农村文化娱乐》，《新浙东报》1944年8月28日。

从中可以看出，经过试点，中共对推进社教的力量、社教的方式方法、教材、组织形式等都有了一些实际经验，但对这些经验仍需要认真提炼总结。

这一时期，文教处还召开了第二次文教工作会议，对鄞慈县的社教试点情况进行总结。在会议上，文教处处长黄源认为，鄞慈县委、县政府主要领导亲自带头抓社教工作是十分必要的，社教工作要“入门”，首先要县区领导和农村基层干部“入门”。于是“干部教育重于群众教育”作为一条方针纳入之后的教育方针中。

但领导重视不等于包办代替，“干部教育重于群众教育”也不是说干部优于群众，而是指先培养作为社教推进力量的干部。文教处领导和鄞慈县领导商量，认为要把社教开展方式的主动权交到群众手中。于是选择乌岩镇的红岭村作为进行进一步试验的试点。县委组织了社教队，县办专门拨出经费，深入农村“蹲点”。

社教队到红岭村时正是农忙季节，队员开始并没有立即对群众开展社会教育，而是深入田间地头帮群众干农活，同他们聊家长里短、风土人情。群众反映，在农村，一些男人不识字，农闲时喜欢赌博，赌输了就打孩子，引发家庭纠纷；有的邻里之间有矛盾，打架吵嘴。社教队认为出现这些问题的根本原因还是群众文化水平低、集体文化生活差，要采取一种形式、一种载体把群众组织起来，形成共同文化生活。教育本身是一个社会化的过程，对于非适学年龄的成年人来说，单纯的文本学习对其文化水平的提升效果并不好。社教队决定建立农村俱乐部，和村干部商议拿出一栋空房子，添置一些学习和娱乐活动物品，把群众“聚”起来。

社教队先是动员、吸引村里的老人、妇女、儿童和青年人到俱乐部活动，制定了俱乐部规章，任命了一些文化活动负责人，采取集体学习的方式。慢慢地，群众对学习有了兴趣。

在识字教育方面，社教队办了识字班，让村里的小学教师毛仓岳教课。识字是社会教育的基本内容，也是俱乐部活动的主要部分之一。教材是根据村里群众的情况自编的，结合生产和斗争实际，采用谚语、韵句等形式教授基本的字词句，如“只有生产才能吃饭”“阿拉老百姓，大家团结紧”“团结起来一条心，门前泥土变成金，各家各户各条心，有了黄金变灰尘”等①。内容浅显，贴近生活，形式多样，群众易接受，深得群众喜欢。

娱乐活动是俱乐部的另一个重要内容。社教队请了村里的一个民间“瞎子”艺人，社教队员自己也参与进去，给村里的年轻人传授音乐、戏剧。其他还有球类、棋类和民间体育项目。娱乐室不仅传授现成曲目，还鼓励群众自己编写歌曲，由社教队的专业人士用民间传统小调填上革命内容。如浙东行署曾开展“打野猪”运动，红岭村也成立了打野猪队，俱乐部按照当地的民间小调填上新词——《打野猪歌》，内容为：“打野猪哎，

① 翁绍初：《红岭村抗日民主俱乐部》，浙江省新四军研究会浙东分会等编：《浙东抗日根据地群众工作专辑》，内部资料 1999 年版，第 102 页。

打野猪哎，侬拉到底在阿里住呀，嗬罗罗、嗬罗罗，替我滚出来哎，多少庄稼被侬害，今朝叫你去换胎，叫侬到东洋人处哭哀哀，替我滚出来……”为了提高村民的拉琴水平，社教队专门从外地请来专业琴师教胡琴，青年们学习的积极性很高。积极向上的文娱活动多了，村里的赌博风气就被扭转了。

社教队对民兵活动也十分注重。俱乐部一定程度上成了一个把青年人组织起来的载体，经常对青年民兵进行军事训练，进行政治宣讲，提高他们的政治思想水平。之后，红岭村的民兵积极参加支前、运粮，甚至参加小型战斗，被浙东行署评为“模范民兵队”。

俱乐部也引领了妇女、儿童工作的开展。新文化的传入对妇女起到了启蒙作用，男女平等的观念深入广大妇女群众的心中，唤醒了她们参加集体活动的积极性。她们识了字，就有了了解文化、新思想的能动性，主动参加支前的各种活动。同时，在社教中，儿童也被组织起来，成立儿童队，学习文化，政治觉悟提高，成为抗战队伍中不可替代的力量。

社教队的活动和农村的生产、民俗紧密结合在一起，而不是搞成“两张皮”。如农村有“赶集”，即隔几天在一定地点举行农产品和商品的交换活动，是农民自发的生活习俗。社教队和俱乐部就在集市前一天晚上进行政治形势教育，在群众第二天赶集时就自然地把这些精神宣传出去。在大生产运动时，俱乐部进行了垦荒竞赛，编写小报，画宣传画；过年时，俱乐部举行联欢会，进行大会餐，并进行文艺演出；之后，还组织马灯队到其他村宣传。

社教队对红岭村社会教育试点的经验进行了总结，形成了一整套关于社教的内容、方式、组织的办法，把这些经验报告给行署文教处，为第三次文教工作会议上正式形成教育方针准备了材料。文教处处长黄源认为“俱乐部是我们新的学校”[①]。

这些经验促进了社会教育方针、政策的制定。1944 年 10 月召开的第三届浙东文教会议不仅确定了“社会教育重于学校教育、成人教育重于儿童教育”的方针，而且对社会教育的具体内容做了阐述，明确提出社教工作的中心是“各地建立农村俱乐部，要把农村俱乐部作为团结各阶层、宣传党政军各项政策、法令、设施及造成下层人民舆论，有系统吸收人民反映的机构，并将它作为各项社会活动（纠纷调解、议租）的中心场所”[②]。俱乐部不是承担简单教学、社教教学的村学等形式所能比拟的，而是一种综合性的社教推行机制和组织形式。

三、俱乐部的组织形式及功能

任何组织都是带有一定功能的结构体，对社会教育来说，也需要必要的社教设施。社会教育设施“是以进行社会教育为主要目的而设置的，由为达到这一目的所需要的建筑、设备以及利用这些建筑、设备援助人们所进行的活动的职员构成的。即

①《文教处社教队下乡　开展农村文化娱乐》，《新浙东报》1944 年 8 月 28 日。
②《第三届浙东文教会决定新的文教方针》，《新浙东报》1944 年 10 月 11 日。

社会教育的目的和物质的、人的条件有机地统一起来，便是社会教育设施的基本性格”[①]。由此可见，社会教育设置首先是一个公共建筑，这个建筑要有基本的进行社会教育的场地，还要有教育者，具有相关制度，能承担一定社会教育运行功能。

古今中外，进行社会教育都需要依托一定的设施。如中国封建社会中，乡村的祠堂带有进行社会教育的功能，是乡村宗族的公共文化空间，在这里通过祭奠祖先、宗族会议、戏剧演出、伦理教化等方式潜移默化地进行社会教育。虽然这种封建主义的社会教育形态模糊，但和封建宗族制度结合在一起，其影响力是很强的。近代以来，英国有进行社会教育的社会娱乐中心、成人教育中心，美国有社区专科学院等。第二次世界大战结束后，日本则有“公民馆”，是居民进行信息交流和文化形成，以及进行社会学习的场所；“公民馆”不仅是一个场馆硬件，还包括 1949 年制定的《社会教育法》所规定的社会教育方针和相关制度。民国时期，国民党政权为推进社会教育，建立了“民众教育馆”。当代浙江建立了“农村文化礼堂”，和图书馆、博物馆等一起成为进行乡村社会教育的载体，成为农民的精神家园，在农村文化建设和社会教育中发挥了重要作用。

陈桂生教授认为苏维埃时期社会教育中出现的俱乐部，是“工农群众自我教育的组织形式”[②]。抗战时期的陕甘宁边区在社会教育中也尽力寻找一种组织形式。1944 年 12 月，边区副主

① 新堀通也等：《社会教育学》，张惠才等译，春秋出版社 1989 年版，第 93 页。
② 陈桂生：《中国革命根据地教育史》(上)，华东师范大学出版社 2015 年版，第 72 页。

席、开明绅士李鼎铭先生在边区参议会上讲话，提出“应利用民间所有组织形式（如庙会、教堂等），进行各种社教活动”[①]。这个提法比较特别，因为在一般观念中，庙会、教堂只是一个场地、场所，李鼎铭副主席为什么说它们是社教活动的“组织形式”？如果认真分析李鼎铭副主席的讲话，会发现这些场所不仅是进行社会教育的载体，还带有一定的组织性因素；只是限于陕甘宁边区的经济条件，教堂等场地不多，所以陕甘宁边区的社会教育大多一般性地采用识字组、夜校、半日学校等形式。而浙东抗日根据地政权在乡村建立的俱乐部是在相对陕甘宁边区较好一些的经济环境中，因地制宜、因陋就简建立的社会教育的组织形式。以浙东抗日根据地在鄞西乌岩红岭村建立的俱乐部为例进行分析，可以发现这个俱乐部符合社会教育设施的全部因素。

首先来看红岭村俱乐部的具体建筑情况。俱乐部是一个带阁楼的三层小楼，底部为对外开门的公共建筑，而不是私人居住的建筑。[②]建筑虽然简陋，但能满足该村群众公共社教活动的基本需要，因为英国的不少社区娱乐中心和日本的“公民馆”面积也不大，面积大小不是判断一个建筑是不是社教设施的标准。其次，俱乐部有社会教育的推行者，有社教队的工作人员，在社教队撤出后，有培养起来的当地知识分子从事社教活动。再

① 《文教工作的方向》，《老解放区学校教育资料选集》（第二辑），河南人民出版社1958年版，第44—45页。

② 参见中共鄞县县委党史办公室：《艰难的历程》，内部资料1991年版，第24页。

次，俱乐部具有一定功能。红岭村的俱乐部内部包括出版、戏剧、文化娱乐三个股，分别承担相应的功能，如出版墙报、演出戏剧、进行时事讲座和娱乐项目表演等，并建立了相关制度保证社会教育的运行。最后，应该指出的是社会教育确实一定程度达到了教育者的预期目的。红岭村俱乐部经过一段时间的运行，"初步地使农民的生活增加了不少的愉快，提高了他们的政治和知识水平，使他们开始认识到过去的、老的、腐朽的、淫情戏剧是麻醉人的东西"，"更影响了邻村的民众自动地组织了俱乐部，而且很快地同他们发生关系，甚至接受他们的竞赛口号，提高了自己情绪"。① 这表明社会教育一旦通过俱乐部的组织形式运行起来，便会产生内生力量，发生传导效应，"载体"也会变成能动的"主体"。

经过红岭村的试点，俱乐部日益成为进行社会教育的组织形式，在组织体系和具体内容上更加丰富。1944 年 10 月 6 日《新浙东报》上发表的《四明某乡设俱乐部》报道："某地成立了民众俱乐部。内设弈棋室、乒乓室、乐器室等。每逢市日并举行时事讲座一次，使民众从事正当娱乐。"② 这显示出这个俱乐部的内容主要是文娱活动和时政教育。不过，这个报道对俱乐部的介绍比较简单。在 12 月 1 日《新浙东报》上，《鄞慈某俱乐部介绍》对一个乡村俱乐部的成立、内容和活动开展的介绍十分翔实，有必要予以详细阐释。

① 野擒：《鄞慈某俱乐部介绍》，《新浙东报》1944 年 12 月 1 日。
②《四明某乡设俱乐部》，《新浙东报》1944 年 10 月 6 日。

鄞慈某俱乐部的筹建者的想法是："根据组织重心不在构筑空架子的原则下去加强扩大外围组织。于是通过保甲路线、群众团体及学校关系等来调查民间艺人，决定由民间艺人座谈会讨论成立俱乐部的办法。最后由民间艺人介绍民间艺人（由六七人增加到十余人）以加强骨干的阵容。"经过认真筹备，在9月18日抗战爆发的纪念日召开成立大会。成立大会场面"红火"，"群众一百余人，村子的主要街道，贴着参加俱乐部的标语、漫画、壁报等等和开放着他们难以听到的留声机。民间艺人的敲打直至会后的夜深尚不息手"。其目的就是吸引"人气"，把群众动员起来。俱乐部的组织体系也有了分工，设立了三个股。"一、出版股（再分墙报和漫画二组）；二、戏剧股（再分歌咏、戏剧二组）；三、文化娱乐股（再分时事讲座、弈棋、乒乓、乐器、读书室五组）。"从成立至12月初，这个俱乐部的活动情况怎么样呢？报道讲，"在出版股方面：墙报组出刊《大家读》五次、双十节特刊一次，约计万余字，内有农民自已创作的小调两支。漫画组画了中华全国抗日民主根据地概况和通俗抗日漫画等五张，活动的中心内容为庆祝双十节与响应改组政府改组统帅部的主张。在戏剧股方面：双十节演出了《生死同心》的话剧，计观众八百人以上。在平日，他们每星期照常举行了小调、独唱、歌咏、音乐、敲打等节目。在文娱股方面：除每天开放弈棋、歌咏、乐器、画报等组的活动以外，还开了时事讲座四次，第一次是九月二十六日晚，到场听众二百人，锣鼓敲得很热闹，可是由于讲话的不通俗，民间艺人用胡琴在隔壁呼高调及孩子们在场上教唱的缘故，听众从二百人减退到四五十人。第二次在双十节纪念会上，因有戏剧组配合演戏，会众达七八十余人。第三次是十月廿三晚，听众八十人。第四次听众突然增加二百余人，且情绪颇高，一直保持到散会”。很明显，俱乐部的社教内容包括文化、文娱和时政教育三个方面。而对于俱乐部在第四次时政教育时才取得良好效果的原因，主持者也做了认真分析，认为“主要是召开了保长士绅座谈会，征求了他们对俱乐部的意见，并以请他们协助和指导的方式发生了效果，其次是演讲的人去除了知识分子的辞藻，用通俗的故事形式叙述。讲座过程分好几个内容，从每一个段落中穿插了民间艺人及小教们的弹唱”。但他们并不以此为满足，而是力争想办法建立长效机制。“掌握这个俱乐部的领导者，在这个时期发现了积极分子，立刻进行鼓励，并更多地提供他的工作办法、意见等以抓紧教育。同时将知识分子建立了核心组织，作为领导的中心，于是这一工作猛有力地影响和推动了各股的工作。”这样，本地生长出了进行社会教育的内生力量，在外来精英撤出后，能“自动”地开展社会教育。可以想见，这个俱乐部在推进社教上取得了好的效果，报道讲：“初步地使农民的生活增加了不少的愉快，提高了他们的政治和知识水平……在俱乐部本身也改变了以前呆板的活动形式，掀起了活动的高潮，同时也更影响了邻村的民众自动地组织了俱乐部，而且很快地同他们发生关系。”[①]但该俱乐部也不是不存在问题，如中心活动和各种竞赛活动开展得还不够，外围组织还不够坚强，等等。不过对于一个新生事物来说，俱乐部对社会教育的推进作用已充分体现。

所以，和俱乐部比较，夜校、半日校等形式不能被称为社会教育的组织形式，主要原因是夜校、半日校等没有一个相对独立的、专用的社会教育场所，受教育者在这里很难形成稳定的活动和归属感，其制度性不强，功能性也相对单一。当然，不同时期、地区的俱乐部在内容、形式、运行机制上会有所不同，这也是正常现象。不仅浙东抗日根据地的俱乐部和其他抗日根据地的俱乐部不同，在浙东抗日根据地内部的各个俱乐部也有所不同，甚至也有办得不好、作用发挥不充分的俱乐部。

四、相关配套措施的进一步发展

四明特办对社会教育工作进行了认真研究。1944 年 9 月，特办召开第五次政务扩大会议，鄞慈县认为在教育工作上“还有点过左”，有些过于随意，必须加以改善。

社会教育是一个综合工程，不仅需要有俱乐部的组织形式，还要有科学、完备的教育内容。其教育内容十分宽泛，不仅包括文化内容，还包括生产内容、政治内容，如果没有相关教材，在推进中会出现进度不一、质量难以保证等问题。所以，有必

① 野擒：《鄞慈某俱乐部介绍》，《新浙东报》1944 年 12 月 1 日。

要编制一些教材供各地社教选用。在1944年秋季，三北地区的教育会就编写出版了相关教材。在政治教育方面，根据抗战形势编写了第二条战线、保卫秋收等时事政治的教材；在生产教育方面，涉及对组织合作社和对黄花黑麦穗等几种植物的了解，对边区生产的介绍，以帮助群众树立正确劳动观点和集体劳动观念；在艺术教育方面，编写了六七种“的笃戏”和几个小调，“编小调便是编教科书”①，并准备了墙报的相关材料。②教材的编写为社会教育奠定了基础，但可惜的是因形势迅速变化，教材未能完全编写完成。

虽然社会教育的内容十分宽泛，但文化教育是基础。识字扫盲对以农民为主体的群众素质提高至关重要。在“浙东各界临时代表会议”上，姚南士绅代表和上虞教育界代表就提出了“积极加紧扫除文盲，以提高广大群众文化水准”的议案。③但对于年龄已过教育适龄阶段的农民来说，识字关是非常困难的。社教工作者创造了“见物识字”的方法，在生活、生产中看图识字，这个方法十分有效，在俱乐部的教学中也得到不同程度的采用。同时，俱乐部在冬学运动中也发挥了重要作用，因下节对冬学运动要详细阐述，此处不再赘述。

在抗日战争胜利之际，四明地委宣传部于1945年9月制订

①《文教处社教队下乡　开展农村文化娱乐》，《新浙东报》1944年8月28日。

②《注意社会教育　三北某教育会出版补充教材》，《新浙东报》1944年10月4日。

③《浙东各界临时代表会议提案》（节选），浙江省教育科学研究所编：《浙江革命根据地教育资料汇编》（上册），浙江教育出版社1987年版，第91页。

了包括社会教育在内的详细计划，提出了教育内容，包括三个方面：一是“首先搞清抗战胜利究竟是谁的功劳，抗战胜利后工农大众要得到什么好处”，“使群众起来争取与保卫应得的果实，保卫解放区”；二是“普遍深入地进行算工本账运动，使农民认识自己受剥削的实际情形，认清谁养活谁的道理，加强阶级认识，克服一切落后的观念”；三是“说明目前世界与中国共产党与工农大众力量的发展情形，说明浙东形势发展的前途”。[①]为此，文教界继续编写出版相关教材，包括《浙江大众》刊物、阶级教育课本，以及包括各种小调、戏剧在内的通俗文艺小丛书。在教育方法上，要求从有组织的群众做起，加强对群众干部的基本教育，继续进行的笃戏改革和俱乐部建设，准备办理当年的冬学。但可惜的是因形势变化，这些计划未能执行下去。

第二节　冬学——社会教育的运动形式

开展运动是中国共产党十分擅长的推进工作的方式，同样，在进行社会教育时，浙东抗日根据地也采用了运动方式，积极动员群众开展社会教育。冬学是抗战时期各抗日根据地普遍进行的社会运动，如陕甘宁根据地早在 1937 年冬天就开展了“国防教育的冬学运动”，之后每年都进行轰轰烈烈的冬学运动。相

① 《四明地区三个月宣教工作计划》，浙江省教育科学研究所编：《浙江革命根据地教育资料汇编》（上册），浙江教育出版社 1987 年版，第 104 页。

比较苏维埃时期的夜校、识字班、半日校等形式，冬学成为全面抗战时期中国共产党开展社会教育方式上的新创造。中共中央也提倡各抗日根据地结合自己的实际情况，发挥党的组织化优势，大力推行冬学，在1944年边区文教大会上以决议形式明确提出“在冬季应着重组织冬学”[①]。华中局、浙东区党委认真贯彻中央关于社会教育的精神，根据实际情况在根据地进行了大规模的冬学运动。

一、冬学经验的取得

浙东地区的冬天虽然没有陕甘宁边区的冬天漫长，但也是难得的农闲季节，如何利用这个较长的时间段推进社会教育？早在1942年冬天，浙东抗日根据地的姚南县就派专职文教干部，到农村指导开展冬学，办了30所冬学，但因“大家都没有经验”，“形成大部冬学的自流现象”[②]，成果未能巩固。1943年，镇海县龙山区教育会也采用了聘请教师担任社教教员推进社会教育的方式。10月，浙东区党委在《关于今年冬季工作指示》中要求：“应抓住人民冬季的空闲时间，广泛地开展群众的冬学运动，提高群众的政治文化水平，以启发群众对敌伪及国民党反动派的民族的阶级仇恨心，以及对我党我军进步的拥戴为主要的目标，应该按照具体环境，尽量举办各种群众团体及自卫

①《关于培养知识分子与普及群众教育的决议》，《解放日报》1945年1月10日。

②《姚南县办事处十二、一月份工作报告》，浙江省教育科学研究所编：《浙江革命根据地教育资料汇编》（中册），浙江教育出版社1987年版，第134页。

队的干部训练班。”“浙东全党全军干部同志，在今年的冬季中把自己的学习作为考验自己工作的标准之一……对文化水平很低的新涌现出来的农会自卫队干部应以加强其阶级教育，提高其文化水平为学习的主要内容。”[①]要求机关干部下沉到乡村，结合群众的生产、生活需要和文化水平，亲手编写课本，以浅显内容教育农民。这次冬学运动取得了好的效果。但限于环境和条件，同时根据地政权还未完全巩固，冬学在这一阶段未能在全根据地范围内大规模开展。

中国共产党不仅积极开办冬学，还采取了暑学等其他形式。三北地区建立了暑期社会教育工作队，利用小学教师的暑假时间开展社会教育。在 1944 年的暑假开始时，由区教育会组织有时间、有条件的小学教师，先是针对社会教育应注意的问题进行了几天的培训，然后分为四个组下乡开展社会教育。在暑期社教中，社会教育工作者和群众建立了融洽感情，取得了好的教育成效。暑期社教和冬学运动虽然在季节、组织上有所不同，但也有很大的共通性，其实践为这年冬季的大规模冬学运动准备了经验。

1944 年，浙东抗日根据地文教部门系统总结了这几年社教工作的经验教训。8 月，三北地区的一个教育会对半年来的社教工作教训总结为：“各理事分布地区太分散，致影响理事会组织不健全，工作往往抓不住中心，工作结束后也没有好好进行检

①《浙东区党委关于今年冬季工作指示》，杭州大学历史系、浙江省档案馆编：《浙江革命历史档案选编》（抗日战争时期·下），浙江人民出版社 1985 年版，第 122、124—125 页。

讨与总结以获取经验教训。”[①]并提出了系统的社教计划，包括编制出版相关教材、建立社教据点等。这个认识触及了一些问题，但还不够深入。11月，文教处社教队也系统总结了社会教育的经验，指出“新民主主义的社教工作与国民党传统的社教工作原则上的差别，就是在于前者走的是群众路线，后者是脱离群众的路线”[②]。这触及社教运动的深层原因。文教处认为“新的社教工作不但在内容上表演着群众自己的东西，并为群众所需要的东西，在教育方法、教育方式上，也为群众所乐于接受，顾及群众的生活条件、理解水准，如通过为群众所喜闻乐见的民间艺术，来进行教育，更其（是）在动员与组织群众——民间艺人、小教、小学生与知识青年——来坚持与完成这个群众教育工作上，表现出群众路线的精神”[③]。这揭示出根据地的社会教育必须要走群众路线，发动群众，使群众成为社会教育的主体，以运动形式尽量让更大范围的根据地群众接受教育。

但是知识精英对群众进行社会教育也并不容易，因为群众对外来力量的进入有一种天然的防御性，如何采用他们能接受的办法激活他们的学习兴趣和内生的接受知识能力至关重要。近代的社会教育存在严重的“油水”现象，教育者大多以一种有识者高高在上的态度向下灌输，群众只是被动接受者，所以教育者始终融不进群众中，成为漂“水”上的“油”，导致社会教

---

①《某区教育会总结半年来经验教训》,《新浙东报》1944年8月14日。

②《走群众路线　展开社教工作》,《新浙东报》1944年11月20日。

③《走群众路线　展开社教工作》,《新浙东报》1944年11月20日。

育推行效果不佳。如1932年国民党余姚县政府把社会教育效果不好的原因，归结为民众“缺乏读书的兴趣”“生计维艰”“图谋生产利益”“职业上的妨碍”“读书缺乏恒心”“做不正当的娱乐”，甚至“气候的影响”等，认为“一般民众以为读书识字与生产无补，他们只知终日做工营利”。[①]殊不知这些正是社会教育的客观情况，如“图谋生产利益”不仅不是社会教育的障碍，反而是社会教育的特点之一，社会教育的内容和方式必须适应底层工农的实际生产需要。浙东抗日根据地社会教育的组织者认为，开展社会教育，必须首先了解群众、认识群众。群众对外来力量有一种天然的自我封闭和排斥，推行社会教育首先要打破的就是这一点。如在1944年，三北地区某个区的社会教育工作组在进入一个村庄时，遇到了令人啼笑皆非的事情。他们一开始找乡长，乡长不在家，再去找保长，保长不愿意帮他们工作，一度闹到他们吃、住都无法解决。他们就直接跑到一个老太太家，而老太太起初给他们的只是一个“白眼”。于是，他们就反复解释说自己是来帮种田人识字的。这样先解决了住宿问题。接着，他们“降低身份”，在之后几天，“白天就和屋主人谈天，晚上就在村子里教的笃班、小调、讲时事、出画报等等，逐渐与民众熟起来。同时男先生好像住在自己家里一样，替农民们写信、算账，女先生还替他们洗碗做针线”[②]。这样农民

① 萧燕侯:《民众学校留生问题与解决办法》,《民众教育》1931年第8期，第61—65页。

②《暑期小教深入农村创造新的工作方式》，浙江省教育科学研究所编:《浙江革命根据地教育资料汇编》(中册)，浙江教育出版社1987年版，第139页。

就感到“这些先生太好了”，到这时，这些“先生”就是要走，群众都不让走了。这样之后，再建立俱乐部、开展戏曲表演和演讲会都顺理成章了。这个经历给根据地社会教育者很大启发。

二、大规模冬学运动的推行

1944 年冬天，在取得丰富的冬学经验后，区党委和根据地政权在全区范围开展了大规模的冬学运动。

在这次冬学运动中，根据地各级政府和文教部门采取了综合措施。首先，浙东抗日根据地的冬学运动采取党和根据地政权主导的方式。1944 年 12 月 4 日，浙东行署主任连柏生签署《浙东敌后临时行政委员会关于今年冬季工作指示》，对冬学运动做出安排，提出“冬学的主要内容，应是教育群众，而尤以教育群众中的干部为主，必须以各种各样的方式进行，鲁迅学院本明（年）毕业的学员，将是这一运动的重要骨干，各地应有计划有组织地运用这一个力量，同时组织识字班、夜校，以及在社教队的帮助之下，组织民间艺人，改造民间艺术，借古历新年机会教育广大群众，等等，都应适当进行。各县应举办保长及乡事务员的训练。四明可以采取比较集中的形式。三北则应采取隐蔽的会议性质的方式。训练的时间久暂、规模大小，均由各县根据具体情形决定”①。根据行署的冬季工作指示，各地区

①《浙东敌后临时行政委员会关于今年冬季工作指示》，杭州大学历史系、浙江省档案馆编:《浙江革命历史档案选编》（抗日战争时期·下），浙江人民出版社 1985 年版，第 387 页。

立即布置冬学运动。如四明特办召开第八次政务扩大会议，对冬学运动做了讨论，决定从1945年起将阳历1月7日至2月7日定为冬学运动时期；在基本区和我强敌弱的游击区，“凡乡镇公所中心小学所在地或较大村庄之有保国民学校者均须举办半日校或夜校”[①]，在敌占区则由社教队进行流动冬学；冬学运动的对象是广大群众和基层干部；冬学运动以读书明理为号召，目的在于提高其政治水平，打破蒋介石政权在民间的正统观念，培养抗日民主、生产劳动、拥军拥政三大观念。又如临山区在1944年12月28日专门召开第六次行政扩大会议，研究办理冬学事宜，经研究后决定：“每乡镇至少设法一所或二所”，“教材由区供给”，“日夜问题由乡教育会决定之”，“经费由乡教育会负责筹措以收集什物为原则”，“师资由地方现任教员或民运同志担任”，“中心冬学由中河乡教育会负责之”，等等。[②]

其次，详细规划并集中力量在短期内进行大规模的宣传动员及有力的工作推进。这一点，四明地区最为典型。如1944年12月1日，四明特办制定了详细的《四明地区推进冬学办法》（以下简称《办法》），对运动目的、指导方针、具体计划、工作方法等做了详细规划，是浙东抗日根据地冬学运动开展的样本，有必要详细介绍一下。

①《四明特办第八次政务扩大会议决议案》，浙东抗日根据地革命文化史料编纂委员会编：《浙东抗日根据地革命文化史料选编》（上册），内部资料1992年版，第136页。

②《临山区署召开第六次行政扩大会议记录》，浙江省教育科学研究所编：《浙江革命根据地教育资料汇编》（上册），浙江教育出版社1987年版，第66页。

《办法》规定，冬学运动的目的是“肃清群众对国民党蒋介石的一切任何幻想”；“积极地培养群众抗日民主、生产劳动、拥军拥政等观点，为我浙东地区，由游击根据地的性质，发展到抗日民主根据地打下有力的基础”；“协助今年其他各项‘冬季工作’顺利开展”。可见冬学运动不仅具有政治上的目的，还有促进具体工作之需要，也就是在冬学运动的指导方针中指出的“以政治教育为中心，识字教育是次要的”。《办法》提出冬学运动的任务是“有计划有系统地对群众进行抗日与民主的宣传教育”，“围绕并切实配合着今年其他各项‘冬季工作’向群众进行深入的宣传动员工作”，“经常地进行时事政治教育”。总的计划是“普遍地设立夜校、半日学校（总名‘冬学’）”。开展这么大规模的运动需要有人力队伍，所以要“迅速成立社教工作组，作为推进冬学运动的骨干”。浙东抗日根据地和陕甘宁边区不一样，它处于和日伪的侵略和反侵略、和国民党顽固派的“摩擦和反摩擦”的复杂斗争局面中，根据地也分为我方牢固控制的“基本区”和敌方控制的“游击区”。面对在不同地区设立冬学，四明特办制定了有针对性的办法。在“基本区及我强敌弱区——重要市镇、乡镇公所所在地、中心小学所在地，须设立一所较大的；保国民学校所在地尽可能设立一所”；在“游击区——按照上列地方，尽可能同样设立，可以较灰色的形式隐蔽，此外社教组或机关，尚可设流动冬学若干所”；在“区署以上的行政机关及县级以上的交通站所在地，必须设立一所，上列机关或交通站，如无固定驻地，则可择一经常流动地点设立之。如当地已有其他人员负责创设，而在同一地点无设立两所之必要时，则须尽量协助之”。对推行冬学运动，根据地几乎拿出了所有力量，根据上面指示建立了社教工作队，但开展冬学运动的不仅是社教工作队的同志，首先还包括民运工作的同志、根据地各级政权机构的有关工作人员，其次包括浙东鲁迅学院的学生、各学校的老师，此外还有回乡的知识青年。

《办法》具体规定了各县开办冬学的数量，其中鄞慈县40所、鄞奉县25所、姚南县20所、上虞县15所，每个学校人数不少于30人。规定冬学起止时间为1945年1月7日至2月7日（阴历十一月廿四到十二月廿五），共计1个月。对于经费问题，《办法》规定：“每个冬学的全部经费，不得超过300斤谷子。分配办法为专任教师（即非现任公务人员兼任者）在每人不超过100斤谷子的原则下酌情津贴，但每校得酬教师，以一人为限，其余做书籍、印刷纸张、笔墨、教师油灯（教室油灯由学生自行携带）等费用。”各县经费根据不同情况分别从县教育经费项、补征（旧欠谷）中拨给（补征学谷每亩两斤）予以解决。

冬学的教育内容主要包括识字、时事政治、歌咏小调和实际问题研究。根据之前的经验教训，文教处和文教科准备了基本的教材，主要情况是：“识字课本由特办文教科印发样本，各县区自行翻印之。”“时事政治规定以‘1. 周恩来答记者关于国共谈判问题；2. 周恩来《如何解决》；3. 林祖涵：国民参政会报告及双方来往信件；4. 延安观察家：评蒋介石演讲具有危险性；

5. 又评国内战局，要求立即改组国民政府与统帅部、评国共谈判；6. 华中新华日报社论挽救时局的关键’等为必要教材（是项教材由各县自行搜集），而上列教材中又以‘如何解决’和‘双方来往信件’‘国民参政会报告’为中心。”“歌曲小调由特办文教科编印酌发（作教师用）。”

教学方法方面要求避免“注入式的死读书一本（正经）的识字教育”，要“通过文化娱乐形式，如利用图画唱片、唱戏等在课前课后或休息时间内插入以增兴趣”，“多采用讨论会问答会等方式”，“实际问题的研究会等由群众提出问题并由群众讲述意见，再予以总结”。

对冬学运动的开展方法，《办法》做了详细规定。一是“在各行政干部训练班中（如乡镇长训练班保长训练班）做有力之号召并做专题讨论”；二是在“设立冬学之处，一方面以行政上的命令行之，但一方面事先应在各办学处所召集地方人士、青年壮丁（包括知识青年）的座谈会，前者去其阻力，后者打通其思想。这一会议，由各冬学的实际负责人主持之”；三是“鲁院毕业学员返各该原服务地区后，由各县文教科负责分别派至各地负责主持冬学”；四是“由民运同志社教队普遍去发动和督促各乡镇村尽量设立”；五是“各县区应根据当地具体情形于本月廿五日以前，将各该所辖地区的需办冬学数量、办学地点等具体计划完竣，并规定一个中心冬学的地点，然后委派或指定人员负责创设”；六是“尽可能召集以县或区为单位的文教会议，由乡镇公所文教干事、中心小学校长、区教育会理事等出席”。

最后，根据地各级政权的文教部门、社教队“有计划地经常到各地去督促和检查”，并展开竞赛活动，评先奖优。[①]

“运动”是浙东抗日根据地1944年底至1945年初冬学的特点。“运动”是中国共产党开展工作的习惯工作方法和组织优势，在强有力的政党领导下，充分发动群众，采取突击动员方式，可以迅速推动某项工作，取得规模性效果。在苏维埃时期，苏区就进行了“消灭文盲运动”“识字运动”等；全面抗战时期，陕甘宁边区在1937年底至1938年初的冬季也开展了轰轰烈烈的冬学运动，短期内就动员了上万人参加冬学。考虑到边区的人口数量，这是一个不小的成绩，而且冬学运动带动了边区其他形式教育的发展。1944年11月，李维汉（又名罗迈）在陕甘宁边区文教大会上明确提出进行大规模的群众性文教运动：“边区群众文教工作的当前任务，是开展卫生、教育、报纸、文艺的大规模群众运动，在生产第一与继续发展生产的基础上，五年至十年内……扫除四十岁以下的男子与二十五岁以下的女子中的文盲，人家能读能写，健康愉快，享有新文化生活，从而有充分能力向前发展政治经济。”[②]“四项文教工作，都要发动群众，造成群众运动。群众运动必须走群众路线，就群众文教运动说，必须是内容（目的）上为群众，形式（方法）上经过

① 《四明地区推进冬学运动》，浙东抗日根据地革命文化史料编纂委员会编：《浙东抗日根据地革命文化史料选编》（上册），内部资料1992年版，第130—135页。

② 罗迈：《开展大规模的群众文教运动》，教育科学研究所筹备处编：《老解放区教育资料选编》，人民教育出版社1959年版，第28—29页。

群众的线路。”[①] 浙东抗日根据地的冬学也按照这些原则，以“运动”形式，根据浙东的具体情况有的放矢，搞得基础扎实、形式多样。

三、根据地各地的情况

在浙东地区的冬学运动中，鄞慈县是个典型。鄞慈县对本地区的冬学运动进行了布置，首先端正了对冬学的认识，认为“首先应在思想确定，冬学运动不是单纯的群众宣传教育工作，因为光是手工业式的上课识字讲道理，这是一座没有基石的楼阁，是无法持久的东西，今天要充实冬学的内容……冬学运动是群众教育群众的运动……冬学运动不单是完成自己的冬学任务，而且要与生产运动、民主建设运动交织起来，完成冬季三大工作的任务”[②]。文教工作者认识到：“今年办冬学不比往年只要求群众识几个字的夜校，我们的目的，主要在于提高群众政治上的认识，并且通过冬学的宣传教育，打好组织群众的基础。”[③] 这就明确了冬学运动的内容，就是以文化教育为基础，加强政治思想教育，和生产、民主建设紧密结合，把群众组织起来，形成群众自我教育的局面。在具体任务方面，鄞慈县下

---

① 罗迈：《开展大规模的群众文教运动》，教育科学研究所筹备处编：《老解放区教育资料选编》，人民教育出版社 1959 年版，第 31 页。

②《浙东敌后临时行政委员会鄞慈县第一届文教扩大会议会议录》，浙江省教育科学研究所编：《浙江革命根据地教育资料汇编》（上册），浙江教育出版社 1987 年版，第 121 页。

③《文教工作者座谈会　推进四明冬学运动》，《新浙东报》1945 年 1 月 19 日。

达至下属三个区的任务是慈南区搞 25 个点，武陵区搞 12 个点，古林区搞 3 个点。这是因为慈南是基本区，共产党及其领导的军队力量比较雄厚，武陵区是游击区，古林区是敌占区。同样，根据各区的不同情况，冬学运动的开展方式也不尽相同。慈南区因为小学教师的力量比较强、思想也比较进步，所以采取由区教育会来统一安排小学教师进行冬学运动的方式；武陵区因为地方知识分子和民间艺人的力量比较雄厚，所以采取主要通过俱乐部来开展运动的方式；古林区因为敌强我弱，所以主要依靠政权的力量开展运动。在这些开展方式上，俱乐部是重要的推进方式，但不是唯一方式；在运动的依靠力量上，小学教师、地方知识分子和民间艺人是主要依靠力量，因为在当时根据地所处的农村，只有这些小知识分子，高级知识分子可以忽略不计，只能依靠这些力量。在运动中要把这些处于非组织状态的小知识分子组织起来，提高他们的政治思想水平，成为冬学运动的核心，但也要采取实事求是的态度，“不要把民间艺人的标准看得太高，同时应积极向他们的雇用观念和留念旧艺术的保守观念做斗争”①。

慈南在冬学运动中发展了大批农村成年人参加冬学，他们采取了广泛动员方式：一是“由小带大”，让学校的小学生带家长来入学；二是由各甲选出的冬学负责人每晚带领本甲的人来冬

---

①《浙东敌后临时行政委员会鄞慈县第一届文教扩大会议会议录》，浙江省教育科学研究所编:《浙江革命根据地教育资料汇编》(上册)，浙江教育出版社 1987 年版，第 123 页。

学学习；三是乡行政委员会到各保召开群众大会进行动员，在群众大会上宣讲办冬学的意义，指出政府为了解除群众不识字的痛苦，利用冬天的农闲时间办冬学。镇长亲自来上课，让大家识字，并从中培养干部，群众大会召开当天就有40多个农民参加冬学。姚南县在梁弄办了全县实验冬学作为样板，要求各区也确定中心冬学，并聘请民运工作同志担任冬学的教师。姚南办事处在总结中写道："关于冬学，我们事前经过相当缜密的布置与普遍的动员，首先在去年十二月的群众干部训练班里提出了一般号召，引起干部对冬学的兴趣和重视之后，又在行政上正式提出讨论，一面召集了梁弄、大岚二区的冬学教师，举行二天的会议（沿江自动召集二次），把办冬学的方式做了具体的商讨，接着以跟踪追击的方式，派了文教干部下乡，帮同（助）各区布置，县办社教队还直接领导了雅贤乡的冬学。"[①] 慈北的冬学组织得比较好，还在识字班里分了组，由组长检查学习效果，讲授识字课、形势报告和组织"的笃班"文艺活动，受到群众的欢迎，他们每天晚上固定学习两个钟头，雨雪天则改为白天学习。

虞北崧厦区开展冬学后，群众的文化水平和思想政治素质得到大大提升，在敌伪扫荡后的第三天就办起了夜校，表示敌伪越侵略，干部群众越要加强学习，工作越要搞好。余上县的一

① 《姚南县办事处十二、一月份工作报告》（节选），浙东抗日根据地革命文化史料编纂委员会编：《浙东抗日根据地革命文化史料选编》（上册），内部资料1992年版，第183页。

些地方是根据地和日伪顽固力量交错地区，刚开始办理冬学时困难很多。一些老百姓害怕受到敌人的威胁，还有不少群众怀疑上冬学会被征兵“拉夫”，因此冬学开始时参加的人很少，其中一个冬学到 1945 年 1 月中旬才招到几个人。针对这种情况，县委采取领导亲自动员的方法，耐心细致地向群众解释；规定每一个民运同志都要直接领导一两个夜校；充分利用各地教育会的力量，并广泛吸收地方知识分子的力量；同时要求有冬防组织的地方，必须进行冬学。到 1945 年 2 月上旬，就在一个日伪据点林立的区的 3 个乡镇办了 6 所冬学，有学生 200 多人。在一些“游击区”则采取了“流动冬学”形式，以“灰色隐蔽”、分散上课等办法开展冬学运动，穷尽一切办法和日伪顽固力量争取教育阵地。

区党委和根据地政权首先对冬学运动加强督导、检查。如四明地区首先在运动布置上细化为 3 个方面的问题：一是“在布置和动员时，有什么困难和怎样克服”；二是“在布置和动员时，有什么精彩例子”；三是“怎样确定中心冬学，其具体布置情形如何”。其次，对冬学教师的培训、教材、经费来源和分配、冬学典型的培养等问题提出意见。再次，对冬学运动效果制定了几个评判标准：一是“产生了几个俱乐部或其他群众组织”；二是“培养了多少识字英雄”；三是“组织了多少读报组”。[①] 制作了

①《浙东敌后临时行政委员会驻四明地区特派员办事处训令》，浙江省教育科学研究所编:《浙江革命根据地教育资料汇编》(上册)，浙江教育出版社 1987 年版，第 132—133 页。

科学的统计表格，用以掌握冬学开展的重点详细情况，但可惜的是，这些表格的填报情况没有保存下来，否则可以进行一下定量分析。余上县也采取每个民运同志直接领导两个夜校、各教育会通过各学校开办冬学、尽量发挥地方知识分子作用、有冬季防卫组织的地方充分发挥冬防组织的作用等办法，推进冬学运动。

在冬学运动中，各级政府干部也深入乡村，团结小学教师、民间艺人和乡村知识分子，“男女老少上冬学”，以生动活泼的方式教育农民，“运用文化娱乐的形式进行上课，启发同小动作配合起来”①。如在冬学附近的路上，每隔一段路就插上一块识字牌，写上每天的课程内容和生字、生词等，使农民能随时看得到。

冬学的教学内容十分重要。习仲勋曾对边区冬学的教学内容做过研究。他指出冬学的教学“不能抄袭一套旧的教学方法，必须学与用一致。群众做什么，我们就教什么，这不仅使群众有兴趣，容易学，并能够学一下就会用，长期不会忘，同时还能够打下向前发展的基础，提高学习情绪，巩固学习信心”②。习仲勋的这个认识虽然主要是在陕甘宁边区的经验基础上形成的，但其精神也适用于浙东抗日根据地。在教育内容上，冬学教学内容和生产、生活紧密相关。如武陵区一个村的冬学，在文化教学的内容上专门列入写信、写便条的内容。教学材料由教师

①《浙东敌后临时行政委员会鄞慈县第一届文教扩大会议会议录》，浙江省教育科学研究所编：《浙江革命根据地教育资料汇编》（上册），浙江教育出版社 1987 年版，第 123 页。

② 习仲勋：《结合冬季生产来办冬学》，教育科学研究所筹备处编：《老解放区教育资料选编》，人民教育出版社 1959 年版，第 223 页。

参照实际需要编写，像成立打猎队申请、向政府提请的火药申请书、业主向农会递交的登记表等。老师教了之后，学员互相指导，反复练习，有错误老师及时纠正，这些不识字的农民很快就掌握了申请书和信件的写作。教师还采取形象化方法教学生识字，他们编写了一本教材《十二个字打日本》，内容是：

一字写来像支枪，九一八日本夺沈阳，政府命令不抵抗，随手送了东三省。

二字写来像兄弟，全国老百姓要抗战，政府只顾打内战，不许老百姓出主意。

三字写来像楼梯（台），委员长扣留在西安，周恩来放他回转来，再打内战不应该。

四字写来像把刀，毛泽东同志计策好，全国长期来抗战，最后胜利牢牢靠。

五字写来像盘龙，东洋强盗野心浓，二个月想把中国吞，连打七八年勿成功。

六字写来像灯盏，国民党里面出汉奸，汪精卫周佛海陈公博，帮助东洋人打中国。

七字写来是七巧，敌后抗战成绩好，拖住敌人一只脚，敌人逃也逃不掉。

八字写来像眉毛，国民党军队起动摇，掉转枪口打自家，乐得鬼子呵呵笑。

九字写来是金钩，希特勒灭亡自临头，南边打好打东边，日本鬼子骨骨抖。

十字写来菜花香，腐败国军不打仗，保存实力打共产，重要城市都沦亡。

十字下面加一划，英美友帮心急煞，若要打败小东洋，先要改组蒋介石。

十二个字写完成，救国要靠老百姓，腐败政府快改组，配合英美打日本。①

在冬学运动中，还充分运用民间艺术形式，团结民间艺人。四明地区社教队专设了一个民间艺人组，在思想上对其予以指导，提高他们的政治水平。通过民间艺人改造民间艺术，通过生动形象的艺术形象感染群众，起到了好的效果，因下节要详细阐述“的笃戏”改革的内容，故此处不再赘述。

浙东还在基本区普遍建立了中心冬学，引领各乡、保和村的冬学，在游击区大多采取流动冬学的方式，在敌占区则采取隐蔽上课的方式，学制分为半日制和夜校制两种。在社会教育中，“唯有学习主体自发的学习活动才是教育行为的基点和出发点”②，浙东抗日根据地在冬学运动中成功营造了群众学习的氛围，提高了其积极性，提升了社会教育的效果。

各级政府还对冬学运动的先进进行了评选表彰，选举文教模范工作者和先进冬学，及时地把先进经验传达给其他地方。文

①《鄞慈村俱乐部办冬学　规定各时期中心活动》，《新浙东报》1945年2月14日。
② 新堀通也等：《社会教育学》，张惠才等译，春秋出版社1989年版，第53页。

教模范工作者的标准是："（一）不受敌伪顽威胁利诱，始终坚持抗日民主的立场；（二）对抗日民主教育有新的创造或有特殊成绩者；（三）能够同群众相结合，能够解决群众的实际问题；（四）对社会教育或学校教育积极负责者；（五）有尽心检讨自己的精神或学习努力者。"[①] 鄞慈县通过投票选举，先让5名候选人发表演说，然后选出3名模范，不以党派划分，其中包括进步国民党党员，在社会上起到了好的效果。通过典型引领，激发了群众学习的主动性。

第三节　"的笃戏"改革
——社会教育的艺术形式

"的笃戏"本是一种传统戏剧形式，属于艺术范畴，但对社会教育来说，它是不可或缺的手段和有效的推进方式。因为戏剧形式对文化水平极低的浙东农民来说，耳濡目染，易于接受，是进行社会教育的有效媒介，在抗战中，"戏剧艺术在宣传组织和训练的无论哪个部门中，毫无疑问，它是最犀利的武器"[②]，所以中国共产党在社教运动中把它作为一个重要内容。从而，"的笃戏"改革也超越了其艺术范畴，而成为社会教育的重要艺术手段。

① 《举行文教扩大会议　鄞慈讨论冬学教育》，《新浙东报》1945年1月15日。

② 墨易：《抗战一年来的戏剧》，绍兴市文化局、中共绍兴市委党史办公室编：《绍兴革命文化史料汇编（1919—1949）》，团结出版社1992年版，第377页。

一、改革的缘起

关于对“的笃戏”的改革，时任浙东行署文教处处长的黄源在晚年有一个回忆值得认真体察。他讲道：“要改革‘的笃班’，除了执行区党委文教会议的方针外，我从工作中也深感改革‘的笃班’的重要和迫切。1943年7月，根据地在袁马镇召开‘纪念七七抗战六周年大会’。那时是在广场上开会的。会开到一半，忽然大雨如注，台下群众纷纷散开避雨。会开完以后，下面的文娱节目是个流动到游击区的‘草台班子’唱越剧。剧目无非是那些传统戏罢了。然而台上锣鼓一响，虽然雨还在落，可是群众却兴高采烈，纷纷聚到台前来看戏了。这给我的印象很深。我体会到戏曲对群众的吸引力，用群众喜闻乐见的戏文做宣传工作，其作用要比直接对他们讲话大得多。”[①] 可见，黄源是通过亲身体验认识到民间戏剧对群众的影响力的。俗文化虽然在艺术水准上难称高雅甚至有些粗鄙，但由于其贴近民间生活，深受群众喜爱，因此如果运用得当，可以发挥其教化群众的作用。之后，黄源向区党委做了改革“的笃戏”的汇报，由于谭启龙在中央苏区时就从事过少先团和宣传文艺工作，对文教工作并不陌生，他和区党委宣传部部长顾德欢积极支持了戏剧改革提议。

① 黄源：《四明山越剧改革经验点滴》，浙东抗日根据地革命文化史料编纂委员会编：《浙东抗日根据地革命文化史料选编》（上册），内部资料1992年版，第396—397页。

“的笃班”是演唱“的笃戏”的民间戏剧小班，“的笃戏”发源于清末绍兴的嵊县，由民间的唱书演变而来，是流行于农村的一种曲艺形式，其内容大多是农民的生活、生产和身边事，具有浓郁的生活气息，深受群众欢迎。它从单个农民的外出演唱发展到两人合演，主唱者打尺板，帮腔者敲笃鼓，后来又吸取其他表演形式，以“小歌班”的形式进行演出。民国初期，嵊县的一些人组织年轻女子到大城市进行演出，“的笃戏”也改名为“绍兴文戏”“越剧”等名。到 20 世纪 30 年代中期，嵊县一带外出演戏的女子多达万人，流动在浙东一带的农村演出。同时，一些艺术家也对“的笃戏”进行了改革，如 1925 年 9 月，在上海《申报》上出现了“越剧”一词；全面抗战时期，表演艺术家袁雪芬倡导戏剧改良，不过这些艺术家大多把力量集中在戏剧艺术形式的改良和提升上。

在全面抗战初期，中国共产党在抗日民族统一战线的统领下，进行了“戏剧运动”，一是倡导话剧，二是改良“土剧”，“土剧”就包括“的笃戏”（当时也称“嵊剧”“越剧”）。中国共产党认为“戏剧是教育工具，宣传的武器”①，积极在省抗日自卫会战时教育文化事业委员会下开展工作，全省一度成立了 69 个剧团，其中宁波最多时达 12 个。但在抗战宣传教育方面，“土剧”的效果最好，因为“话剧对于一般民众的理解力还差，‘旧

① 宇房园：《一年来浙江文化事业的回顾》，罗未央主编：《浙江革命（进步）文化历史文献选编》，浙江美术学院出版社 1993 年版，第 266 页。

形式，新演出’的要求因之更为提高”[①]。全面抗战初期的戏剧改革也为之后浙东抗日根据地的“的笃戏”改革积累了经验，还为浙东抗日根据地培养了戏剧人才，如陈山于全面抗战初期在绍兴三区进行戏剧改革，浙东抗日根据地建立之后，他被党派到浙东政工队工作，在战争间隙创作了好几部“的笃戏”现代戏。

不过，在当时的浙东根据地，对于这种有蓬勃生命力、似乎不太“高雅”的、简单的艺术形式，也存在不同看法。1944年秋天，在观城、丈亭举行了两个音乐工作会议，在会上，有的音乐老师就提出“民间音乐不是‘音乐’，‘不合标准的’，是‘低级趣味的’”，认为民间音乐不具艺术形式，不美，认为民间“的笃戏”可以用，但要限制适用范围，“教育学生要仍旧用‘音乐’（专指洋歌而言），教老百姓时则可用‘的笃戏’”。[②]这并不是孤立的看法，“在一般小教中间还存在着对民间音乐经验轻视的观念”[③]。文教处处长黄源针对这个观点做了辩释，认为“所谓‘美’是有一定限制的，在某些人看起来认为‘美’，另一些人可以认为不美，原因是在于各人在社会中所处的阶级关系不同，因此决定他们的审美观。今天‘的笃戏’、小调与洋

① 宇房园：《一年来浙江文化事业的回顾》，罗未央主编：《浙江革命（进步）文化历史文献选编》，浙江美术学院出版社1993年版，第266页。

②《开展新音乐教育经验——三北两音乐研究会上的收获》，《新浙东报》1944年11月3日。

③《开展新音乐教育经验——三北两音乐研究会上的收获》，《新浙东报》1944年11月3日。

歌一比，到底谁美谁不美，它的标准就在老百姓爱看爱听什么。如果我们搭两个戏台起来，一边是唱洋歌做洋戏的，一边是唱土歌做土戏的，看老百姓在哪个台下多”①，主张通过实践来解决这个问题。

对“的笃戏”的重视，看来还是基于革命的功利主义。有研究者也指出：“浙东根据地的戏曲改造并非源自艺术共同体本身的自发意识，当然不是单纯的艺术实践，而是在中国共产党领导下所进行的一场文艺革命。”②这是有理论和史实依据的。毛泽东在延安文艺座谈会上讲：“我们要战胜敌人，首先要依靠手里拿枪的军队。但是仅仅有这种军队是不够的，我们还要有文化的军队，这是团结自己、战胜敌人必不可少的一支军队。‘五四’以来，这支文化军队就在中国形成，帮助了中国革命，使中国的封建文化和适应帝国主义侵略的买办文化的地盘逐渐缩小，其力量逐渐削弱。”③这成为指导抗日根据地戏剧改革的思想和理论基础。黄源说：“我们提倡新的笃戏、小调等民间艺术形式，主要是由于农民是喜欢它们的。只要为群众所欢迎、对群众有好处的，我们就应该做，就应该掌握它，运用它来教育群众。”④提倡大众的、科学的、民主的文化，必然要寻找适合

①《开展新音乐教育经验——三北两音乐研究会上的收获》,《新浙东报》1944年11月3日。

② 汪湛穹:《乡村传统戏剧的时代呈现——基于浙东抗日根据地“的笃戏”改造的考察》,《中国农史》2020年第6期，第92页。

③ 毛泽东:《在延安文艺座谈会上的讲话》,《毛泽东选集》第三卷，人民出版社1991年版，第847页。

④《开展新音乐教育经验——三北两音乐研究会上的收获》,《新浙东报》1944年11月3日。

广大民众的艺术形式。在1944年9月份浙东行署召开的一次音乐座谈会上，黄源再次阐释：“音乐也应该扩大为适合于广大群众所需要，应该顾到大多数人的胃口，洋歌只是少数人的名音乐。”“我们的教育目的是为唤起大众，如脱离了群众，就不为大众所欢迎，因此作为一个知识分子的音乐者，要放弃自己狭隘的欢喜，而养成欢喜农民所欢喜的感情是必要的，目前民间艺术在浙东，的笃戏、地方小调为最流行，我们就要学习它，并充实新的内容来提高它，使农村中造成蓬蓬勃勃的新气象。”[①]何克希也指出：“应为人民而读书，为人民教书，为人民工作，为人民而唱歌，用音乐把广大群众热情激发起来。”[②]这从会议上张贴的标语中也可以看出，“我们要创造适合浙东地方的，有乡土气息的，浙东民间流行乐闻的歌曲”[③]。这些观点都和毛泽东《在延安文艺座谈会上的讲话》的理论是一致的。

二、改革过程

1943年7月，文教处社会教育工作队成立，开启了“的笃戏”改造的序幕。社教队成立伊始就在“纪念七七抗战六周年大会”上表演了“的笃戏”；接着招聘了几位民间艺人，结合在一起搞“的笃戏”改革；之后，又把民间戏班“高升舞台”纳入了社教队。在文教处社教队的影响下，四明专署也建立了一

①《为人民而歌　某地举行音乐座谈会》，《新浙东报》9月18日。
②《为人民而歌　某地举行音乐座谈会》，《新浙东报》9月18日。
③《为人民而歌　某地举行音乐座谈会》，《新浙东报》9月18日。

支社教队，由抗战初期进行过旧剧改革的陈山领导。

虽然“的笃戏”不是一个历史非常悠久的剧种，但也经过几十年的发展演化，有其特殊的表现形式、擅长的表演内容和习惯的舞台布景等。本来，越剧（“的笃戏”）“小班”代替绍兴“大班”（“抡弹”“高调”）而流行一时，有其深厚的社会原因。这是因为“一、绍调唱做繁重，功夫深，难学，而‘的笃戏’普通女孩子半年可学会唱做，三年可走红，故容易培养基本从业人员，能涌现不断的后备军。二、它的口白、唱句更通俗易懂，不像绍调、京剧的‘文雅’。且能容纳新内容，吸收绍调、武林调、京戏的优点，变为自己的新东西；声调特别容易叙情；内容多是平民化的，写豆腐店，写裁缝，写店朝奉，写男女偷情，后花园私订终身，翁姑虐待媳妇等，有广大的群众——尤其是妇女的倾心拥护”①。但即使这样，“的笃戏”也经历了改良、组班、演出、失败、流行等过程，其中有复杂的磨合和调适，在内容上有习惯的表现内容，在艺术形式上也已形成了系统的表演方式。

在抗战时期，重点关注的是如何使传统戏剧的体裁和形式适合抗战需要。首先，文教处社教队认真学习了毛泽东的《在延安文艺座谈会上的讲话》等文章精神，将其作为根据地“的笃戏”改革的指导思想。王延龄提出“1942 年《讲话》发表后，

① 平原：《剧艺大众化和改进越剧的尝试》，浙东抗日根据地革命文化史料编纂委员会编：《浙东抗日根据地革命文化史料选编》（上册），内部资料 1992 年版，第 248 页。

1943年秋天传达到浙东根据地”[①]。黄源也讲过，“我们学习了毛泽东同志的《文化工作中的统一战线》，它针对当时陕甘宁边区的情况提出：‘不但要有新秦腔、新秧歌，而且要利用旧戏班’，‘逐步地加以改造’。这当然也适合当时浙东游击区的情况”[②]。这些都表明浙东根据地的社教工作者认真学习过毛泽东的这个重要讲话。

文教处社教队和民间艺人结合在一起进行“的笃戏”改造工作。先是社教队和戏班子合串一个新编历史剧《文天祥过关》。这部剧虽是传统历史题材，但其精神是现代的，和抗战形势密切相关，改编起来相对容易一些。但总体而言，适合现代形势的旧剧目数量不多。其次是在戏班子演戏时，社教队配合上演新题材的剧目。由于新剧贴近生活，很受群众欢迎，但这类剧目大多很短小，在“的笃戏”改造中下力气最大，也是收效最大的。社教队搜集大量资料，编出剧情大纲，然后召集民间艺人讲解剧情，充分发挥他们的积极性，由他们编戏、分派角色，“串戏”时社教队予以指导，两者深入配合。对这种方式，双方感到很满意，编了反映抗日烈士事迹与精神的《赤胆忠心》等剧，演出后获得巨大成功。经过这几部“的笃戏”的改造实践，文教处发现，民间艺人有丰富的演出经验，也有演新剧的积极性，要充分发挥他

① 王延龄：《浙东根据地越剧改革浅探》，《艺术研究资料》（第六辑），上海艺术研究所1983年版，第138页。

② 黄源：《四明山越剧改革经验点滴》，浙东抗日根据地革命文化史料编纂委员会编：《浙东抗日根据地革命文化史料选编》（上册），内部资料1992年版，第397页。

们的潜能；但他们也存在着对抗战斗争和根据地生活不熟悉、政治水平低、文化水平不高等缺陷，应在各方面帮助他们。

1944年4月，伊兵创作的新剧《义薄云天》在梁弄等地巡回演出，获得了良好反馈。8月，文教处处长黄源在三北地区的一个座谈会上提出社会教育的文艺形式首先要提倡“的笃戏”。之后，接连召开了几次座谈会、文教会议。11月，四明地区召开了“的笃戏”改造座谈会，深入探讨了戏剧改造问题。座谈会深化了对“的笃戏”的认识，认为：“‘的笃戏’的本质乃是一种民间艺术形式，大体上来说，一切民间艺术形式，是人民大众的文艺的作品萌芽，在这萌芽文艺中，以民歌民谣为最初步的，‘的笃戏’无疑是已加工过的、比较高级的民间形式了。它是融合了音乐、绘画、诗歌、戏剧、舞蹈和装饰美的一种综合性的艺术。它的特点还在于富有伸缩性，有时可清唱，有时可演出，有时可全部唱，有时可唱其中一二段，而且不受舞台的限制。在演与唱的动作、腔调、化装、服装等的定型性（定型性不一定是好的）更表现了它的易于接受。”[1]既然认为“的笃戏”是比较高级的民间艺术形式，而且具有伸缩性的特点，这就说明对其进行改造是必须的和可能的。座谈会根据毛泽东在延安文艺座谈会上的讲话精神，“旧（艺术）形式到了我们手中，给以改造，加进了新内容，也就变成了革命的为人民服务的东西”，确定了“的笃戏”的改造要“服务于广大人民利益的

①《从文艺新方向出发　对改造“的笃戏”意见》，《新浙东报》1944年12月1日。

具体事业——战争、生产、教育”的原则[①]，同时指出了戏剧改革要“向着工农兵的方向”[②]。

对旧剧改造，座谈会确定了几条原则：一是有毒素的旧剧完全不用；二是能够反映人民生活与斗争的旧剧加以全部或局部改造或删除；三是部分与现实生活联系密切的旧剧可以保存，但应加以局部改造；四是创造新题材的剧目。在新剧创造方面，提出剧情要紧凑、使用群众口语、吸纳话剧的优点等。

经过这些阶段，根据地的文艺工作者对越剧改革的原则和方法有了大致章法。

三、改革的内容

戏剧改造的专业性很强，其中环节十分复杂，不是几条原则就能够解决的，还涉及剧本、布景、导演手法、表演技巧等多方面因素，根据地文艺工作者在这些方面进行了深入尝试。

首先是剧本。旧剧本很难表现抗日战争和根据地建设的内容，所以要大力创作反映根据地斗争和生活的新剧本，同时也不能忘了“的笃戏”的旧形式。毛泽东指出：“中国的革命的文学家艺术家，有出息的文学家艺术家，必须到群众中去，必须长期地无条件地全心全意地到工农兵群众中去，到火热的斗争中去，到唯一的最广大最丰富的源泉中去，观察、体验、研究、

①《从文艺新方向出发　对改造“的笃戏”意见》，《新浙东报》1944年12月1日。
②《从文艺新方向出发　对改造“的笃戏”意见》，《新浙东报》1944年12月1日。

分析一切人，一切阶级，一切群众，一切生动的生活形式和斗争形式，一切文学和艺术的原始材料，然后才有可能进入创作过程。”[①] 如郭静堂本来是一位参加过五四运动的进步人士，在寻找革命过程中屡遭挫折，他到浙东抗日根据地后担任过参议会副议长、行署民政处长等职，后成为中共秘密党员。他编写的剧本《生死路》以一位国民党退伍军官的抗战之路为内容，在题材和内容上有很多自己的经历。由于浙东的进步青年中不少有“正统观念”和这样的经历，所以该剧一公演便大受欢迎，先后演出近百场之多。在编剧方面，社教队还采取专业创作和群众参与的方式。社教队的指导员周丹红（伊兵）是根据地的“才子”，剧作产量甚丰，创作了《桥头烽火》《龙溪风云》《血钟记》等新剧，这些剧本的内容采编自根据地的斗争生活，如《义薄云天》就根据鄞江区委书记李敏在被俘后不畏敌人严刑利诱，被敌人连刺 20 多刀而牺牲的光辉事迹改编而成。该剧在演出时，台上、台下哭声、口号声响成一片，群众悲愤流泪，斗志昂扬！陈山根据“的笃戏”的乐牌曲调较快、和现代生活节奏较为一致的特点，在创作中摒弃了旧剧中的缓慢台步、道白，使改革后的“的笃戏”更加适合表现新内容。编剧的关键是走“群众路线”。如《竹岙血案》这部剧，文教处“民间艺人训练班”的民间艺人深入乡间，从嵊西的几个商人口中，了解到国民党反动派田岫山为征收捐税，逼死竹茂生一家四口的故事。

① 毛泽东：《在延安文艺座谈会上的讲话》，《毛泽东选集》第三卷，人民出版社 1991 年版，第 860—861 页。

有了材料，他们就联合其他艺人，编写剧本，试说台词，形成梗概；然后大家又集体讨论、修改，接着进行排练。这样编剧的速度很快，效果也比较好。高大纶认为："只有在群众中直接、间接去采访与群众有血肉关联的题材，只有写作与排演工作走群众路线，方能使艺术与群众进一步结合起来。在群众中也考验了只有这条路线的剧本，是比较合群众胃口的。在这条路线上也提供了解决'在普及的基础上提高'这问题的一个重要条件。因为只有经过群众如此的编写，更多群众的编写，造成真正的群众戏剧运动，才可能把戏剧艺术更提高一步。"[①] 这是对编剧中走群众路线的科学总结。在这个过程中，创作、改编的主要剧目如下：

表 2.3-1　越剧（的笃戏）创作（改编）剧目和演出一览表

序号	剧名	类别	作者	剧情概要	演出情况
1	桥头烽火	现代剧	伊兵（周丹红）		浙东社教队演出
2	儿女英雄	现代剧	伊兵、商白苇		浙东社教队演出
3	生死路	现代剧	郭静堂	描写了国统区翘脚阿炳被抽丁的悲惨遭遇，反映了人民的深重苦难，揭露了国民党反动派的腐朽统治	浙东社教队、四明社教队演出
4	义薄云天	现代剧	伊兵	描写了鄞西鄞江区委女书记李敏坚贞不屈、壮烈牺牲的英勇事迹，反映了党员的奉献精神	浙东社教队演出，之后又经过民间艺人改编为同名"犁铧文书"传唱

① 高大纶：《从〈竹岙血案〉谈编剧的群众路线》，《新浙东报》1945 年 9 月 16 日。

续　表

序号	剧名	类别	作者	剧情概要	演出情况
5	龙溪风云	现代剧	伊兵		浙东社教队演出
6	大义灭亲	现代剧	伊兵		浙东社教队演出
7	血钟记	现代剧	伊兵		浙东社教队演出
8	赤胆忠心	现代剧	文艺工作者与民间艺人合编	描写了鄞西民主区长徐盈不畏敌人严刑利诱，英勇牺牲的事迹	民间戏班演出
9	陈晓云	现代剧	文艺工作者与民间艺人合编	描写了鄞西女乡长陈晓云和敌人坚决斗争，不幸被捕，壮烈牺牲的事迹	浙东社教队演出，后被民间艺人改编为长篇弹唱
10	竹（竺）岙血案	现代剧	文艺工作者和民间艺人合编	描写了嵊西竹岙村竹茂生一家四口被国民党反动派田岫山强收捐税，被逼而死的悲剧	民间艺人演出
11	血泪花	现代剧	文艺工作者与民间艺人合编	描写了旧中国女性的悲惨生活	民间艺人演出
12	扩大解放区	现代剧			浙东社教队演出
13	反清乡	现代剧	三北教育出版社		浙东社教队演出
14	保卫秋收	现代剧			
15	筋竹岙之战	现代剧	三北教育出版社		
16	生死同心	现代剧			
17	红灯记	现代剧	陈山（平原）		
18	文天祥闯关	历史剧	文艺工作者与民间艺人合编	描写了文天祥英勇抗元的历史事迹	浙东社教队和民间艺人演出
19	风波亭	历史剧	高岗（韩秉三）	描写了岳飞英勇抗金、蒙冤被杀的历史事迹	浙东社教队演出
20	荆轲刺秦王	历史剧	高岗（韩秉三）	描写了战国末期荆轲刺杀秦王嬴政的历史事迹	浙东社教队演出

续 表

序号	剧名	类别	作者	剧情概要	演出情况
21	戚继光	历史剧	佚名	描写了明朝戚继光抗击倭寇的光辉事迹	浙东社教队演出
22	追韩信	历史剧	佚名	描写了秦末农民大起义中萧何月下追韩信的历史故事	浙东社教队演出

注：根据浙江省新四军历史研究会浙东分会《浙东抗日根据地文化教育专辑》中“创作（改编）剧目和演出一览表”增改而成。

其次是布景。传统上旧剧都是用布景的，但布景如果很复杂，在战争的环境中十分不便，同时旧剧的布景内容和方法不适合新剧，如旧剧中频繁地换景会影响观众观剧。不过，如果不用布景，观众的观剧体验又不太好。经过试验，对新剧布景的内容进行改革，使之适合新剧剧情；实践中还想出了“中间幕”（二道幕）的布景方法，一场戏演完，需要布景时，外幕不闭，戏台中间降下一道幕，前面照常演戏，后面换景。

再次是导演手法。“的笃戏”是按照旧剧来导，还是按照话剧、歌剧等新剧来导？这一点十分重要。旧剧有一整套规范，“的笃戏”要像旧剧而不是像话剧、歌剧，但不能完全使用旧剧的规范，话剧、歌剧的手法要使用到其中，不过话剧的手法用在“的笃戏”中要予以改变，使之成为旧剧的，而不是新剧的，要和谐地融入其中，不能搞成“两张皮”。另外导演和编剧要配合好，最好是一个人。

最后，在布景表演技巧上，也摸索出了一些行之有效的东西。如男女合演，以加强演出的吸引力；重视群众场面，强化对观众的感染力；采用旧戏中的“上场引子”“自报家门”，让老百姓迅速明白人物关系；对配乐和唱腔也多有创新，参考杭剧、绍剧、莲花落、说道情中的唱腔，融合新旧唱腔，甚至还吸收了新歌中的一些表现形式，贴近群众生活和抗战环境，对表现新题材十分适合。

四、“的笃戏”的体制改造

艺术表演上的改造大多属于技术范畴，这并不是根据地对“的笃戏”改造的所有目标。根据地对“的笃戏”的改造是涉及戏剧体制和“人”的灵魂深处的深层次综合性改造。

（一）从戏班到社教队

传统“的笃戏”戏班采取班主体制，“班主”是戏班的所有者和管理者，主要演员（“角”）是演出中的核心。这种体制方便师承上的传续，带有封建性。根据地政权开始对浙东的大量传统戏班并未触及，而是采取成立新的戏剧机构兼并旧戏班的方式进行体制改造的尝试。1943 年 7 月，区党委成立社会教育工作队（即社教队），由政治部领导伊兵担任书记兼指导员，高岗（韩秉三）担任队长。社教队的成员主要由两部分组成，一部分是从外地来浙东参加抗战的、有一定表演基础的文艺工作者和青年学生，一部分是浙东鲁迅艺术学院的学生。社教队成立后，立即吸收一个旧戏班“高升舞台”，使之成为社教队下属的一个演出队，之后还陆续吸收了一些流落到民间的老艺人。这标志着“高升舞台”不再是一个戏班，而是党和根据地政权领导下的艺术团体。1944 年 1 月，浙东行署成立后，社教队归文教处领导。1945 年 6 月，文教处社教队和四明专署社教队合并，改称浙东鲁迅文艺工作团（以下简称文艺工作团），以两个社教队为基础，新加入浙东鲁迅艺术学院毕业的艺术专业学生。文艺工作团还聘请上海的戏剧家芳信、姚克、章泯等来文艺工作团指导或参加工作。文教处处长黄源兼团长，原队长高岗任副团长，下设曲艺、话剧、音乐、美术等组。文艺工作团继续进行“的笃戏”的改编、汇演等工作，编写了“新的笃戏”小丛书等书籍。从班主体制发展到公家体制是“的笃戏”体制改革的一大变化，是戏曲改造的根基。

（二）从“角”到编导体制

在传统“的笃戏”中，“角”居于重要位置，几乎所有的表演和艺术创作都是围绕着“角”展开的，演出的大多是旧剧，按师傅的口传心授演出，不存在什么编导体制。伴随着西方传来的话剧、歌剧等新剧，编导体制也传入中国。在社教队“的笃戏”的编排中，也出现了导演、剧务等分工。社教队试验新式编导体制，和传统“的笃戏”的特点结合起来，在导演手法上多有创新，虽然其中也有不尽协调之处，但总体来看取得了好的效果，其筚路蓝缕之功值得珍重。

（三）从个人到集体

民间艺人在“的笃戏”改革中发挥了重要作用，但“民间艺人有着他先天的缺陷，如政治认识低、文化水平低，演技上、编技上、唱句上受旧剧的传统影响深，对新鲜事物的接受力差”①，必须进行耐心细致、深入灵魂的思想改造。社教队的工作和生活是集体化的，建立了各项规章制度，早上统一起床，进行早操，之后进行集体政治学习和业务工作。在工作和学习中，加强了对旧艺人的改造。旧艺人由于长期处在旧社会的演艺生活中，不可避免地带有旧社会的痕迹，虽然大多数出身于贫苦家庭，但因长期生活在演艺圈，不可避免地沾染上一些不良习气，突出表现在政治水平低、有剥削阶级思想、对劳动人民感情淡薄、游手好闲、喜好奢靡等。更为关键的是，民间艺人思想政治水平如不提高，则在感情上难以融入党和群众，导致其表演手法也是老一套，理解不了新的表演方式。对此，社教队进行过实验，让民间艺人表演解放区的新人物，结果格格不入，效果极差。所以，必须对民间艺人进行思想政治上的改造，使其成为“新人”。社教队首先在经济上给民间艺人较高的经济待遇，使他们的生活有了保障，甚至在根据地的困难条件下给艺人高薪，这在各根据地中是比较少见的；然后通过定期思想政治学习，对旧艺人进行教育，着重从他们的亲身经历入手，使

① 高大纶：《从〈竹岙血案〉谈编剧的群众路线》，《新浙东报》1945年9月16日。

其忆苦思甜，又让大家进行讨论，提出为谁演戏、演什么戏、怎样演戏的问题，逐步使他们树立为人民群众演戏的思想意识，最后集中进行对毛泽东《在延安文艺座谈会上的讲话》的学习。在这个过程中，还让他们参加根据地的各种活动，如慰问伤病员、参观连队、参加生产劳动。经过这些学习和实践，部分进步的旧艺人提出了入党的要求，这些入党积极分子成了戏班的骨干分子，带领全戏班艺人服从社教队和党的各项工作安排，促进了全体旧艺人思想政治水平的提高。

“由于民间艺人在根据地文教建设中的重要性，文教处社会教育工作队对争取与团结民间艺人的工作，是当作一个重要任务的，队里专设一个民间艺人组，吸收根据地与外来的民间艺人。其中有曾在上海、宁波、杭州等大城市演戏二十多年或十余年的老练艺人；有两代说书的说书人；也有年轻而技术上有成就的艺人。在技艺上，这些民间艺人给社教队的队员同志以很大的帮助。同时，他们也吸收了新的演技，在政治教育、思想教育、文化教育上，队员同志则给他们的帮助极大。一位两代说书、自已能说五十几部书的蒋 ××，他是不识字的，然而报纸一到，就问识字的同志：‘苏联红军打到哪里了？’一个演了二十五年戏的丑角任 ××，每天研读《战斗报》与《新浙东报》。在《快报》上他还说明了旧社会演戏与今天演戏的不同意义。有一个从 ×× 舞台来参加社教队的女民间艺人，初来时生活一时过不惯，后来明白了这为的是革命。一个负责后场舞台工作的民间艺人王沁同志，最近他自动要求减去他的薪金，每月减少三十斤米，并且已能与队员同志一样起早，一样参加早操与跑步。这些政治上、思想上的进步，说明了争取团结民间艺人的前途。”[①]除此之外，文教处还举办了“民间艺人培训班”，对一些民间艺人进行系统的政治、艺术、文化方面的培训，同时组织他们深入农村调研，对他们深入生活、编剧、表演能力的提高也起到了一定效果。这些民间艺人在立场上和党、人民站到一起，拥护抗战。抗战结束，新四军北撤时，对一些艺人进行了精简，其中一些艺人不顾路途遥远，自己赶上部队到了北方，这便是中共政治教育作用的充分体现。

那么，在根据地的乡村演出改造后的“的笃戏”，效果怎么样呢？可以看一个“非典型”案例：

> 三北社会教育现还以各种新的方式方法开展中。上月十七日××××庙香市，到山南三北民众二千余人，而社教活动亦抓紧此热闹场面的时机进行着。××庙的左右两壁上挂满了各种反清乡、反扫荡、反内战以及生产、拥军的漫画，还有两大张门神，一边是一个掮枪的新四军，一边是一个荷锄的农民，表现了战斗与生产结合、军民密切合作的主旨。烧香的老百姓看了，说这两个是“新菩萨”。是日下午一时起，××与××两儿童社教队，及××民间艺人即依次演唱新编

①《参加根据地社教队工作民间艺人在进步》,《新浙东报》1944年12月22日。

> 的"的笃戏"。内容是反映反内战、人民拥军等的，四周虽已香烟迷漫人声嘈杂，然胡琴一响，人声顿减，大家静听着，唱完后一再鼓掌，要求再唱。中间并进行了读报工作，至夜间，新的"的笃戏"与各种抗战小调仍还不断唱出。许多从山南来的香客听了，都为自己获得了许多新的认识而欢喜。①

为什么说这是一个"非典型"案例？在史料中也有一些观众看了改造的"的笃戏"后，情绪激昂、泣不成声、连呼口号，接着就有百姓参军、奔赴战场。笔者不否认"的笃戏"的演出出现这样的场景和效果，但同时也认为社会教育的效果不是短暂的情绪感染，是长期的艺术感染，是抗战精神的持续影响和内心深入教化。对研究者来说，应在众多史料中选择更为一般性的样本，这样更有说服力。从这个材料可以看出，社教队演出新剧不仅是戏剧演出的单一环节，而且是包括场地选择、民间艺术形式的采用等非常有技巧的社会动员。

当然，传统戏剧改造是近代的一个重要议题，近代戏剧家和文化界人士十分执着于传统戏剧的改造，由于戏剧在文化传播中的形象性，他们认为这是进行社会改造和社会教育的有效方法之一；乡建派也把戏剧改良作为在乡村推行"平民教育"的有效方式。但他们都忽视了戏剧改革的复杂性，并对群众生活

① 《三北教育会新方式展开社教》，《新浙东报》1944 年 7 月 10 日。

缺乏身体力行的体认，因此未取得令人满意的成效。全面抗战时期，中国共产党在各抗日根据地普遍进行戏剧改革，由于有新民主主义文化理论的指导，有共产党人对新的斗争生活的熟悉，团结改造民间艺人，戏曲改革取得了很大成绩，成功地把几千年以来游离于社会主流之外的以农民为主体的底层社会阶层容纳到了中国共产党的政治体系之内，极大促进了抗战的进行。同时，不容讳言的是，在"的笃戏"的改造中也出现了教条主义、急于求成等问题，出现了拿新民主主义的文艺理论硬往"的笃戏"套的现象，存在着对"的笃戏"长期形成的一些范式使用不够，一味求新、求先（进），对民间艺人的改造不够耐心，对专业人才不够尊重，等等现象。同时，浙东地区的戏剧改造和上海的比起来，在艺术技巧上相对差一些，条件有限，戏剧形式也相对粗糙、简单。但这毕竟是次要问题，瑕不掩瑜，浙东抗日根据地的"的笃戏"改革在新四军北撤到山东根据地后仍得以延续，取得了丰硕成果。

第三章　恢复、转型中的普通教育

虽然社会和学界对教育、教育制度的概念有多种认识和严重分歧，但显然对教育制度的主体是学校教育制度的认识在这些分歧中是最小的。教育发展水平的高低主要体现在学校教育的发展水平上，浙东传统教育发达也主要表现在学校教育上。学校教育类型包括普通教育和专门教育，普通教育的对象主要针对青少年的初、中、高等教育，由于抗战时期的浙东抗日根据地没有高等教育，所以本章论述的普通教育主要指初等教育和中等教育。从土地革命战争时期起，在苏区形成了中国共产党和苏维埃政权领导的教育，在性质、学制、教学内容、办学方式等各方面和国民党政权的教育形成了鲜明对比。全面抗战时期，浙东抗日根据地吸收革命教育传统，贯彻中央的教育方针政策和陕甘宁边区的教育经验，对日伪的“奴化教育”进行了坚决抗击，使饱受摧残的浙东教育得以恢复、转型和发展。

第一节 普通教育在“三重压力”下的恢复

对浙东地区的普通教育，中国共产党进行过认真调研。1941年，中共认为浙江的“文化相当发展，读过小学或是有小学以上程度的人数很多。一般学校的水平也相当高，高小毕业差不多有北方各省初中肄业的程度。就是没有住过学校的人，知识也较丰富。但从全省人口计算，不识字的文盲仍占绝大多数”[①]。从全省区域教育发展水平来看，“文化的发展是不平衡的，最进步的是浙西，其次是宁绍”，认为浙东地区文化教育水平居全省前列；同时指出“抗战对文化的影响，主要是社会教育方面，正规学校很少进步”[②]，认为学校教育的发展不快，不能适应抗战的需要。但在全面抗战初期，由于中共在浙东没有巩固的抗日根据地，难以对学校教育进行大规模的恢复、改造和发展。于是，在原有学校中派进共产党员，借此培植教育界进步力量、革新教育，直到浙东抗日根据地创建之后，浙东教育才得以迅速恢复和转型发展。在浙东抗日根据地政权发展教育的进程中，

①《浙江省抗战二年来工作总结草稿》(节选)，浙江省教育科学研究所编:《浙江革命根据地教育资料汇编》(上册)，浙江教育出版社1987年版，第6页。

②《浙江省抗战二年来工作总结草稿》(节选)，浙江省教育科学研究所编:《浙江革命根据地教育资料汇编》(上册)，浙江教育出版社1987年版，第6页。

存在着日伪、国民党顽固派和地方落后势力的“三重压力”。

一、对日伪“奴化教育”的坚决抗击

全面抗战时期，浙东地区的教育主要受到来自日伪侵略和“奴化教育”的压力。日本帝国主义占领浙东部分地区后，对浙东的教育进行了极大破坏。1940 年 7 月，日军飞机炸毁了求精小学的校舍。次年 4 月 20 日，宁波失陷，基本上城区所有的学校停办或内迁。日伪政权新办了几所学校，但爱国学生不愿意入学，大量学生失学。1943 年 6 月，姚南县在政务会议上对抗战以来教育上的损失做了统计，指出“大岚左厂区以内战关系，全部停顿，梁弄正蒙照常开校，成绩已不如去年，学生亦大减，原因为教员能力薄弱。沿江学校尚无详细调查，教育行政全部被敌伪控制”①。日寇还加紧对中国人民进行“奴化教育”。1943 年 2 月，浙东区党委就在《我党我军在浙东地区今后的一般任务》中指出：“在汪精卫对英美宣战的欺骗口号下，最近敌伪对一切奴化教育的进行，已更加紧在筹备举办各种训练班，举行各种集会。”②4 月，象山县石浦镇中心学校校长张国宝拒绝执行日伪的“奴化教育”政策，被日寇逮捕杀害。1944 年 5 月 8 日《新浙东报》报道：“敌汪为加紧奴化沦陷区青年，强迫各学校

①《姚南县第十次政务会议记录》，浙东抗日根据地革命文化史料编纂委员会编：《浙东抗日根据地革命文化史料选编》(上册)，内部资料 1992 年版，第 79 页。

②《我党我军在浙东地区今后的一般任务》，杭州大学历史系、浙江省档案馆编：《浙江革命历史档案选编》(抗日战争时期·下)，浙江人民出版社 1985 年版，第 68 页。

团体一律参加伪青年少年团之组织。月中伪省方命令各沦陷区中小学校长限于最近期限内将所有学生名额按照确数具报，并予以拍照填写‘入团志愿书’。每月抽选三名至五名送往甬杭受训，小学生年龄未满十七岁者暂时缓役。平时各学校必须把汪逆‘和平救国’的卖国言论作为‘主要精神教材’，按月测验数次。学生成为‘正式团员后，必须服从团规’，不得逾犯，否则，一律按照‘清乡治罪条例’之连坐法处分。‘总团部如有任务要使团员完成者’，‘被选团员不得违抗’，同时凡团员‘必须准备与友邦（日方）同生共死之坚决精神’！”① 这反映出日伪政权对浙东采取的奴化教育已达到极为严重的程度！

面对这种严峻情况，中共和浙东抗日根据地政权，首先因地制宜创办非正规的补习学校，解决失学学生问题是当务之急。如宁波沦陷后，一些鄞西青年失学在家，地下党员林一新等联合地方上一些进步士绅，在 1942 年初借“三青团鄞西区队”名义，创办了古林补习学校。古林补习学校招收了 100 多个学生，分为初中 3 个年级，有十几位老师，共产党员在其中占主导作用。经过党员和先进教师的工作努力，学生不仅在学业上有收获，思想政治水平也大大提高，一些学生加入中国共产党，学校里建立了学生支部。古林补习学校的党员还到周边乡镇的学校，通过读书会、时事座谈、文娱活动等方式发展进步教师入党。到 1942 年下半年，古林小学成为中共古林区地下工委机关

①《渐进奴化沦陷青年　敌汪强迫学生入训》,《新浙东报》1944 年 5 月 8 日。

所在地。其次，大力恢复学校教育，保证正常的教育秩序。三北地区的第一个民主政权余姚彭泾乡的学校教育在全面抗战后处于全面瘫痪状态，原来的私立学校普遍停学。1943 年春，乡政府首先把一所无法维持的私立思孝小学改为乡中心小学，由乡长黄信孚亲自担任校长，下设教育干事。中心小学既承担教学功能，又承担恢复、发展教育等行政工作。在中心小学和乡政府的努力下，在不长时间内就恢复或新办了匡堰小学、伍家板桥小学、游沅小学、湖清店小学等多所小学，这些小学采取保办等形式，经费由乡、保、村统筹解决。再次，尽力提高教师待遇。在抗战的艰苦环境下，教师的报酬也不可能提得太高，中共和抗战政府一方面关心教师生活，另一方面聘用党员、年轻教师，提高他们的思想政治水平，促进他们奉献民族教育。进步教师积极教学，提高了学校的教学水平，还积极参加了抗战宣传等活动。

在浙东享有盛名的凤湖中学的创办，是恢复普通教育的典型例子。凤湖中学位于镇海县龙山区。在 1941 年日本发动的“宁绍战役”中，镇海沦陷，面对日伪政权推行奴化教育，大量浙东青年不愿成为亡国奴而失学。为了解决青少年失学问题，有必要迅速恢复兴办学校，恢复教学。但当时镇海的合法政权还是国民政府，因此中国共产党决定采取“合法”形式尽快兴办一所中学。中共慈溪县工委的同志联合国民党镇海县江北办事处和龙山区署，兴办凤湖中学，经过党和进步力量的努力，凤湖中学成功开办，办了 3 个学期，培养了大批学生，给浙东教育的发展和浙东抗战提供了新鲜血液。

在学校教育的恢复中，中共和根据地政权对失学女童特别关注。这有理论和现实双重意义，在马克思主义理论中，党的最终目的是解放全人类，妇女解放是题中应有之义，并且是社会解放的标志之一；从现实来看，浙东农村中普遍存在重男轻女的现象，女童的入学率很低，而女童教育程度低一定程度上会导致下一代文化水平的低下。所以，浙东抗日根据地政权十分重视失学女童问题。1944 年秋季入学前，三北地区展开了失学儿童特别是女童入学的动员工作，取得了好的效果。一个样本是三北地区的一所小学，根据《新浙东报》的报道："某小学进行招收失学儿童，现已很有成绩。他们开始进行调查，以了解这村子里的失学儿童数与失学原因等，起先由校内儿童介绍所熟知的来登记，可是这样不行，竟没有一个人来。后来便再来一次动员，重新彻底地解释了调查工作的意义。于是便查得那仅有四五十户人家的小村子里，便有失学儿童三十多个，其中女孩了占大多数，借着这个调查，进行说服解释工作，使那些不肯给女孩子读书的父母的旧观念改变过来了。并商定无钱供给读书的，给以免费，要负担家庭生产的，使其工作加紧，抽出半日时间来读书。这样一来，两天中就增添学生十四个，占原有人数百分之二十。现这一工作正在热烈开展着。校董先生也十分赞成，表示愿在经费上努力帮助。"[①] 这个材料显示，学校

①《某校招收失学儿童》，《新浙东报》1944 年 10 月 20 日。

通过调研发现女童失学现象十分严重，先是认真做家长的工作，改变他们的旧观念；但仅此还是不够的，学校还争取了校董经济上的支持，对家中经济条件不好的女童实行学费减免政策；而且考虑到女童在农村还是半个劳动力的实际情况，在学制上允许她们选择半日制。这样，两天中，这一所小学的女童入学人数增加了不少。

根据地政权开展了大规模恢复学校教育的计划。1944 年 7 月，四明地区在行政扩大会议上计划："基本乡至少有二个至三个保国民小学，并视实际情形尽量恢复过去所有之各级学校。""基本地区之学校儿童至少要求十分之六七入学，实行强迫入学或采取半日制。"[①] 经过努力，在不长时间内，浙东的学校教育就有了初步恢复。

二、对国民党顽固派"党化教育"和贪腐的坚决抵制

浙东教育除了受日伪"奴化教育"的摧残外，还受国民党顽固派"党化教育"的破坏。南京国民政府成立之后，国民党在学校教育领域建立了自己的统治，建立各级机构管理学校教育，以所谓"党义教育"填充学生思想，使学校日趋官僚机构化。甚至在抗战的艰苦环境中，国民党顽固派仍安插私人，侵吞公款财物，打压进步力量。

---

①《四明山地区第二届行政扩大会议决议案》（节选），浙江省教育科学研究所编：《浙江革命根据地教育资料汇编》（上册），浙江教育出版社 1987 年版，第 41 页。

以上文提到的古林补习学校为例。1942 年春学校创办后，中共和进步教师在学校认真教学，并在校内设立党支部，进步青年十分拥护，学校发展很快。到 1942 年暑假，中共和教育界进步人士以“三青团鄞西区队”的名义开设了“小学教师暑期训练班”，提高小教的政治、业务水平。国民党顽固派鄞西自卫游击大队队长郭青白对此十分忌惮，命令训练班到他的部队驻地举行，并表示他也要讲课。之后他和一个大队长来训练班讲课，大发一个领袖、一个主义之类的言论，言辞粗俗不堪。为免受他的影响，训练班不得不提前结业。随着中共的影响日益扩大，一些进步教师也围拢到中共周围，郭青白感到如芒刺在心，欲除之而后快。1943 年初，伪十师一部进驻古林，古林培训学校被迫停办；9 月，郭青白为泄愤将入党积极分子戴乐逸杀害。

上文提到的凤湖中学在 1942 年 9 月开办后，学生人数逐学期上升，从第一学期的 74 人、第二学期的 83 人，增到第三学期的 170 多人，影响日益扩大。在教学上做了全面革新，加强思想教育，对学生进行深入的爱国主义教育。对课程进行了革新：对国文、地理等课程进行编辑充实，加入了和抗战有关的内容；历史课加入了社会发展史、中国近代革命史的基本内容，增加了时事内容，给学生讲授最新的抗战形势。在教学方法上也一改传统的填鸭式单向传授，变之以师生讨论、学生辩论会等新的方式。还组织学生自治会，民主选举学生会主席、副主席等，学生自治会在进步教师的指导下，开展了丰富多彩的活动，培养了学生自我教育、自我管理的能力。中共还在学校内建立支部，影响了进步学生，采取学习党的理论、政策等方式，以秘密形式对他们进行思想政治教育，进而在凤湖中学起着引领学生风气的作用。学生自治会和进步学生在学校内组织剧团、歌唱队，出板报，建图书馆，学生活动搞得有声有色。学生还走出校园，利用星期天或晚上时间，到群众中开展社会教育，在龙山开办了妇女识字班，并成立龙山妇女会；还用慈善机构的名义举办难童教养所，收养、教育难童20多人，受到群众的肯定和欢迎。

凤湖中学的变化和学生活动引起驻扎在蟹浦一带的姚华康部和国民党政训室的仇恨，他们认为凤湖中学已经“赤化”，于1943年10月25日，对其进行“围剿”，大肆搜查和破坏。当时的《时事简讯》报道：

> 上月二十五日该校乃突遭伪镇北保安团姚逆华康率领伪保安团三十六人，轻机枪对赤手空拳的凤中师生，迫令全体如数投伪，并限三日内将该校迁至其巢穴蟹浦。兹悉该地龙山区区长戚铭渠接获消息后，特于二十七日晚亲赴该校，召集全体学生训话，昭示“我们只有两条路，不是抗战便是投降”，并勉学生“应保持中国青年优秀的传统，坚决反对奴化教育，抗拒学校迁移”。该校教职员坚持抗战立场，誓不屈服，惟因环境险恶，不能再留居学校，先于是晚忍痛出

> 走。与学生话别时，全体师生放声痛哭，在场之职区长、区署职员，以及该校校工皆为之唏嘘下泪。学生于悲愤之中，高喊“我们决不屈服”“我们决不到蟹浦去”“我们宁可无书读，决不受奴化教育”“打倒汉奸姚华康”！学生方面又于二十八日举行反奸让校游行示威，当时有人出面阻挠恫吓，说姚部要来拘捕屠杀，你们性命要不（要按凤中距离姚部距点仅五里），然学生不怕此种恫吓，情愿流血牺牲。①

同时，演进小学也被姚华康破坏，一些教师被打或逮捕，学校被迫停课。就这样，这两个办得红红火火的中、小学被顽固派给扼杀了，之后凤湖中学只能以流动形式办学。由于当时浙东抗日根据地的中学很少，凤湖中学的停办是根据地中学教育的一重大损失。

需要补充说明的是，凤湖中学的余脉未绝。至抗战胜利之际，浙东行署为发展中学教育，决定建立一所中学，政府邀请慈镇的地方进步士绅和教育界人士，于8月12日共商筹备事宜，决定该校命名为三北中学，校址定在沈师桥海隅中学旧址，校长就是原凤湖中学校长郑芳华先生。学校经费由校董会负责，学生发给津贴，开始时3个年级招生，定于10月2日开学。这显示出中国共产党为了民族利益大力发展教育的宗旨意识。

①《姚逆华康死心助敌　凤湖中学突破包围》,《时事简讯》1943年11月10日。

对于职业教育，浙东抗日根据地也在艰苦条件下尽力恢复和发展。在全面抗战前，浙东的职业教育发展得比较好，但侵略战争对其破坏很严重。1943 年 8 月，鄞西县委在鄞江区鹤顶寺创办鄞西初级农业职业学校。校长由进步民主人士、前奉化武陵中学教师单菊初担任，共产党员刘泽在学校协助办理各项工作。学校开始招收了 30 多名鄞县和周边县的青年学生，学习上实行"半工半读"，一边学习文化知识，一边进行生产实践活动。在打败郭青白后，学校由抗日民主政权正式接管，后在 11 月反顽斗争时因战争影响停办。这是浙东抗日根据地创办的唯一一所中等职业学校。

国民党顽固派对中共和根据地政权兴办的学校多有阻挠和破坏。1944 年 7 月，在浙东行署文教处举办的暑期教育研究会议上，山南地区的一位代表讲述了 1943 年冬季山南教育界受到国民党顽固派摧残的情况，说："三北虽未受友军荼毒，但受敌伪的烧杀，情形大同小异。"另一位代表说："他们所以要摧残教育界，目的是不让老百姓觉悟。"[①] 这说明国民党顽固派一直在挤压根据地政权的新民主主义教育阵地。

另外，在浙东抗日根据地的一些游击区，由于"灰色政权"的存在，一些担任国民党政权职务的人染有很深的官场习气，借办教育之名行中饱搜刮之实。他们任用私人，如在 1944 年，伪十师三十一团团长向鄞西委任了十多名校长和近百名教师，

---

① 《走上教育新方向　文教处举办暑期教育研究会》，《新浙东报》1944 年 8 月 7 日。

古林区太平乡的校长甚至由这个团长的“女朋友”担任。这些所谓校长到任后大肆贪腐，把学谷装入自己的腰包，中饱私囊，致使教师生活惨淡。在鄞江区鄞江镇的一所小学，校长也是上面不顾地方反对强行委任下来的，根本不懂教育，来后不理教学，光摆官架子。①

对这些情况，中共和根据地政权坚决反对。针对国民党顽固派对教育的破坏、侵夺，与之针锋相对，进行坚决斗争，努力开拓自己的教育阵地。同时在作风上反对宗派主义、官僚主义，团结各阶层热心教育的人士兴办教育，从教育界中选用、奖励优秀人才，促进浙东教育的恢复和发展。

三、对地方落后势力干涉教育的抵制和统战

全面抗战时期的浙东地区，文脉尚存，有很多热衷发展教育的人士，中共和根据地政权一直提倡充分发挥关心教育的地方人士和士绅的积极性，并对此加以鼓励。1943 年 2 月，区党委就指出在三北地区要注意和支持对文教事业有兴趣的地方人士。根据地政府还对支持教育的地方士绅给予奖励，对该地捐献教学经费、自费修理校舍、资助贫困学生的士绅和文化人士予以表彰。同时也清醒指出：“他们对文化教育事业积极负责、热心资助以及自力更生解决问题的模范作风，正与目前还部分存在的只图私利、侵吞公产、私拿校具以及怠于工作、怯于负责、

①《元气凋伤的鄞西学校教育》,《新浙东报》1945 年 9 月 20 日。

依靠外援不求自己设法的朋友一个很好也很有力的对照。”[①] 这句话饱含深意，显示了中共在文教界开展统一战线政策的水平，隐含着地方上仍存在土豪劣绅挤压新民主主义教育阵地的问题，需要加以抵制和改善。

有不少利欲熏心、目光短浅、观念保守的土豪劣绅，对教育起着阻碍甚至破坏作用。如余姚县彭泾乡中心小学在发展中，由于原来小学大多由地方上土豪劣绅把持，他们不满于新学校由抗战政府控制，从而剥夺了他们从中贪腐和中饱私囊的机会，便利用宗族势力和家族观念对乡中心小学百般抵制。匡堰罗家祠堂的董事罗春和声称祠堂是罗家财产，不允许学校使用，煽动群众驱赶教师和学生。在乡长的阻止下，混乱场面才勉强得以控制。之后，罗春和还向三北总办诬告，在王仲良主任据理驳斥下，他才暂时安稳下来。由于发展乡村小学时不少都使用了原有祠堂、公产等，这种情况在浙东各地时有发生。[②]

地方势力阻碍学校教育发展的一个重要原因，是传统上学校经济依靠农村家族祠堂、公地的学谷收入，这些收入的支配权归家族族长、士绅。特别是在一些游击区和敌占区，中共的力量不足，地方势力借助伪方力量把教育当成捞钱的借口。如鄞西的一个乡中心小学校长由伪区长兼任，他除了紧抓学校经费外，别的什么也不管，对经费中饱克扣，甚至连教师本就少

①《我政府褒扬三北热心文教人士》,《新浙东报》1944年9月25日。
②《三北地区第一个抗日民主政权的回忆》(节选)，浙江省教育科学研究所编:《浙江革命根据地教育资料汇编》(上册)，浙江教育出版社1987年版，第26页。

得可怜的薪金，也由原来的实物发放改为发伪币，因抗战期间货币快速贬值，教师薪金比不上之前购买力的1/10，生活难以维持，导致师资流失严重。一些镇公所、保长也趁机侵吞、挪用教育经费，在浙东各界临时代表会上，一些代表就提出，有的“镇公所之负责人，往往未能按时按期发付与学校或教员，以致学校经费时感拮据，教员生活更无保障，影响文教事业”[①]。而一旦抗战政府开办新学校，经费由财政部门收付，并组织教育经费保管委员会管理，使这些族长、士绅不能像抗战前那样便利地使用教育经费，这直接影响到一些土豪劣绅的利益，导致他们的抵制，在抵制无效后他们便采取敷衍态度。如余姚在1945年教育经费完全由政府解决后，“地方上人士大都对教育采取不管账的态度”，从而导致“学校自流，教师减少，学生减少”。[②]对此，根据地政权采取“调查迷信会产，呈区备案，充作校产”“整理校产夺取地方封建势力的掌握”等方法[③]，合理采用“民办公助”方式，基本上以区为单位统筹教育经费，规范教育经费使用，既发挥了地方进步人士参与教育事业的积极性，也堵住了土豪劣绅对教育经费侵吞的口子。

另一方面，一些地方士绅深受封建传统观念影响，思想保

①《浙东各界临时代表会提案》，浙江省教育科学研究所编:《浙江革命根据地教育资料汇编》(上册)，浙江教育出版社1987年版，第93页。

②《当前余姚教育界几个问题》,《新浙东报》1945年9月20日。

③《浙东敌后临时行政委员会鄞慈县第一届文教扩大会议会议录》，浙江省教育科学研究所编:《浙江革命根据地教育资料汇编》(上册)，浙江教育出版社1987年版，第127页。

守，对中共和进步知识分子在教育上的一些新举措、新方法看不惯。如一些地方士绅对教育和劳动相结合看不惯，认为自古以来“万般皆下品，唯有读书高”，劳动是下等人做的事情，对在学校教育中加入时事、劳动的内容不满意，对新民主主义教育路线不理解。从某个角度来说，这是需要很长时间才能彻底解决的问题，是影响根据地教育长远发展的因素。1945 年初，在浙东各界临时代表会上，有教育界人士就认为虽然“教育走群众路线”已经提出，但在实际中并未真正落实下去，“这个口号仍旧把教育局限于学校墙门之内，而且这些学校教育又大都是半殖民地半封建性的，又是浪费精力时间的，不但不适合抗战与民主的需要，而且有很大的毒害”[①]，从而提出了从健全机构、群众教育、学校教育等方面解决的方案。

基层干部、保长的素质提高是一个关键问题。对于基层干部、保长，中共注意他们素质的提高，专门针对他们举办了多次训练班，重点提高他们的思想政治水平和服务意识。在培训时还让群众、学生来慰问，在感情上触动他们。这些培训起到了一定效果，也使他们真正关心教育，关心儿童和青年学生。

中国共产党和根据地政权坚持抗日民族统一战线，分别采取不同方法抵制“三重压力”，大力恢复、发展教育。由于抗战的艰苦条件，浙东抗日根据地的教育数据保存不完整，仅据鄞慈一个县的统计，在一个学期内，就培养了“4288 个儿童（慈南

① 《浙东各界临时代表会提案》，浙江省教育科学研究所编：《浙江革命根据地教育资料汇编》（上册），浙江教育出版社 1987 年版，第 92 页。

1775个，武陵1913个，古林600个）、123个学校（慈南51个，武陵56个，古林16个）的学校教育”，“恢复了13所学校（慈南11所，武陵2所），扩大了我们的教育阵线”。[①]这表明，经过中共和抗日政权的艰辛工作，饱受摧残的浙东教育得到了较大程度的恢复。

第二节　普通教育的全面转型

浙东抗日根据地普通教育的转型是全面转型，是包括教育目的、学制、教材、教学、经费、教师、学生在内的综合教育体系的整体性转型。如果说个人本位取向的教育之目的在于培养合乎人性、合乎个人的天赋、能力和谐发展的少年儿童，社会本位取向的教育之目的在于使少年儿童适应社会及其将要所处环境的要求的话，那么在抗战时期就必须使根据地教育服务于抗战的需要，以及所处的根据地生产斗争生活的需要。否则，不仅抗战难以成功，而且一旦亡国，教育将全部沦为“奴化教育”。中国共产党深刻认识到这一点，早在全面抗战前，陕甘宁边区就提出“实行国难教育”[②]；毛泽东于1937年7月23日指

①《浙东敌后临时行政委员会鄞慈县第一届文教扩大会议会议录》，浙江省教育科学研究所编：《浙江革命根据地教育资料汇编》（上册），浙江教育出版社1987年版，第115—116页。

②《民主政府施政纲领》，《新中华报》1937年7月6日。

出要反对“亡国奴的教育”，实行“国防的教育”，要“根本改革过去的教育方针和教育制度”。[①]之后虽然教育方针逐渐深化和调整，但其坚持抗日、民主的基调始终没有改变。这反映出中央和毛泽东对抗战教育的深刻认识，对比国民党确定抗战时期教育方针的迟缓和游离，表明了中国共产党对抗战教育的坚定性。

1943年9月，慈姚镇抗建工作推进会第一次常务委员会会议，通过了改革旧教育制度决议案，指出“为改进过去教育与社会脱离之弊病，此后的学校教育应以加强抗战、发扬民主为最高原则，其他不符合实际甚至蒙锢儿童之教育应予取消”[②]。这个提法和中央的精神是一致的。鄞慈县第一届文教扩大会议决定“先改造老的教育观点和方法”，并提出了综合性方案：与群众结合；教育与实际生活联系起来；学与用一致——教育与生产结合；打破无一点活动内容的教条主义，经常运用周围环境的变动起伏编写补充教材；感性教育与理性教育有机交织起来，多采用启发式；学制要适合儿童的实际生活，尽量避免不适合农村社会的“校规”。1944年1月颁布的《浙东敌后临时行政委员会施政纲领》提出“实行抗战与民主的普及教育”的教育方针，其目的是“允许在学学生以民主自治权，普遍提高人民政

① 毛泽东：《反对日本进攻的方针、方法和前提》，《毛泽东选集》第二卷，人民出版社1991年版，第348页。

② 邵祖德等编：《浙江教育简志》，浙江人民出版社1988年版，第227页。

治认识及文化水平”。[①] 这表明浙东抗日根据地最高政权机构的教育方针和教育目的已经明确，对学校教育的全面转型和发展起着指引作用。

一、学制改变

教育制度是“一个国家各类教育机构与组织的体系及其管理原则”[②]。学制是作为教育制度主体的“学校教育制度的简称，也称学校系统，是一个国家各级各类学校的体系。它规定各级各类学校的性质、任务、入学条件、学习年限以及它们之间的衔接与关系”[③]。封建社会时期，浙东地区的教育是传统的旧式教育，谈不到学制问题。清末开始了教育近代化的转变，即开始实行“新学”。浙东在文化教育上“得风气之先”，1902 年之前，余姚、慈溪、鄞县等地就兴办了一些小学堂，但在学制上尚无统一标准。清末，由于浙东经济发达，捐资办学的商人和新式学人亦是不少，如 1905 年慈溪举人陈训正“先后改城乡书院、蒙塾为新式中小学，宁属门邑闻风而起，二三年间兴起中小学校共有三百余所”[④]。当年，鄞州的秀才童兆甲在鄞州的一个乡村创办私塾，之后改办为新式小学。第二年，余姚的黄守斋先生

① 《浙江敌后临时行政委员会施政纲领》，杭州大学历史系、浙江省档案馆编：《浙江革命历史档案选编》（抗日战争时期·下），浙江人民出版社 1985 年版，第 139 页。

② 王艳玲主编：《教育学》，北京师范大学出版社 2016 年版，第 90 页。

③ 顾明远：《学校制度亟待研究改革》，《教育学报》2011 年第 3 期，第 3 页。

④ 浙江省政协文史资料委员会编：《浙江辛亥革命回忆录》，《浙江文史资料选辑》第 27 辑，浙江人民出版社 1984 年版，第 103 页。

捐出田地30多亩办学。可以说，清末民初浙东的教育是从旧向新的近代化转变过程，发展速度也比较快。相应地，浙东地区的学制也逐渐建立了新式学制，从清末至20世纪40年代，浙东地区分别采用过“癸卯学制”“壬子癸丑学制”“壬戌学制”“戊辰学制”4个学制，下文在阐述浙东抗日根据地学制时将进行比较阐释。

浙东抗日根据地学制的转型与上面提到的4个学制有重大区别。除了根植于浙东农村实际情况的积极探索外，还认真吸收、遵循中国共产党在革命历程中对教育长期探索形成的理论成果。早在土地革命战争时期，中央苏区就提出了教育目的为“授以生活上必需之技能，适应现在的民权革命转到将来社会革命之潮流，以养成普通的革命人才”[①]；实行“四二制”[②]，入学年龄不严格要求，开设共产主义浅说、社会进化史和文化课程等新教学内容的学制。到了抗日战争时期，中国共产党根据变化了的形势，对学制进行了探索。即1944年4月7日《解放日报》社论所指出的：“我们还在内战时期对于教育工作就有过许多创造，抗战以后，各根据地又做了许多艰苦的工作，比旧式教育是有了不少原则上的区别。”[③]1941年9月，《解放日报》上发表《打碎旧的一套》社论，认为清朝末年以来教育是失败的，指出全面抗战以来经过几

①《列宁初级小学组织大纲》，江西省教育学会编：《苏区教育资料选编（1929—1934）》，江西人民出版社1981年版，第124页。

②“四二制”是1922年北洋政府实行的初级小学学制4年、高级小学学制2年的初级教育学制。

③《根据地普通教育的改革问题》，《解放日报》1944年4月7日。

年的教育实践，“从学校到社会已经有了一条很自然的大路”，提出包括学校教育在内的“彻底地改进”任务。[①] 因为陕甘宁边区的形势比较稳定，是进行学制改革的合适根据地，它的学制改革进行得也比较早。经过几年的实验，1944 年 1 月 6 日，陕甘宁边区主席林伯渠提出包括“各学校学制，应照顾学校任务及地方具体任务，做适当规定，不必强求一致”“教育内容，以文化教育为主，同时必须从思想上确定学生的革命观点、劳动观点与群众观点，并须进行以边区政治、经济为中心的政治教育与生产教育，辅之以时事教育”“彻底改革学校作风”等内容的学制。[②] 虽然这个学制的内容还是初步的，但是已基本指出了根据地学制改革的方向。

浙东抗战根据地在学制上采取区分不同情况，灵活地采用适应各地具体情况的学制。1944 年 1 月，四明地区政务扩大会议上专题研究“如何准备春季开学案”，对开学日期、学历制订、课本、经费等系列问题做出决定。7 月，在第二次政务扩大会议上，做出了“恢复设督学，建立辅导制度；区乡均须有一中心小学为各该地区的辅导机关”等决定。10 月，浙东第二届文教会议上规定：“为适应农村及市镇的实际需要，各校可视所在地具体环境，择用全日制、半日制、识字班、二部轮流制、旁听制、间日制、雨天书、小先生夜校、晨校等。在学年方面，决定平原地区基本上仍采用初小四年、高小二年制，山区则可灵

①《打碎旧的一套》，《解放日报》1941 年 9 月 11 日。
②《陕甘宁边区教育工作改革的方针》，《解放日报》1944 年 2 月 8 日。

活改为一年制、二年制均可。星期放假制也可视实际需要，改变为‘市日放学制’等。”[①] 实际上，浙东农村学校的学制十分灵活，如1944年10月，姚南县决定从1945年春季学期开始实行小学三年制，以三年时间完成基本教育，从当时姚南的经济、文化发展程度上看，这是比较合适的一个计划。正如文教会议上指出的，“此种改革，均本人民实际生活和生产情况的需求”。还有放假，新式教育的“星期日放假”是根据西方的生活、宗教习惯制定的，在浙东根据地实行就和农村的生产、生活习惯相抵触。于是，根据地政权就改为“市日放假制”或“农忙假”。同时，为避免授课时间的畸多畸少，在总的教学时间上控制，如姚南县在1944—1945年的第二学期，规定授课时间为126天左右，实际授课时间不允许和这个标准相差过多；对节假日，县政府也予以公布明确。[②]

正如第三届文教会议规定中所讲，“各校可视所在地具体环境”，这个规定实际上把学制选择权“下放”了，不搞“一刀切”，允许各地根据当地实际情况进行试验。1944年秋季学期，慈南县在区教育会成立大会上决定在一所中心小学进行新学制的实验。这说明对于新学制的推行，根据地政府和教育部门还是审慎的，认为要经过试点。这样在实践中就出现了“百花齐放”的情形。有的改得多，有的改得少；有的推进快，有的推

①《第三届浙东文教会决定新的文教方针》，《新浙东报》1944年10月11日。

②《姚南县第八次县行政会议记录》，浙江省教育科学研究所编：《浙江革命根据地教育资料汇编》（上册），浙江教育出版社1987年版，第84页。

进慢；方式、方法上也不尽相同。如武陵区某个乡的中心学校在1944—1945学年的第二学期就进行了较大幅度的改革，具体情况如下：

> 根据儿童的实际文化水准与家庭成分，在一级里又分出不同的几组，每组推选出一个学习组长，作为学校组成的核心，教师的领导就放在这些组长身上，再根据他们每组程度与需要的不同，而在教材上有所区别。礼拜天是废除了，重视地方上需要而放假。学生请生产假是不算缺课的，遇着农忙时期，教师订定了学习计划，通过小组长的关系，进行着校外学习。每一组员，须将每天的工作情形、心得、经验，向组长报告，由组长汇报给教师。农忙过了，开一个总结会议，交换与检讨相互的工作意见，学生受业期限没有一定，学会了农村需用的常识技能这一套，便算毕业了。这样，既省了儿童与教师的精力，也缩短了教育年限。但对穷户子弟的教学是格外加紧，想升学的几个，由教师个别指导。①

从这个案例的生动情节中可以看出，浙东抗日根据地的学制承续“因材施教”传统，根据学生的不同学业水平采取不同的教

① 施庄：《一个改造教育的新计划》，浙江省教育科学研究所编：《浙江革命根据地教育资料汇编》（上册），浙江教育出版社1987年版，第88页。

育方法；在教学中不是单纯老师教，学生之间也互相学习帮助；教学活动根据农村生产的实际灵活调整，这对于战争时期的农村来说是必要的；甚至对学期的长度也可以根据情况需要进行延长或压缩。这个学制具有几个特点：一是具有平等性和阶级倾斜性，反映在对各阶级受教育权的保护和对贫苦农民儿童的倾斜上；二是具有较大的伸缩性，反映在学制上就是可对修学年限进行较大的调整；三是教育目的的实用性，根据地教育不是为了升学；四是培养目标主要不是升学，而是为革命、抗战培养政治上、文化上合格的干部后备队伍。不过在执行中也存在一定问题，如上面引文提出的根据儿童的家庭成分分组方法只能在一定范围内适用，如果过度则可能会造成不良后果，而且在抗战中也不利于抗日民族统一战线的巩固。

对浙东抗日根据地学制的转型需要拉长历史的视野来看，要把它放在浙东教育近代化的进程中来看。从清末至 20 世纪 40 年代，浙东地区采用的 4 个学制中，1903 年的“癸卯学制”是第一个。它规定初小学习期限 5 年，儿童 7 岁上学，浙江则放宽到 9、10 岁；高小学习期限 4 年，12 岁初小毕业者可入学。民国初期的“壬子癸丑学制”是第二个。1912 年，南京临时政府初建，就颁布《普通教育暂行办法》，规定学堂一律改称学校，堂长和监督一律改称校长，初等小学校可以男女生同校，中学校为普通教育。每年仍分 2 个学期，阳历 3 月开学至暑期为第一学期，暑假开学后至来年 2 月底为第二学期。之后，又颁布系列教育法规，正式形成了“壬子癸丑学制”。其规定初小学习期限

4年，儿童6岁入学；高小学习期限3年，儿童11岁入学。初等小学校的科目为修身、国文、算术、手工、图画、唱歌、体操7门，女子加课缝纫；高等小学校之科目为修身、国文、算术、本国历史、地理、理科、手工、图画、唱歌、体操10门，男子加课农业，女子加课缝纫，并视地方情形，加课英语或其他外国语。其中，农业课的宗旨是“在使儿童知农事之大要，养成勤勉利用之习惯。视地方情形，授以农事或水产，或二者并授。农事宜就土壤、水利、肥料、农具、耕耘、栽培及蚕桑、畜牧等，择与本土相宜而为儿童所易解者授之”①，表示了对农业（劳动）课的重视，但在落实上很不到位。这2个学制的突出表现是学制长，“癸卯学制”的小学年限是9年，“壬子癸丑学制”的小学年限是7年，浙东虽为较发达地区，但在偏远山区和农村基本上是难以实施的。1922年北洋政府开始学习美国的教育经验，实行“壬戌学制”。其内容为：小学6年，其中初小4年，高小2年；初中3年，高中3年。浙江积极推行，在第二年就在全省推开，原来的国民小学一律改为初级小学。这个学制缩短了小学教育的年限，是一个进步；但在运行中又出现了难以进行课程分配、中学学习年限长导致学生家庭的经济困难、高中以普通科为重对生产发展裨益不多、职业教育的课程设置不符合中国农业社会的现状等问题。1928年南京国民政府制定的“戊辰学制”，规定小学为6年，其中一、二年级为低年级，

①《教育部订定小学校教则及课程表（1912年）》，舒新城编：《中国近代教育史资料》（中册），人民教育出版社1981年版，第454页。

三、四年级为中年级，五、六年级为高年级。南京国民政府时期，实行“三民主义”教育，突出“党化”色彩，并制定了相关法规；同时也比较重视乡村教育，进行了若干试点，如蒋介石本人就在其老家奉化溪口推行了“乡村教育示范区”，客观上取得了一定成效，但这种依靠领导人个人关注和资源倾斜取得的经验难以在其他地方复制。特别是这个学制实施“党化教育”和“训育制度”，钳制老师和青年学生思想，使教育的民主氛围荡然无存。

总体上，这 4 个学制都是学习西方教育体制。中国学习、采用西方学制，是中国教育近代化进程中的必然。如清末御史陈其璋在 1896 年 1 月上书，提出他在“考泰西学校”的基础上，看到中国教育效率低下，要求“仿照外洋初等、中学、上学办法”[①]，提高教育规模；民国初期学习日本学制；1922 年，在美国教育学家杜威实用主义教育理论的影响下，学习美国学制。这都是中国对西方教育制度（向日本学习可以视为转学西方学制）的移植，其中有中国主动学习的成分，也有西方教育文化强势进入的成分。即使不考虑西方资本主义列强对中国的侵略因素，对于一个教育植根、萌芽和发展所需要的土壤，西方和中国也有天壤之别。西方是成熟的资本主义社会，中国是欠发展的半殖民地半封建社会。民国时期浙东虽然有一定资本主义因素的发展，但仍未转型为现代社会，尤其是浙东抗日根据地

①《御史陈其璋请整顿同文馆疏》，朱有瓛主编：《中国近代学制史料》（第 1 辑 · 上册），华东师范大学出版社 1983 年版，第 590 页。

所在的浙东农村、山区，主要社会形态是一个经济落后的传统农业社会。对于抗战时期的浙东地区来说，虽然教育有了一定的近代化发展，但农村的教育十分落后，传统私塾、书院等旧式教育也还有不少。乡村和城镇存在“两张皮”现象，现代教育资源主要集中在城市，在农村尤其偏远山村中影响甚微。民国新学制在农村也表现为“水土不服”，不适合农村的生产、生活需要。更为重要的是，这种教育体制在近代城市化初期促使各种资源向城市集中，也导致了人才向城市集中，农村不再是一个充满温情和传统文化的港湾，留下了没有文化的土豪劣绅，导致农村的空心化和社会撕裂。

为匡扶、解决这些弊端和问题，在20世纪二三十年代，浙东出现了一些教育家和新的教育思想。如浙东余姚人蒋梦麟是著名教育家，曾留学美国学习教育学，担任过代理北大校长。他不仅是一位办过高等教育的教育家，还十分关注平民教育。在20世纪20年代，中国教育界受杜威实用主义教育思想影响很大，蒋梦麟本身在美国留学时就对杜威教育理论十分感兴趣，回国后看到国内政治混乱、经济凋敝，农民极度贫困，得不到受教育的机会。他通俗地讲：“一个社会里边，少数的人，天天讲文化；多数的人，不知道地球是方的或是圆的；一个社会里有了两个世界，彼此不通声气，社会怎样能进化？”[①] 他提倡平民教育，主张进行一次社会教育运动，让贫苦群众有平等地受

① 蒋梦麟著，曲士培主编：《蒋梦麟教育论著选》，人民教育出版社1995年版，第160页。

教育的权利，教育组织形式平民化，教育内容适合平民需要，教育形式通俗化。但限于各种主客观原因，他的这些主张未能得到有效落实。同样出生在余姚的杨贤江是马克思主义教育学家，他在大革命时期撰写了《教育史 ABC》《新教育大纲》等著作，对社会主义形式的教育进行了有益探索，指出教育根植于生产活动和实际生活需要，本质是“观念形态的劳动”；提出破坏资产阶级教育形式，学校是实施社会主义教育的工具，实行义务教育，进行对劳动者的教育，实施社会教育，等等主张。这些带有社会主义教育思想萌芽的论断很有现实意义，杨贤江的夫人张淑贤于全面抗战初期在慈溪创办了妇女学校，把杨贤江的教育思想进行了一些实践。这些都潜移默化地影响到浙东抗日根据地教育的发展，并在全面抗战时期党中央制定的新民主主义教育制度的指引下，对乡村教育的发展起到了巨大作用。

浙东抗日根据地的学制是在全面抗战的危急关头，在浙东农村濒临破产的困难环境中采取的一种学制，是对浙东地区之前采用过的几种学制弊端的匡正，促进了浙东乡村教育的复苏，对普及乡村教育起到了积极的促进作用。

同时需要指出的是，第三届文教会议新学制制定后，并不等于学制就不再随着时代和形势变化而发展和改进了。1945 年初，在浙东各界临时代表会议上，有代表提出了关于学制的提案，其内容为：“改变学级制为幼稚教育一年，初小二年，高小一年，初中二年，高中二年，大学二年（如华中建设大学），其他训练班的不在此列。”[①] 这表示浙东区党委和根据地政权随根据地形势变化，实事求是地对学制进行着改革。

二、教材改造和编制

浙东抗日根据地的学校教育改革首先遇到的问题是教材问题。在根据地的艰苦环境中，教材一方面在数量上难以满足需求，另一方面在内容上存在不少问题，不适应新民主主义教育方针的要求。1944 年 6 月，罗白桦在四明地区工作总结中就指出“教材问题始终没有得到应有解决”[②]。如果长期没有合适的教材，教学是不能适应根据地学校教育需要的。

为有效解决教材问题，根据地教育行政部门采取了循序渐进、区分对待的方法。首先鉴于新教材短期内难以编辑出版的现状，决定继续使用旧课本，但要经过审查，删除其中存在的各种问题，坚决删除政治上存在严重反动、奴化的内容和妨碍儿童心理成长的内容。如姚南县在一个县里就根据情况分为两个区处理：在敌伪统治力量强大的沿江少部分地区，区署编印补充教材；在沿江大部分地区和大岚梁弄的全部地区，使用自己编印的新教材。如当时四明地区的一些地方在编辑新教材时，

①《浙东各界临时代表会提案》，浙江省教育科学研究所编：《浙江革命根据地教育资料汇编》（上册），浙江教育出版社 1987 年版，第 92 页。

②《四明地区三个月来行政工作总结与我们今后还要做些什么》（节选），浙江省教育科学研究所编：《浙江革命根据地教育资料汇编》（上册），浙江教育出版社 1987 年版，第 35 页。

“小学课本，除自然算术等由各县酌量自行设法翻印复兴本，国语常识等须删去不合时代、违反民主精神等课文外，并由各县根据《新浙东报》编补充教材，要经特办审阅后印发采用”[①]。但这种方式只是囿于条件限制而采取的过渡办法。

与此同时，组织成立教材编辑委员会，编写新教材，“根据教育新方针的精神来编辑”[②]，增加新民主主义、抗战和涉及生产、生活的内容。在编辑新教材的初期，各地区尚处于摸索阶段。如三北地区的教育界就结合生产需要编写了一些生产教材，“内容分两方面：一是着重如何组织合作社和对黄花黑麦穗等几种植物的了解；一是着重在思想，多以边区的生产情形来纠正他们不正确的劳动观点和引起集体劳动的兴趣。最近又配合各地秋收，编印保卫秋收教材一本”[③]；还有的地方编写了一些劳动教材。这些创新有的是有价值的，但有的也存在忽视教育规律及片面性等问题。

1944年10月，浙东文教扩大会议对各地区的探索做了总结，对在全区统一使用的新教材和内容做了详细规定：

> 总的原则是着重抗日战争知识和生产知识的增加，启发民主的精神，培养劳动观念、集体观念等。国语课增

①《第十次政务扩大会议记录》（节选），浙江省教育科学研究所编：《浙江革命根据地教育资料汇编》（上册），浙江教育出版社1987年版，第45页。

②《姚南县第八次县行政会议记录》，浙江省教育科学研究所编：《浙江革命根据地教育资料汇编》（上册），浙江教育出版社1987年版，第84页。

③《注意社会教育　三北某教育会出版补充教材》，《新浙东报》1944年10月4日。

加抗日故事讲读，其体裁多采用当地民歌、民谣、小调等。作文着重于农村中普通应用文、写信、写帖、练习听写、速写等。说话讲学着重于辩论讲话、读报及其他农村口头宣传等。常识社会教学上，高中级增加时事讨论、时事报告。地理方面着重先研究本村、本乡，再普及到本县、浙东、全国敌后各抗日民主根据地，及大后方与国际重要国家，由近而远的研究。历史教学方面亦以中国抗战史及世界反法西斯战争史为重心。公民教学则着重于民主建设常识，如开会常识，政府法令传达，及配合各种活动（秋收斗争）等。自然课则注重本地实用农事及生产常识。普通生产知识，与本地流行的疾病的预防治疗，破除迷信观念之常识等。算术课增加心算、珠算、连算、簿记、记账，减少不合实用的分数循环、小数等，算术教材亦以普通实用教材及与战争有关的材料为主。劳作课以种植制作简单日用品为主，并督促学生勤作家庭劳动及在校劳动，培养其集体劳动观念。美术课注意宣传漫画的绘制，多采取战斗与农村生活材料等。音乐课（以）增加新内容的民间音乐，为新编的笃调、小调等，减少普通歌曲的比重，并练习民间乐器，如胡琴乐器等以改造民间音乐。体育课着重于发展儿童身心与抗战生产配合。①

①《第三届浙东文教会决定新的文教方针》，《新浙东报》1944年10月11日。

这个规定对各科教材内容的编写做了详细要求。文教处和各地的教育工作者按照这个规定对各科教材的编写进行了深入研究。三北地区专门召开了新音乐教育会议，来自各地的几十位音乐老师集体研究了小学音乐教育问题。开始一些老师认为民间音乐“不标准”“低级趣味”，一般了解是可以的，但不能拿来教学生。经过讨论，最后大部分老师认为要根据抗战和群众需要，“编新的唱歌教材”，要“多编小调、的笃戏”；对有艺术才能的学生个别讲授新小调；多教启发民族气节的歌和抗战歌曲等。[①] 对于仍在一些音乐教师中存在的轻视民间音乐的情况，文教处和教育工作者认为“学校中一般需要的歌曲，为校歌、开会歌、放学歌等应用很广，内容却都很陈旧，急需改作”，要抓紧“唱歌教材的制作与改造”。[②]

1944 年夏，三北教育会编辑的时事教材选取第二次世界大战欧洲战场的报道和中国抗战的内容进行编制，绘制“苏德战场”“第二战场”的地图作为地理教材使用；一些县选取《新浙东报》上的有关内容，编印了《国文》《常识》教材，得到了学生的喜欢。有的教材是教师根据教育行政部门提出的要求进行编制的，如在三北地区，“教师根据教育股印发的中心内容自编教材，在国语、公训、常识各科中分别教授”[③]。1945 年夏，行

①《开展新音乐教育经验——三北两音乐研究会上的收获》，《新浙东报》1944 年 11 月 3 日。

②《开展新音乐教育经验——三北两音乐研究会上的收获》，《新浙东报》1944 年 11 月 3 日。

③《注意社会教育　三北某教育会出版补充教材》，《新浙东报》1944 年 10 月 4 日。

署文教处编写的《国语》和《常识》课本正式出版，成为浙东抗日根据地的法定教材。浙东行署为此专门发文，规定“各级学校教科用书除小学国语必须采用本署文教处编印之新民主主义国语教科书外，其他暂准采用其他版本，然各县文教科必须加以审查，驱除其不合事宜及伪化顽化部分，补充以适合新民主主义教育的材料编成教科用书注意事项，分发各校遵行以符目前急需”①，使教材尽力满足浙东教育所需。

新教材按照新民主主义教育方针的指导，其突出特点是内容和政治思想的结合。如当时的一本《常识》教材中有一课的内容如下：

> 要使稻子长得快、生得多，
> 先要大家合力做。
> 赶快组织合作社，
> 你出钱、我出力，
> 生产稻子多又多，
> 大家才有好日子过。②

这样一节简单的常识教程，却包含了水稻生长的常识、合作社等新民主主义经济的内容，词句比较简单，表现形式非常

---

①《浙东行政公署文教处通知（学字第一号）》，《新浙东报》1945年9月9日。

②《浙东抗日根据地文化教育事业简述》，浙江省教育科学研究所编：《浙江革命根据地教育资料汇编》（上册），浙江教育出版社1987年版，第158页。

活泼，符合儿童的认识规律，应该说是一节编写比较成功的新教材。

三、教学活动改革

教学是教师和学生共同组成的教育活动，它既是一个认识过程，又是一个学生价值实现的过程，是教育的中心环节。浙东乡村教育传统上是单向的讲授，封建时代的私塾自是如此，清末教育近代化中亦是如此，如1903年晚清政府颁布的《奏定初等小学堂章程》中就明文规定，凡教授之法，以讲解为最要，讲解明则领悟易。民国时期，引入西方和日本的教学方法，但大体上还是以单向讲授为主。中国共产党的革命根据地则提倡教学相长的双向教学方式，早在土地革命战争时期就形成了教育与实践相结合、与生产劳动相结合的教学内容，抗日根据地继承了这个传统，根据新的形势有了新的创造。

浙东抗日根据地的教学活动，一个突出的变化是改变了单向的老师讲授，而代之以教师讲授和学生参与的双向教学。1944年，四明山根据地政权就规定在教学活动中要教、学、做合一，即老师的讲授、学生的主动学习要紧密结合，同时不是进行单纯的知识学习，而要和抗战、劳动结合起来。如南岚乡中心学校在1945年开始了教育与生产结合的实验，因学校经费困难，校长和老师商量决定在小学生中进行摘茶叶劳动。劳动由校长和老师带领，有组织地进行。在采摘前，老师讲授茶叶生产等自然知识；采摘后，让小学生计算采摘数量等算术知识；活动结束后，让学生作文记述整个活动过程，提高国文水平。学生在劳动中学习了算术、自然、国文的知识。采摘茶叶的收入补充学校经费，而且强化了学生“劳动光荣”的观念。

根据地学校的教学方式十分灵活，对教学科目可根据实际情况予以增减，教学形式也“百花齐放”。同样是武陵区的一个乡小学，在教育活动中创造出很多新的方法。其内容为：

> 适合农村实际需要，是一个改造的总目标。在“要什么学什么”的原则下，减少了许多不必要的科目（如美术、笔算），把课程归纳在“识字”（在低级里最着重的一科，打下学习的基础）、“应用文”（例如尺牍、契据、记账等）、“珠算”（把简易的笔算附在这一科）、“文化娱乐”（包括了体育和音乐）、“生产”（山林与田园是他们的课堂）五项上。
>
> 学生上课，没有固定座位，以科目来区分教室；没有日课表，学校里只是一张详细的行事历。每一时期，规定了一个中心教材，在预定时间内教会所要教的东西，使儿童在短期内立刻获得某一项的实用常识或技能，这样，不但提高了教学效率，而且也使教师明显地看到了自己的成绩和缺点。在这中间，一切教材环绕了这一中心，并随时插入各式各样的文化娱乐，来提高他们的学习情绪。书本只是做了教材的一部分，

> 学校里订定了许多为适应他们本身和时代需要的教材。
>
> 因为所学的都是迫切应用的东西，学校的威信提高了，在群众的心目中，建立了“教育对我们是有利，而不是在许多花样中学些不三不四皮毛”的教育的信念。①

由此可见，教学在内容上贴近农村生产和生活，学习的都是“迫切应用的东西”，强调实用性，教学方法则强调形象性。如慈南区东山乡中心学校的老师扬心剑实行了一种写信教学法。他编好写信的教材，每次课教授一种信件写法。他采取情景模拟方式，把学校设想为一个邮局，把学生分为不同“角色”，有的扮饰邮差，有的扮饰邮局工人，有的扮饰代写信人。学生按教材和示范写好信后，让扮饰邮局工人的同学收寄，然后再让扮饰邮差的同学送信，收到信后，学生在全班宣读，老师和同学进行点评。这样，学生很快就掌握了信件的写作方法。

教学中强调教育与生产劳动相结合原则。这个原则体现在多个方面，涉及教学目的、教学内容、教学方式、办学道路等方面。本节主要对教学内容和教学方式进行阐述。在苏维埃时期的普通教育中曾提出过“使教育与劳动统一起来”②的原则，并通过把劳动设为必修课、同具体生产任务联系等方式实施。全

① 施庄：《一个改造教育的新计划》，浙江省教育科学研究所编：《浙江革命根据地教育资料汇编》（上册），浙江教育出版社 1987 年版，第 88—89 页。

②《中华苏维埃共和国小学制度暂行条例》，陈元晖等编：《老解放区教育资料》（一），教育科学出版社 1981 年版，第 308 页。

面抗战时期的各根据地由于所处地区大多经济条件极为落后，为保障抗战需要，减轻群众负担，必须充分发挥各群体的生产能力。在陕甘宁根据地进行了“大生产运动”，军队、学生都参与进来，并制定了相关保障制度。如1942年陕甘宁边区政府制定了《陕甘宁边区暂行中学规章（草案）》，明文规定中学生在学习之外，还要参加生产劳动，并规定了最高劳动时间。浙东抗日根据地的普通教育在教学内容上规定了一定的劳动内容，如1945年4月，龙山区教育会对教学中生产的内容做了规定，生产的内容包括“农业方面，××小学种番茄、洋芋艿、芹菜、湘湖笋、蒜。畜产方面，每校养兔四对、养鸡两对”①。另外，还采取农忙季节、暑期参加劳动，在课堂教学中结合劳动内容进行讲解，等等形式，使教育和劳动相结合原则落到实处。

四、经费筹措方式的变化

经费问题至关重要，特别是对浙东抗日根据地来说。为应对抗战的各项支出，根据地的财政虽十分紧张，但仍从有限的经费中拿出供教育支出，并列入财政预算。如1942年4月，三北办事处拿出1000元作为龙山区教育会的经费，专款专用。学校经费使用要求也十分严格，支持校董监督校长的经费使用，如6月1日龙山区教育会专门研究了施山校长叶办经济不公开问题。②

---

①《龙山区小学教员订生产学习计划》，《新浙东报》1945年4月16日。

②《龙山区教育会大事记》，浙江省教育科学研究所编：《浙江革命根据地教育资料汇编》（上册），浙江教育出版社1987年版，第17页。

1943年后，根据地政权在征收田赋公粮时，附带征收每亩2斤的学谷，专用于教育经费，同时把学田公粮拨付给教育部门。1944年10月，临山区的行政会议决定，“教育学谷应继续征收”，“征收办法仍由区署每亩附收2斤俟区教育会成立后区署移交区教育会保管”。[①] 这表明，在这之前每亩附征2斤学谷的办法已实行。

但随着根据地学校教育的恢复和发展，教育经费需要增加稳定来源。1944年7月，四明地区第二届行政扩大会议决定：

> ①私立学校，经费以地方自筹为原则，进行校经登记与整理，各校组织校经保管委员会，以区为单位。
>
> ②迷信会产扩充一部分作学校经费。
>
> ③学谷由区署统筹统支，组织教育财产保管委员会保管之。
>
> ④提高小教待遇，实行规定的标准。
>
> ⑤挪一部分经费作奖励学校教师用度。
>
> ⑥校田除田赋、军谷外，其余捐谷免征。[②]

在第十次政务扩大会议上又规定：“基本区各小学经费，可

---

①《临山区第四次行政会议》（节选），浙江省教育科学研究所编：《浙江革命根据地教育资料汇编》（上册），浙江教育出版社1987年版，第64页。

②《四明山地区第二届行政扩大会议决议案》（节选），浙江省教育科学研究所编：《浙江革命根据地教育资料汇编》（上册），浙江教育出版社1987年版，第42—43页。

在所征学田之公粮及已征之学谷中按具体情形拨支，不足之数，由各县在寺庙祀会产中筹拨。”[①]这表明，根据地政权关于学校教育经费的规定采取“开源节流”的原则。“开源”就是从公粮、学谷、迷信会产中收取，这是固定的财源；对校田采取税收照顾政策；经费的使用方式采取“基本上以区为单位”，“统筹统制”使用[②]；经费使用上则是向教师倾斜；同时发挥地方士绅的积极性，鼓励私立学校的经费自筹。为保证高效、节约使用经费，规定教育会、教育财产保管委员会等专门机构保障规范使用。采取这些措施后，浙东抗日根据地的教育经费有了保障。据统计，1944 年，根据地的每个学校平均学谷 5460 斤，平均每个学生 72 斤，这在当时艰苦条件下是一个不小的数字。

但如果光靠学谷、公粮支撑教育经费，难免加重群众的负担。在当时浙东农村，公田、庙产等数量比较大，如何从中“挖潜”是很重要的。在 1945 年初的浙东各界临时代表会议上，也有代表指出这个问题，提出议案内容为：“每年教育学谷或有不敷之处，除各乡镇旅沪旅甬热心人士捐助之外，尚希各区各地之迷信会产，如礼拜会、盂兰盆会、文昌会、孔圣会等之产业或已公开，或当隐蔽，必须将其彻底调查清楚，由豪绅地痞之掌握中提出，拨充为教育经费，此点须由政府机关协力援助，

① 《第十次政务扩大会议记录》（节选），浙江省教育科学研究所编：《浙江革命根据地教育资料汇编》（上册），浙江教育出版社 1987 年版，第 45 页。

② 《一九四五年浙东地区施政方向草案》（节选），浙江省教育科学研究所编：《浙江革命根据地教育资料汇编》（上册），浙江教育出版社 1987 年版，第 80—81 页。

以达目的。”[①]1945年2月，姚南县对此进行了研究，认为“整理各小学原有校产”，“部分地区提倡轮流供善制（根据人民自愿为原则）”，“最后也是最主要的办法，要调查地方祭祀、寺庙、迷信会款产，运用群众力量补充学校经费”。[②]之后开始进行试点，取得了一定效果。这不仅是经费上的“挖潜”，也提出了一个由群众团体部分解决教育经费，即“民办公助”方式解决教育经费的思路。

1945年7月，四明行政公署正式提出私立小学的教育经费采取“民办公助”方法，而普通教育中的公立学校和干部教育、成人教育经费仍然由财政解决。关于“民办公助”方式，陕甘宁抗日根据地早在1943年开始试点，经过一年多的实践，认为“按群众需要与资源整合原则，并得政府帮助而创立起来的民办村学，是一种适合分散农村环境的新型学校”，得出了“民办学校适合农村环境”的结论。[③]由于各抗日根据地的情况和陕甘宁抗日根据地基本一致，所以这个经验在浙东也得以实施。陕甘宁边区的“民办公助”是“把大多数的甚至全部的小学交给地方群众自己办，政府则在物质上予以补助，在方针上加以指导”[④]。它不是简单地在办学经费上“甩包袱”，是包括管理、学

---

①《浙东各界临时代表会提案》，浙江省教育科学研究所编：《浙江革命根据地教育资料汇编》（上册），浙江教育出版社1987年版，第94页。

②《姚南县第八次县行政会议记录》，浙江省教育科学研究所编：《浙江革命根据地教育资料汇编》（上册），浙江教育出版社1987年版，第84页。

③《新教育方针收获巨大》，《解放日报》1944年11月14日。

④《陕甘宁边区政府关于提倡小学民办公助的指示》，《解放日报》1944年4月23日。

制、教学内容和经费在内的综合性方案，同时要求在这一方针执行时应尊重群众意见，不强求一律。浙东抗日根据地的“民办公助”则根据浙东地区的实际情况和历史传统，形成了一个系统性教育经费解决方案。其内容包括：一是办学经费以地方自筹为主，政府财政补助为辅，视不同情况对各学校进行补贴；二是学校整理校产，清理迷信会产，提倡捐款，拨充教育经费，使学校经费有稳固来源；三是对校产采取税收减免政策；四是教师薪金以实物为主，同时提取不动产买卖征收费用给老师以适当补贴（在浦东地区采用），使教师教学有较好的经济保障。“民办公助”的具体办法为：“由区署规定数量征收学米（分高中低3级）；调查迷信会产，呈区备案，充作校产；整理、夺取地方封建势力掌握的校产；在不妨碍政府财政政策的原则下，酌收地方性税捐（应由县办批准）；已收之校田派谷仍归学校；中心学校应把全乡校田清册和本学期决算、下学期预算，急送区署，呈请政府补助。”[①] 教育经费转向“民办公助”方式并不是中共和根据地政权放弃自己的责任，而是有深刻的主客观原因。在客观方面，1945年秋征时抗日战争已结束，中共和国民党谈判时，为了大局撤出浙东，所以没有大规模地进行秋征，自然作为教育经费的学谷也未能普遍征收，这样政府的财政中教育经费就来源不足，只能着力从校产、庙产、迷信公产等途径为教育经费开辟新的源头。从主观上讲，教育经费完全从财政税

① 鄞县教育志编纂办公室编：《鄞县教育志》，海洋出版社1993年版，第533页。

收上出，虽根据地进行过“减租减息”运动，但税收的大头仍是由老百姓负担，这既显失公平，也不利于各阶级、各阶层投入教育。“因为教育经费几乎都由政府负担，所以地方上人士都对教育采取不管账的态度，既不能鼓励地方人士兴办教育，反而形成政府包办的偏向”，所以，“政府不是全部不管，在原则上是‘民办公助’”。[①]

在教育经费的使用上，根据地政权注意向教师生活倾斜。1944 年 1 月 15 日颁布的《浙东敌后临时行政委员会施政纲领》中就明确提出“改善中小学教师待遇”[②]。各级抗战政权认真执行，如鄞慈县第一届文教扩大会议提出了保障教师生活的 6 条具体意见：“（1）依照政府颁发的薪给标准，能保证按月发给。方法：政府加强督促。（2）如执行新教育任务而受伤害的，得由教育会呈请政府根据伤害者日常表现，酌量予以抚恤。（3）校董或校长不得无故撤换没有违反抗日民主事业的教职员。（4）女教师在生产期间，应给以产前、产后 2 个月的休息，休息期间，仍支原职原薪。（5）因劳成疾的政府应给以医药费补助。（6）在教育界任职 10 年以上的得加俸。”[③] 1944 年 7 月，四明山地区第二届行政扩大会决定“提高小学教师待遇，实行规定的标准”，专门拨付一部分经费奖励先进教师。在 1945 年召开的

① 《当前余姚教育界几个问题》，《新浙东报》1945 年 9 月 20 日。

② 《浙东敌后临时行政委员会施政纲领》，杭州大学历史系、浙江省档案馆编：《浙江革命历史档案选编》（抗日战争时期·下），浙江人民出版社 1985 年版，第 139 页。

③ 鄞县教育志编纂办公室编：《鄞县教育志》，海洋出版社 1993 年版，第 534 页。

浙东各界临时代表会议上，有多个关于提高教师生活待遇、保障教师生活的提案，这些提案在《浙东地区施政纲领》中得到体现，其规定“改善各级学校教师的生活”[①]，这些措施都在艰苦条件下尽可能地改善了教师生活待遇。

同时在经费使用上，采取措施避免乡镇公所负责人浪费、中饱，1945 年 1 月，在浙东各界临时代表会上，一些代表提出："现今政府之明令征收教育学谷，以确保教育经费之独立，然而各乡镇公所之负责人，往往未能按时按期发付与学校或教员，以致学校经费时感拮据，教员生活更无保障，影响文教事业。"[②]要求政府予以重视，并提出解决办法，“组织各区、乡、镇教育经费保管委员会，由地方公正人士担任委员，保管各区、乡、镇教育经费与教育学谷，俾得按时按期发付于（与）各学校，使教育学谷不受乡镇公所之限制，而灵活应用”[③]。他们建议把教育经费的管理权由乡镇公所转移到由地方各界代表组成的保管委员会，而避免经费的浪费和贪腐现象的出现。不过由于浙东行署在 1945 年 9 月就撤出浙东，此项建议案未能完全落实。

经过在学制、教材、教学、经费等方面的系列改革，浙东抗日根据地的教育有了“脱胎换骨”的变化，整个根据地教育相

① 《浙东地区施政纲领》，杭州大学历史系、浙江省档案馆编：《浙江革命历史档案选编》（抗日战争时期·下），浙江人民出版社 1985 年版，第 437 页。

② 《浙东各界临时代表会提案》，浙江省教育科学研究所编：《浙江革命根据地教育资料汇编》（上册），浙江教育出版社 1987 年版，第 93 页。

③ 《浙东各界临时代表会提案》，浙江省教育科学研究所编：《浙江革命根据地教育资料汇编》（上册），浙江教育出版社 1987 年版，第 94 页。

比较传统教育、国民政府的教育发生了方向性转变，从而转向新民主主义教育模式。

第三节　组织起来的教师和学生

为有效发展根据地教育，共产党及其领导的军队到浙东后根据浙东教育的实际情况，适当改善原有教育机构，逐渐成立教育行政机构。同时在正式的教育行政机构之外，根据地政权和教育行政部门还鼓励学校、教师、儿童在民主原则下组织起来，成立各类团体，把教师和学生发动、组织起来，进行自我管理、自我教育，为抗战和教育发展贡献力量。

一、教育会

镇海县龙山区教育会是较早成立的教育团体。1942 年 9 月 7 日，龙山区教育会开始筹备；18 日，教育会在镇海县龙山区庄黄晋正式成立。龙山区教育会是民主成立的，由教育界选举产生理事（开始时称“干事”），组成理事会。郑芳华、魏均平、胡立里、李健民、周幼卿等为理事；毛元菁、吴永禄、吴逸平、林青山、王鸿甫、应士钦、郑若谷、钟稼林等相继任理事，洪品高、黄荇之、王绥英等任专职理事。由理事会选举产生主任委员代表理事会日常工作，但重大事务均需由理事会商议决定。

理事会内设总务、教导、进修、联络、社教5个职能部门。下设4个小组：第一小组由宗文、善康、灵湖、养蒙、仁美（任家溪）等中小学组成；第二小组由筋竹、蓬山、施山、养正、养本、振文等中小学组成；第三小组由凤中、清溪、启文、雁门、思敬、演进、龙山、龙场、凤湖等中小学组成；另外有山南小组。各小组带有浓厚的各小学自己组织、自我治理色彩。

龙山教育会成立后，在恢复、发展该地的教育方面做了大量工作。一是教育会成立伊始就进行了区内教育情况的调查。1942年10月17至24日，各小组、干事去区内各学校调查校产和教师的情况，摸清了钱、人这两个重要因素的详细情况。二是对该区的教学活动起到了组织作用。如1943年6月第三小组的理事集体研究，统一了各学校的放假日期，对下学期的教师力量分配、调动做了规划，做了把演进小学改为凤湖中学附小的计划（该计划未能实现）。三是成立国文教材编纂委员会，积极进行新教材的编写工作。四是编辑出版了内部交流性质的会刊《龙山周报》，1943年3月18日刊出《时事研究》第一辑，由李健民主编；不定期出版《大众报》，由毛元菁、王伯暄、吴永禄编辑。五是组织开展了教学研究和教师培训工作，召开了4次小教研究会议。六是配合抗战做了不少工作。如1943年4月8日，教育会印发了反“清乡”向民众讲话大纲。七是在“凤中事件”和“演进小学事件”中支持校方反对反动力量的冲击。此外，区教育会还大力支持文教工作者协会的成立，1945年9月，余姚县梁弄区召开文教扩大会议，成立了梁弄文教工作者协会。黄士康为主任，宣作舟为常务理事。协会理事会设组织、总务、学术、宣传4个股，组织教师参加各种活动，对梁弄的教育发展起到了积极作用。

龙山区教育会虽然是一个教育界自治团体，但工作认真、制度规范。1943年6月，区教育会开始研究拟制《区教育会组织法》，期使教育会的各项活动有章可循，提高治理水平。在次年的四明特办第五次政务会议上，特办的教育行政机关专门把《区教育会组织章程》提交会议审议。鉴于教育会在根据地教育发展中起到的重要作用，1944年7月，四明地区在全区推进教育会的成立，决定“建立区教育会，作为小教对教育行政参议性质的团体，又为小教本身的斗争组织”①。这就清晰界定了教育会的性质和任务，教育会不是教育行政机构，区乡的教育行政事务由政府的文教指导员负责，教育会是教师、学校对教育事务的参政议政性机构，还是教师权益保护的自治性团体；其任务是对教育行政事务提出意见，对教育事务进行自我管理，保护自身权益。这充分体现了中共和根据地政权对教师、学校的尊重和爱护。

浙东行署成立后，鼓励教育会的发展。1945年1月，浙东各界人民临时代表会提出“建立各级文教会，并以文教会为核

---

①《四明山地区第二届行政扩大会议决议案》（节选），浙江省教育科学研究所编：《浙江革命根据地教育资料汇编》（上册），浙江教育出版社1987年版，第43页。

心，广泛吸收地方知识分子”[①]。教育会、文教会在全浙东地区得到普及。

二、教师训练班

对于浙东乡村教育来说，建立高素质教师队伍一直以来是一个难以解决的问题。近代以来，随着西方教育的传入和现代工商业的兴起，城市如同抽水机一样，把乡村知识分子吸引到城市，破敝的农村和低微的收入难以吸引知识分子投身乡村教育。具有较高文化素质并有奉献精神的知识分子，成为乡村教育发展的关键因素，近代梁漱溟、晏阳初等人发起的乡村运动主要目的之一就是振兴乡村教育。但毕竟城市、乡村二元发展成为现代社会发展的趋势，光靠外来知识分子的“进入”难以长久持续，必须要有本土知识分子的“内生”力量起主要作用，才能使乡村教育振兴得到良性发展。

在全面抗战之初，由于城市学校的解散和迁移，一些城市知识分子来到农村，其中一部分加入乡村教育中，起到了积极作用。中共在浙东建政后，继续采取吸引城市知识分子的政策。1942 年 7 月，谭启龙在浙东敌后第一次干部扩大会议上，要求“欢迎并爱护知识青年、文化工作者”[②]。鄞慈县在第一届文教会议上，决定“向沦陷区和大后方争取、动员”年轻知识分子来

---

① 《浙东抗日根据地文化教育事业简述》，浙江省教育科学研究所编：《浙江革命根据地教育资料汇编》（上册），浙江教育出版社 1987 年版，第 160 页。

② 谭启龙：《谭启龙回忆录》，中共党史出版社 2003 年版，第 202 页。

浙东加入教育事业，同时坚决实行“就地物色”和“积极培养本地半知识分子”的政策，具体标准是“具有抗日思想”“有进取性”“青年或热情之壮年”“有初中程度者”。[①]四明区署提出“改造农村，提高文化，小学教师是能起中心作用的”[②]。两者都认为要培育和充分发挥乡村知识分子的作用，并在根据地实行了系列措施。

经济基础决定上层建筑，浙东抗日根据地各级政权首先在政策上提高教师待遇。1944 年 6 月，谭启龙指示：“关于小教及知识分子，应急于组织并解决其待遇，要在财经项下尽量计划协助其解决。”[③]这个指示提出了两项制度性内容，一是把传统上“原子化”的教师组织起来，二是在财政设立专项资金以解决教师待遇。纵观浙东抗日根据地教育的发展史，这两项内容从始至终都发挥着作用。7 月，浙东临时行政委员会在扩大会议上明确提出“继续改善小学教育事业及教职员生活”[④]，使其成为浙东临时行政委员会的教育政策之一。根据地各级政府认真执行了这一政策，有的还规定了教师的最低薪金。1945 年 1 月颁布的

①《浙东敌后临时行政委员会鄞慈县第一届文教扩大会议会议录》，浙江省教育科学研究所编：《浙江革命根据地教育资料汇编》（上册），浙江教育出版社 1987 年版，第 127—128 页。

②《四明地区三个月来行政工作总结与我们今后还要做些什么》（节选），浙江省教育科学研究所编：《浙江革命根据地教育资料汇编》（上册），浙江教育出版社 1987 年版，第 35 页。

③《当前浙东敌后斗争形势与今后行政工作的方针与任务》（节选），浙江省教育科学研究所编：《浙江革命根据地教育资料汇编》（上册），浙江教育出版社 1987 年版，第 49 页。

④《浙东敌后临时行政委员会扩大会议圆满闭幕》，《新浙东报》1944 年 7 月 24 日。

《浙东地区施政纲领》也提出“改善各级学校教师的生活”的纲领。[①]这是因为中共和根据地政权深刻认识到“争取小教的关键，首在经济问题”[②]，只有首先解决好了学校的经济问题和教师待遇问题，才能为组织和改造教师思想，提高其政治思想水平打好基础。

客观来说，外来知识分子参加浙东乡村教育，大部分青年知识分子在极其艰苦的条件下安心工作、默默奉献，但有不少也是抱着一股激情来的，然其政治水平还难以适应抗战需要，大部分人的思想体系和共产主义、新民主主义还存在较大差距，不少人还抱有较强的“正统观念”。为此，浙东敌后临时行政委员会认为，“今后应（从）进行改造广大小教的思想着手，因此，对小教的思想领导是很重要的，并须善于运用行政力量辅助之”[③]。在浙东各界临时代表会上，有代表也提出：“为要切实实施新教育方针，教员本身必须改变其原来的封建观点，增强政治认识。”[④]因此，要通过培训、政治学习、组织化等方式对教育者进行再教育。

1942年夏天，中共刚进入浙东地区时，在鄞西和镇海县龙

---

①《浙东地区施政纲领》（节选），浙江省教育科学研究所编：《浙江革命根据地教育资料汇编》（上册），浙江教育出版社1987年版，第74页。

②《田井笔记（一年来政权工作总结）》（节选），浙江省教育科学研究所编：《浙江革命根据地教育资料汇编》（上册），浙江教育出版社1987年版，第77页。

③《一九四五年浙东地区施政方向草案》（节选），浙江省教育科学研究所编：《浙江革命根据地教育资料汇编》（上册），浙江教育出版社1987年版，第80页。

④《浙东各界临时代表会议提案》，浙江省教育科学研究所编：《浙江革命根据地教育资料汇编》（上册），浙江教育出版社1987年版，第92页。

山区就分别举办过“小教培训班”。鄞西举办的培训班是以“三青团鄞西区队”名义举办的，实际则由鄞西县委指派林中队的指导员徐婴担任班主任，周思义为县委代表指导工作。训练班总计50多人，分为4个分队，其中有党员或入党积极分子，计划培训时间为1个月。开设的课程有政治常识、哲学初步、民运工作、军事常识等，教授方式一改传统的单一灌输方法，采用师生讨论、教育与实践结合等方式。训练班过集体生活，师生平等，同吃同住，辅以军事训练。在培训进行了半个月左右时，训练班被郭青白盯上，他来训练班讲课，为了保护训练班的安全和让学生免受影响，训练班提前10天结束，但教师和进步青年仍得到一定提高，大部分学员被分配到鄞西各区做小学教师。

1942年5月，三北慈镇办事处在范市镇召开会议时，讨论召开“小教训练班”以培养中小学教师和失学失业的进步青年事宜，鉴于中共初到三北，决定以灰色面目出现。借用中共一位同志担任镇海县江北办事处副主任的身份，以“江北办事处”的名义举办。中共对“小教训练班”进行了周密规划。首先，对训练班做了精心组织领导。对外以“江北办事处”名义，中共慈镇工委实际领导，担任江北办事处副主任的李长来出面，中共同志分别承担总务、组织、宣传、文娱等工作。其次，参加训练班的学员以慈镇的党的外围群众和抗战积极分子为主，大部分出身贫苦，政治上倾向进步。最后，以“抗大”为办学样板，加强思想教育，秘密开展在训练班内的建党工作。

“小教训练班”的教学内容主要有5项：一是抗战形势与任

务，具体包括阐述抗日民族统一战线的内容和含义，介绍党领导下的抗日活动和八路军、新四军的抗战活动，揭露国民党反动派的消极抗日、积极反共行径，讲解毛泽东“论持久战”的含义。二是党在抗战时期的路线方针政策。三是讲授社会发展史，主要包括社会发展规律和社会主义代替资本主义的历史必然性。四是马克思主义哲学，主要包括辩证唯物主义基本原理，树立正确世界观、人生观的重要意义。五是开展农民运动的方法。讲课理论联系实际，由有实际工作经验的同志讲授，取得了良好效果。“小教训练班”进行了40多天，教师和进步青年在政治上、文化水平上提高很快，重要的是他们在党的领导下，在活泼紧张的集体生活中开始改变自己的工作和生活方式。在训练期间，伪军镇北保安团袭击了训练班，他们经受了考验，成为具有初步马克思主义思想的知识分子。毕业后，其中一部分分配到龙山区做了小学老师，成为教学的骨干力量。这次“小教训练班”成为对教师开展培训的滥觞。仅在1943年，龙山区就召开了3次“小教训练班”。具体情况如下：

表3.3-1 “小教训练班”情况

时间	人数	地点
1月19—31日	68	田央黄跳山庙——任家溪
4月5—7日	94	跳山庙——叶家祠堂
7月12日—8月2日	96	演进小学

在1943年的3次新教师训练中，受培训人数逐次上升，教师的思想政治水平也逐渐提高，从内心强化了集体主义意识。

但有些旧意识是根深蒂固的，在不少教师心中旧观念仍存，新思想未立。1944 年 7 月，四明地区在行政扩大会议上决定，要登记现办小学教师资格，驱逐坏分子，并吸收游击区与敌占区的小学教师，来加强根据地的学校教育工作；建立辅导制度与学校制度，并于必要时进行政治测验；办短期训练班或召开座谈会，来加强与小教的经常联系与教育。同时也提出“对小教的运用不能要求过高，工作简单化，使他们不易在恶劣环境下生存”①。鄞慈县第一届文教会议也对根据地的小教队伍做了认真分析，指出一些教师和青年知识分子“抗日民主的立场不明确，有的仅仅满足于消极的‘气节’，缺乏艰苦奋斗的朝气，这就是说缺乏真正的气节”。“尚有合法正统观念，限制了自己的进步，限制了抗日民主的活动。”“思想上保守，政治上不开展，以为可以趋向现实的跳出‘政治’圈子以外。”“尚有对群众、儿童都是敷衍的，不负责任者在，以为‘教书’就是为赚钱吃饭，他们削弱了我们的阵容、力量，阻碍了我们工作的开展。”“教育观点、思想方法上还改造得非常不够，于是形成生活散漫、组织不强、学习少、教育差、对群众工作和儿童抗日民主教育没有做到应有程度的不正现象，限制了教育上的效果。”这里从立场、思想意识、政治观点、教育观念、生活习惯等多个方面对教师队伍进行了深刻分析，指出其思想根源和表现形式，认为“要完成抗日民主教育的任务，要改造农民保守、

①《四明地区第二届行政扩大会议决议案》（节选），罗未央主编：《浙江革命（进步）文化历史文献选编》，浙江美术学院出版社 1993 年版，第 73 页。

散漫的落后思想，只有集中文教工作者的力量，组织领导核心，统一指挥，统一分配，否则，既不能形成文教工作者的抗日民主阵线，而且使小教工作者继续散漫下去，甚至腐化下去”。“要加强我们的文教阵线，发挥抗日民主的应有作用，一定要克服文教工作者明哲保身和为教育而教育的保守观念”，指出“文教工作者自己的组织不巩固，人权、财权则无法保障，因为敌伪顽需要的是‘统治’，是服从一党、一领袖、一个主义，既不允许你服从国家、民族、真理，也不会允许你服从教育、服从儿童。所以他们对任何人都是对立的，除非你变成他们的爪牙，因此文教工作者的组织，是完全保障自己的”，提出了集中教师力量、改掉落后保守旧观念、加强组织领导的任务。①

1945 年 1 月，浙东各界临时代表会议通过了《加强文教界统战工作的提案》，提出“过去对团结与教育广大小教虽有成绩，但以现有的成绩与现存的广大的人才而论，相差甚远。故今后必须加强这一部分工作”②。加紧建立各级小教联合会等教师组织，选送骨干教师和教育工作者去鲁迅学院文教系深造，而教师骨干深造回来又通过训练班大幅度提高广大教师的水平。

四明特办要求 1945 年春季开学前，各县必须开展一次小教训练，时间为一个星期，培训内容由特办文教科拟定。三北地

①《浙东敌后临时行政委员会鄞慈县第一届文教扩大会议会议录》，浙江省教育科学研究所编:《浙江革命根据地教育资料汇编》(上册)，浙江教育出版社 1987 年版，第 117—119 页。

②《加强文教界统战工作的提案》,《新浙东报》1945 年 7 月 27 日。

区的一个区于1945年2月举办了一次小学教师寒假研究会（实际就是训练班），把教师骨干在鲁迅学院学习的成果和经验向普通教师普及转化。对于在鲁迅学院深造的教师毕业返乡后，如何把他们学到的东西传授给广大教师，区署和教育会决定采取动员和主动报名的方式，把未参加冬学运动的一些教师组织起来参加培训研究，共有教师32名参加，占这个区未参加过鲁迅学院深造的教师的70%。

如何在短短10天的时间内取得好的效果？这就要精心设计培训内容。根据“六分政治，四分业务”的原则，培训内容由政治学习和业务学习组成。计划培训的前6天是政治学习内容：第一、二天由老师讲授第一、二次世界大战的国际形势；第三天采取辩论会形式对“战后世界是否还能避免战争”的议题进行自由辩论；第四、五天由老师讲授中国抗战形势；第六天进行小组辩论，然后得出结论。这6天，学员学习了毛泽东的《一九四五年的任务》、周恩来的《如何解决》等文章。但在辩论中仍有一些疑问未能解决，他们提出继续学习新民主主义理论的要求，培训班根据学员要求，选派政治水平高的老师，花了半天时间对毛泽东的《新民主主义论》进行了详细讲解，解答了学生的疑问。业务学习从第七天下午开始，对“常增祥教学法”[①]进行了系统学习，随之开展讨论，联系自身对教学中的一些作风和方法进行反思。第八天上午进行“一九四五年的小

① 常增祥是抗战时期陕甘宁边区的“教育英雄”，他的教学法结合农村生产生活实际，取得良好效果。

教任务”的学习，下午针对生产教育和成人教育进行讨论，由县委领导同志进行总结讲话。因山南地区形势发生变化，培训研究提前结束。

从这个培训可以看出，训练班机构简单、形式灵活，培训内容突出政治，而又结合业务知识，“两张皮”结合紧密，适合乡村教师的实际；生活集体化，作风战斗化，从思想、习惯上把教师组织起来。事实证明，这种培训对教师的组织化起到了催化作用，使他们在日常教学中脱离了传统的个人独立教学方式，习惯于组织化教育方式。如 1945 年 4 月，龙山区教育会第五组的小学教师组成小组学习，讨论教学和生产结合问题；龙山区教育会第四组的教师经过讨论，每人出资入股组织了一个合作社，生产毛巾等物品，还组织消费合作社，后来合作社推广到了全龙山区。

在抗日战争即将取得胜利之时，浙东行署文教处于 1945 年 7 月，发出《关于暑期小教集训工作的指示》，决定在 1945 年暑假大规模进行小教培训，以此作为“最中心的工作，作为推动今后全盘义教工作的关键”[①]。这次小教培训的总方针是“从政治上的启发与思想上的教育以及工作上的实习，使他们获得新观点、新方法，激发为人民服务、和人民打成一片的精神来领导与执行文教新方针，并应为其适当解决今后工作与生活上的具

①《浙东行政公署文教处关于暑期小教集训工作的指示》，浙江省教育科学研究所编：《浙江革命根据地教育资料汇编》（上册），浙江教育出版社 1987 年版，第 301 页。

体问题，来达到初步改造与继续团结他们的目的”[①]。这次大规模培训以县为单位，要求在暑假中集中3周到40天的时间培训。培训内容设置继续之前培训的经验，政治学习至少占60%，以国际国内形势、“中国问题的关键”和“知识分子的改造与为大众服务的文教路线”3个议题为主要学习内容；业务学习则以“文教工作上的两条路线——人民路线与反人民路线及对于传统教育的检讨，教育情况的调查研究及改革的适当步骤和具体办法”[②]为主要内容。这次集训不仅是对浙东广大教师的政治、业务知识的提高，更为重要的是在集训过程中“发现和运用受训人员中的积极分子”，培养文教干部，以及“打定组织的基础”，“保障今后文教团体的发展与巩固，生活、工作与学习之改进与健全”。[③]也就是在新民主主义教育方针的指引下，把广大教育工作者团结起来、组织起来，为浙东乡村教育的发展奠定人事和组织基础。从历史的发展来看，虽然因抗战的迅速胜利和党中央对浙东布局的影响，在解放战争时期，因局面艰苦浙东小教的培训未能继续，但教师的组织化和培训模式在中华人民共和国成立后立即得以延续和发挥作用。

---

①《浙东行政公署文教处关于暑期小教集训工作的指示》，浙江省教育科学研究所编：《浙江革命根据地教育资料汇编》(上册)，浙江教育出版社1987年版，第301页。

②《浙东行政公署文教处关于暑期小教集训工作的指示》，浙江省教育科学研究所编：《浙江革命根据地教育资料汇编》(上册)，浙江教育出版社1987年版，第302页。

③《浙东行政公署文教处关于暑期小教集训工作的指示》，浙江省教育科学研究所编：《浙江革命根据地教育资料汇编》(上册)，浙江教育出版社1987年版，第302页。

三、学生组织

在传统教育体系中，未成年（儿童）学生只是作为被教育的对象而存在。但中共和根据地政权不仅仅把儿童看作受教育一方，而是把他们看作能动的主体，而且在共产主义理想中，儿童居于共产主义事业接班人的地位，代表着未来，所以在教育中，儿童应成为组织起来的、有理想的接班人队伍。

在全面抗战初期的政工队中，中共党员就注意发挥儿童的力量，把他们组织起来。如 1938 年 9 月，慈溪县政工队组建了“儿童服务团”，并制定了规章制度。中共地下党员在余姚县临山镇的凤山小学建立了“少工队”，开展抗战宣传等活动。但这些儿童组织大多昙花一现，没能坚持下去。

1944 年 10 月，浙东第二届文教会议确定了儿童组织的方法，规定：“训育须采取集体检讨、竞赛、奖励、个别谈话、耐心说服等方式，提倡为民族为大众的新英雄主义，教师需与儿童订立公约。关于每周中心训练事项，亦依据实际需要与儿童身心规定其范围，为纪律、整洁、勤学、劳动、集体观念、民族气节等。”① 这是儿童组织的纲领性文件，浙东学校的儿童组织就是按照这个原则进行的。浙东敌后临时行政委员会明确提出，要“改造学校儿童自治组织，培养儿童的集体民主精神与劳动

① 《第三届浙东文教会决定新的文教方针》,《新浙东报》1944 年 10 月 11 日。

观点”[①]。在根据地的各小学中，逐渐建立起儿童团组织。

武陵区的一个乡中心小学中的儿童团组织是一个可供分析的样本。如儿童团的组织体系是一个包括学习、宣传、娱乐等功能，儿童自我管理、互相帮助的组织。

> 儿童组织和活动：为了加强儿童组织力，学校里成立了一个儿童团，由儿童团产生俱乐部，下设墙报委员（如定期出版墙报、快报、挑应战、看谁成绩好等，以培植儿童写作能力，掀起学习的热潮）、文化娱乐委员（以娱乐形式提高学习兴趣和帮助记忆，时常举行娱乐晚会、问答会，多方面地来施以反复的教育）、学习委员（领导全校学习组长进行学习，里面有一个读报组，讨论问题由他们自己来想，并随时征求对每一教师在教学上发表批评与意见，发扬民主作风）、生活委员（生活制度的执行，整洁工作的检查）、生产委员（将年龄较大、对生产有兴趣之儿童，组成生产小组，以培养他们劳动观念）。[②]

根据武陵区红岭儿童团的情况，这个儿童团有团员 62 人，

① 《一九四五年浙东地区施政方向草案》（节选），浙江省教育科学研究所编：《浙江革命根据地教育资料汇编》（上册），浙江教育出版社 1987 年版，第 80 页。

② 施庄：《一个改造教育的新计划》，浙江省教育科学研究所编：《浙江革命根据地教育资料汇编》（上册），浙江教育出版社 1987 年版，第 89 页。

分为2个中队，每个中队有3个小队。这说明儿童团组织是一个纵向的组织体系。红岭儿童团在每天晚上进行识字学习，这表明文化学习是儿童团的基本功能；同时他们还不定期进行时事学习，这说明政治性内容也是儿童团学习的范畴。另外，儿童团的基本活动还包括生产，根据武陵区这个乡中心小学儿童团的情况看，“儿童社教队与小生产队，是通过儿童关系的校外活动，并且预备在某一时期来一个工作竞赛，选举几个模范小先生”①。红岭儿童团也是如此，他们通过劳动换取学习使用的铅笔、笔记本等物品。这表明儿童团还承担了教育和劳动相结合的实验。

儿童团的管理自然离不开学校有关机构和老师的指导，但在运行中也试行儿童的自我管理。武陵区这个乡中心小学的儿童团是这样的情况：“由儿童团订立的儿童公约，是管束儿童最有力的东西，如有触犯者，予以教育说服，或举行公审，由许多儿童提出意见和批评，并随时进行个别的思想教育。儿童成绩考查，以其创造力、生产力、活动力为标准，注重其平日表现。多开生活和学习检讨会，以发扬友爱精神与虚心态度。”② 红岭儿童团则是这样：“小孩子本来最会争吵，打架是常有的事。儿童团成立后，争吵也还存在。经先生几次解说都无效，后改用自

---

① 施庄：《一个改造教育的新计划》，浙江省教育科学研究所编：《浙江革命根据地教育资料汇编》（上册），浙江教育出版社1987年版，第89—90页。

② 施庄：《一个改造教育的新计划》，浙江省教育科学研究所编：《浙江革命根据地教育资料汇编》（上册），浙江教育出版社1987年版，第90页。

我批评的方法，各人在大众面前进行反省，骂人、撒谎、破坏作物，甚至偷藕等坏事，都坦白了出来，并表示决心改正。这样才把他们相互间的成见完全消除，争闹得最激烈的转变为最友爱的了。”①

在实际中，儿童团的活动在逐步扩展，武陵区的这个乡中心小学儿童团是这样的：

> 在假期里，调查当地生产、风俗、民情、地形，使儿童参加到实际工作中去，以熟悉周围环境，并与各校建立通讯网，相互做生活与学习的报道。
>
> 为了使家长们深切了解这一改造是为了他们自己，除在文字上宣传外，并召开一次家长士绅座谈会，加以详细解释说明。
>
> 在整个社会教育工作上，他们的计划是：一、通过儿童社教队、小先生队教育成人和失学儿童；二、经常领导当地俱乐部；三、出版墙报、黑板报；四、组织民众识字班、读报组；五、举办短读班，教育生产队员；六、与各校取得密切联络，交换工作经验，并进行教师本身的学习。
>
> 为要使这个计划贯彻到实际工作中去，每一个教师，除在这一新道路上加紧自己的学习外，并应在思

①《红岭儿童团》,《新浙东报》1945 年 5 月 28 日。

想上打下为群众服务的决心，解除先生的架子，主动地深入到群众中去，在解决民众困难与生产关系中进行社教工作。[①]

儿童节是儿童的节日，也是儿童团活动的一个标志。1945年3月，浙东行署专门召集全区学校代表研究庆祝儿童节事宜。作为根据地的最高行政机构，浙东行署在繁忙公务中专门召开这样一次会议，显示出中共和根据地政权对儿童的关怀。会议研究后决定儿童节庆祝活动包括儿童本身活动和社会活动。“本身活动，规定为儿童唱歌比赛、演讲比赛、健身操比赛、爬山比赛、侦察比赛等，由各校自行选举一种或两种；社会活动方面，拟发动儿童慰劳驻军及举行穷苦失学儿童与学校儿童交欢会等。”[②] 当时儿童节日期是4月4日，在儿童节当大，全区各地普遍举行了庆祝儿童节的活动。四明专署所在地的儿童节庆祝大会上，罗白桦专员亲临参加，文教处领导讲话，向儿童做了生动的抗战报告，儿童高呼“拥护民主政府”口号，大会气氛十分热烈。儿童代表也在会上进行了演讲。之后，专署社教队开始进行《通州血案》新剧演出，演出持续到了晚上。梁弄镇的儿童节活动更为丰富，当时《新浙东报》报道：“本月四日梁弄镇儿童节庆祝大会，山镇中心小学生（　）举行，上午纪念

① 施庄:《一个改造教育的新计划》，浙江省教育科学研究所编:《浙江革命根据地教育资料汇编》(上册)，浙江教育出版社1987年版，第90页。

②《筹备庆祝儿童节》,《新浙东报》1945年3月30日。

会，并表演刺枪等，下午举行爬山比赛，参加儿童一百五十五人，顶点在（　）镇第九洞天山上。”①

作为教育的最活跃因素——教师和学生被组织了起来，学制、教材、教学等方面的改革有了执行者，浙东抗日根据地的普通教育得以真正“转型”。

①《各地同庆儿童节》,《新浙东报》1945年4月11日。引文中“(　)”为原文空缺。

第四章　全面发展的干部教育

根据“干部教育重于群众教育”的方针，浙东抗日根据地对干部教育十分重视，设立了各种干部学校，对党员干部、战士、进步青年进行教育，提高他们的思想政治和文化水平。由于在土地革命战争时期，浙东没有巩固的革命根据地，革命力量薄弱，干部教育的开展也相对落后。全面抗战时期，各类干部教育全面发展，取得了很大成效，为抗战和根据地发展培养了一支高素质的干部队伍。需要指出的是，因为浙东抗日根据地是党领导建立的敌后抗日根据地，根据地政权高度精简合一，所以党政军教育的一些内容不免有重合之处。

第一节 党员教育

中国共产党是一个具有先锋队性质的政党，一直强调党员不仅要组织上入党，更要思想上入党，十分重视党自身的教育。在实际工作中，党是领导一切的，在各权力主体中居于中心地位；在革命时期，党员大部分是农民出身，政治、文化水平偏低，因此要大力加强党的教育工作。同时，对于浙东地区来说，它是国民党统治的核心区域之一，国民党的影响比较大，“国民党的文化政策：一般是在 C.C. 的反动统治下”[①]，群众心目中存在较强的正统观念。因此，对这样环境中的党员干部必须进行严肃认真的教育。

全面抗战初期，中共在浙东地区就进行过党员教育活动。1941 年，中共在《浙江省抗战二年来工作总结草稿》中指出，抗战以来“开办了一些训练班，也利用会议和个别谈话教育了干部和党员，增进了他们对党的认识，提高了他们的工作能力。进行了一些党员的文化教育”；但仍存在着“宣传教育工作没有明确计划，因之缺乏系统性”，“理论教育与实际教育的配合

① 《浙江省抗战二年来工作总结草稿》（节选），浙江省教育科学研究所编：《浙江革命根据地教育资料汇编》（上册），浙江教育出版社 1987 年版，第 6 页。另注：C.C. 为“中央俱乐部”的简称，指国民党内部以陈果夫、陈立夫为代表的政治派系，主要分布在国民党的党务部门。

差”，“党员的文化教育进行不普遍、不经常”等问题，[①] 这表明在党员教育方面还有很多工作要做。

1942年，浙东抗日根据地开始创建，中共从一开始就十分重视对党员的教育工作。1943年2月，浙东区党委要求“加强干部党员的教育”，具体方式是“依据各地环境决定自己的教育方针与计划，一般地讲，干部教育可开办短期县区级训练班组，但主要在于组织在职干部学校，一般党员教育以提高党性教育及一般的政策教育为主”。同时针对新党员，提出“主要教以‘怎样做一个共产党员’、党员气节等，要做到每个党员能为党工作，而不是挂名的党员”[②]。9月22日，区党委又通过了《关于长期坚持浙东斗争的决定》，指出要“加强全党思想上、政治上的教育与对组织上的认识”，对党员教育工作提出了详细要求，并有针对性地要求“加紧新同志教育训练”。[③]1943年春，张凯在《目前形势和我党总的方针任务及对浙东工作的意见》讲话中，强调了“干部决定一切”的重要性，“要求全体干部加强政策的研究，进行整风的学习和党性的锻炼”。[④]

①《浙江省抗战二年来工作总结草稿》（节选），浙江省教育科学研究所编：《浙江革命根据地教育资料汇编》（上册），浙江教育出版社1987年版，第6—7页。

②《我党我军在浙东地区今后的一般任务》，杭州大学历史系、浙江省档案馆编：《浙江革命历史档案选编》（抗日战争时期·下），浙江人民出版社1985年版，第139页。

③《浙东区党委关于长期坚持浙东斗争的决定》，杭州大学历史系、浙江省档案馆编：《浙江革命历史档案选编》（抗日战争时期·下），浙江人民出版社1985年版，第25页。

④《目前形势与我党总的方针任务及对浙东工作的意见》，杭州大学历史系、浙江省档案馆编：《浙江革命历史档案选编》（抗日战争时期·下），浙江人民出版社1985年版，第91页。

一、党员训练班

随着浙东革命形势的迅猛发展，党员人数和党组织也快速扩大，提高党员的思想政治和文化水平成为摆在区党委面前的一个紧迫问题。同时，在1943年1月12日，华中局要求浙东区党委在国共关系缓和的背景下，“一切组织形式与工作方式，均应采取隐蔽灰色的方式进行。不用新四军番号，不可用民主根据地的一套办法，如政权、群众及财政、税收等，只可采用适应国民党敌后的各种灰色组织形式与隐蔽方式去进行”[①]。采取“灰色隐蔽”政策，既要充分运用好党的抗日民族统一战线政策，团结社会各阶层，广交朋友，又要提高党员的政治思想素质，在复杂的斗争中保持清醒头脑、站稳脚跟。为提高党员干部的思想政治水平，区党委次月就在其驻地姚南县杜徐村举办了第一期党员干部训练班。训练班由曾在中央党校学习过的谢飞担任主任，由从华中局调来的巴一熔担任指导员。学员有44人[②]，大部分是区委委员，主要来自三北、四明和诸义东地区，少数来自台州、会稽、浦东，甚至浙南乐清，大致根据地区分为3个组。区党委对这次训练班十分重视，在开学时，区党委和

① 中共浙江省委党史资料征集研究委员会、浙江省档案编：《浙东抗日根据地》，中共党史出版社1987年版，第67页。

② 另据《浙东抗日根据地革命文化大事记》1943年6月条的记载：“每期学员60人左右。”浙江省新四军历史研究会浙东分会编：《浙东抗日根据地文化教育专辑》，内部资料2009年版，第53页。

浙东纵队司令部主要领导亲自参加典礼。谭启龙做了重要讲话，向学员介绍了国际、国内形势，指出训练班的性质和任务，对学习提出严肃要求。

训练班的课程主要包括：哲学、中国革命和根据地建设、党的建设、统一战线、群众工作、军事及锄奸工作等。教师阵容“豪华”，区党委和浙东纵队的主要领导谭启龙、张文碧、张凯等亲自授课。讲课理论联系实际，结合浙东区的生动案例进行教学，鼓励学员展开热烈讨论。除了课堂教学，还有现场教学和实地调研，如梁弄战役结束后，训练班组织学员到现场观摩，军事教员进行了讲解，学员们看到战场的残酷景象后心情沉重，印象深刻，坚定了阶级立场。训练班进行了 3 个月后结束，大多数学员毕业后回到原地区、原单位工作。

二、党员学习培训制度

之后，中共在各级党的系统中建立党员学习培训制度。1943 年秋季是浙东抗战的艰苦时期，国民党顽固派不断制造摩擦，共产党及其领导的军队被迫进行了第二次反顽斗争，剿灭了三路纵队的进攻。在紧张的反顽斗争中，浙东区党委没有忘记对党员进行教育训练。1943 年 10 月 27 日，区党委对冬季工作发出指示，在党员教育方面要求“地方应抓住区级县级以上干部一直至区党委为止的干部，组织与领导热烈的学习运动”。把学习好不好作为好党员评定的标准，“在今年的冬季中把自己的学习作为考验自己工作的标准之一，凡不很好学习的，就不是好党员好干部”。并对学习内容做了规定，对不同级别、情况的党员干部的学习着重点做了规定，提出学习的标准，“首先要将今年七月以来中央所发的几个主要文件加以深刻的研究，以大大提高对当前形势的认识，坚定斗争的胜利信心，提高对党的基本政策及各项具体政策的了解与实际运用的能力。营级县级以上干部，应该把研究这些文件与整风及加强党性学习联系起来。此外对于新参加我党我军的群众团体工作经验与政治水平低落（下）的干部，应加强时事政治学习，以提高其对当前形势的认识与对我党我军的信仰为主要内容，对文化水平很低的新涌现出来的农会自卫队干部应加强其阶级教育，提高其文化水平为学习的主要内容”①。按照区党委的指示，区内各级党的机构在紧张的第二次反顽斗争中，利用这个冬季组织党员进行了认真的学习培训，各级党委制定学习培训的详细方案，严肃督导，取得了良好效果。

从1943年春起，日伪日益加紧了对浙东的“蚕食”和“围剿”，“在三北，敌伪一年来增设的据点已有四十七个之多，杭甬公路已经通车，三北公路正在修筑。由于据点的增多，公路的修复，敌伪在军事上增加了许多新便利，兵力调动比前容易，

①《浙东区党委关于今年冬季工作的指示》，杭州大学历史系、浙江省档案馆编：《浙江革命历史档案选编》（抗日战争时期·下），浙江人民出版社1985年版，第124—125页。

使我军的活动地区受到敌伪的限制与阻挠”①。面对这种紧迫局面，4月，谭启龙认为在党的教育方面，“政治工作和政治教育应提高到极其重要的地位”。政治教育的主要内容是“鼓励全党全军以及各阶层人民的斗争意志，具体地给他们以精神上的鼓励，给他们坚定的意志，给他们以斗争的决心，给他们以克服困难的方法和勇气，给他们以对于革命胜利坚强的信心”②。8月14日，谭启龙又在三北地委会议上做了重要讲话，认为党在一段时间以来的“工作中还有些毛病”：一是“我们的指示和领导布置上的毛病”；二是“工作中心还把握得不够紧”；三是“对政策的了解与把握还是不够的”；四是领导上多是“一般的号召而缺乏个别的具体的指导”；另外还有军事上的问题。③为有效解决这些问题，他要求各级党组织、党员提高领导水平，加强党员教育工作。他提出在当年秋后，“应举办一些支部干部的（培）训班，同时更进一步地了解他们，将问题弄清楚。能够打通工作，好的有希望的支书可吸收参加区委会议，一方面培养干部，另一方面可加强与推动工作”④，目的就是通过培训提高干部水平，发现后备干部，推动工作开展。这样有目的、有准备

① 谭启龙：《目前政治工作的主要一环》，杭州大学历史系、浙江省档案馆编：《浙江革命历史档案选编》（抗日战争时期·下），浙江人民出版社1985年版，第163页。

② 谭启龙：《目前政治工作的主要一环》，杭州大学历史系、浙江省档案馆编：《浙江革命历史档案选编》（抗日战争时期·下），浙江人民出版社1985年版，第164页。

③《谭启龙在三北地委会议上的指示》，杭州大学历史系、浙江省档案馆编：《浙江革命历史档案选编》（抗日战争时期·下），浙江人民出版社1985年版，第238—240页。

④《谭启龙在三北地委会议上的指示》，杭州大学历史系、浙江省档案馆编：《浙江革命历史档案选编》（抗日战争时期·下），浙江人民出版社1985年版，第249页。

的培训是颇有效果的，这在一个基层支部的短期训练班上有集中表现。1944 年秋季，一个区的支部因为成员普遍年纪小，参加党的教育培训少，工作上困难很大。上级党委组织了一个 8 天的短期培训班，并派人进行指导、讲课，根据培训对象的情况对培训内容和形式做了精心准备。除了讲课，还采用讨论会、答疑会、漫谈会等形式，鼓励学员联系工作实际，对照讲课中提出的先进党员标准进行自我省识、自我批评。同时通过组织临时支部，进行集体生活，深入群众，增强了学员的团结意识、阶级友爱精神和宗旨意识。

三、整风运动

整风运动是中共历史上一次重要的马列主义教育运动。1942 年，中央决定开展整风运动，并在陕甘宁和其他革命根据地开始进行。浙东抗日根据地由于建立晚，斗争形势也比较紧张，所以一直到 1944 年秋季反顽自卫战役胜利后，才布置开展整风运动。

9 月，区党委召开第一次浙东纵队军政工作会议，区党委学习了中共中央关于整风运动的文件，研究后决定开展整风运动。谭启龙代表浙东区党委在会议上讲话，提出“必须争取时间进行整风审干运动”，认为这个运动“是我党思想上的革命，是改造思想方法彻底转变全党作风的武器，是党从思想上政治上组织上进一步巩固及部队战斗力量进一步提高的武器，也是加强全党全军团结，完成一切任务的保证”。他特别指出，“浙东各单位党的党员及干部，最（极）大多数是在抗战后尤其是最近二年来发展和提拔起来的，在成分上农民和一部分知识分子及旧军队过来的占多数，一般的对革命与自己任务认识不够。党内思想斗争和思想意识的锻炼很差。真正无产阶级产业工人及经过长久斗争锻炼的老的骨干很少，有些老干部也由于长期处于分散环境下，学习与思想意识的锻炼也不够，许多老干部之间的关系也不能最好地协调一致。由于部队六年来处于长期分散的、游击战争的、统一战线的环境下，干部缺乏认真研究文件和学习的习惯，党外许多非无产阶级的意识甚至地主资产阶级的思想意识，很容易反映到我们党内和干部中来”。[①]同时也指出了浙东的具体情况，认为“应该创造适合浙东环境的整风办法”，在中央精神的指导下，创造性地开展整风运动。提出浙东的整风方式，“应该是在实际斗争中实际工作中的整风应重于集中训练的整风，整风的主要对象首先应以军队营一级以上干部、地方上县一级以上干部为中心，必须抓住先整上、后整下、先整大、后整小、先整己、后整人的方针，求得突破一点，造成全面整风的基础”[②]。采取“集中训练”方式，在之前经验基础上开办党员干部训练班，先针对浙东区的中高级干部进行整风，

①《目前形势与我军今后的任务》，杭州大学历史系、浙江省档案馆编：《浙江革命历史档案选编》（抗日战争时期·下），浙江人民出版社 1985 年版，第 339—340 页。

②《目前形势与我军今后的任务》，杭州大学历史系、浙江省档案馆编：《浙江革命历史档案选编》（抗日战争时期·下），浙江人民出版社 1985 年版，第 341 页。

然后以上率下，使整风成效惠及全体。

按照第一次军政工作会议的精神，经过一段时间的筹备，1945 年元旦，区党委举办了以“整风”为主题的党员训练班。本计划拿出 2 年时间开展 4 期训练，每期培训 100 名左右党员干部，把全区中高级干部全部培训完；实际则因革命形势的变化只举行了 1 期。训练班开始在梁弄开班，后转移到横坎头。学员包括军政两方面的党员干部，地方上主要是四明、三北、金萧、三东等地和宁波地下党系统的县区级以上党员干部，军队方面主要是纵队司令部、政治部和三支队、五支队、金萧支队、三北自卫总队营连级以上党员干部。

训练班的领导机构精干，主任由区党委书记谭启龙兼任，副主任涂峰主持工作，邱子华任副主任。下设组织、总务两科，副主任邱子华兼任组织科长，邱子华牺牲后由苏岗接任，苏岗调走后由吴明仲接任，夏子明任总务科长。同时设立干部审查委员会，由张文碧兼任主任，涂峰任副主任，成员还有苏岗、吴明仲、严永洁、戈冰（高扬）等。训练班设学员支部，戈冰（高扬）担任支部书记，周友珊担任副书记，林晖、傅志萍、黄辉担任支部委员；支部下设 6 个党小组。

这次党员干部训练班的主题是整风运动，所以整个学习都围绕着整风进行。根据中央关于整风运动的要求和步骤，6 个月的学习过程分为 5 个阶段，分别是：学习文件，精读经典；联系实际，自我反省；检查交代，开展批评与自我批评；撰写自传，小组鉴定；审查干部，组织鉴定。第一个阶段进行的是学习中央规定的22个整风文件，分3个单元进行。第一个单元主要学习毛泽东的《改造我们的学习》和中宣部1942年下发的2个文件——《关于在延安讨论中央决定及毛泽东同志整顿三风报告的决定》《关于在全党进行整顿三风学习运动的指示》，目的是解决学员的学风问题。第二个单元主要学习毛泽东的《整顿党的作风》《〈农村调查〉序言》等文章，主要目的是解决在党员干部中存在的官僚主义和教条主义问题。第三单元主要是学习毛泽东的《反对自由主义》、刘少奇的《论共产党员的修养》和中央《增强党性的决定》等，主要目的是使学员树立坚定的党性观念。单元学习采用老师讲解和学员自学相结合的方法。老师简要阐释文件精神和毛泽东等同志文章的思想内涵，鼓励大家对学习材料进行精读，认真思考，吃透文件精神。通过文件学习，大家普遍对中央精神有了较为深入的了解。第二阶段，大家根据整风文件精神联系实际，发现了大量在工作、生活中存在的问题，有主观方面的，也有不少客观方面的。这就产生了迷惑和不解，学员的情绪也有了波动。有的学员认为一些同志的思想品质和工作作风存在问题，有的认为党在领导上也存在一些问题，有的学员的批评意见还比较尖锐。区党委和训练班的领导认为，对这些现象和问题不要匆忙下结论，要展开充分讨论才能分清是非。于是在各队中展开了谈论和辩论，同时在讨论中注意引导、打通思想，指出整风的正确态度应该是中央所讲的“惩前毖后，治病救人”，党在领导上存在的问题只是支流而非主流，应该严于律己、宽于对人，用党员标准严格要求自己，认真审视和反省自己的缺点、错误。经过这个阶段就到了第三阶段，即“检查交代”阶段。在这个阶段，学员对自身存在的官僚主义、形式主义、教条主义和党性不强、搞自由化等方面的问题，在不同层次的会上进行检讨，由组织和学员进行评判，进行严肃的思想斗争。在个人检讨阶段，有的学员因为历史、出身等方面的问题心中有顾虑，放不下面子。按照谭启龙在布置整风运动的要求中讲的“整风运动的内容，主要应着重学风的深入研究，检讨思想意识与思想方法”[①]。主持工作的涂峰副主任专门做了一次讲话，针对这些问题阐明中央和区党委的态度，使学员放下包袱，真正掌握了批评和自我批评的武器。第四阶段主要是撰写自传，交党组织鉴定。自传内容包括出身、参加革命前的学习及工作经历、参加革命的动机、参加革命后的经历、革命中遇到的重大事件、有无投降或向党隐瞒的事情、自我鉴定等。每个学员的自传均应送交党组织通过，接受组织审查。第五阶段是党组织通过调查研究，对全体学员进行鉴定，做出正式结论。对于第四阶段和第五阶段，浙东区党委从一开始就十分慎重。1944 年 10 月，谭启龙在浙东军政会议上就提出：“关于审干工作，目前应积极在思想上、组织上做准备，应以整风作为审干的基础。”[②] 因为浙东区整风运动开展的

①《目前形势与我军今后的任务》，杭州大学历史系、浙江省档案馆编：《浙江革命历史档案选编》（抗日战争时期·下），浙江人民出版社 1985 年版，第 341 页。

②《目前形势与我军今后的任务》，杭州大学历史系、浙江省档案馆编：《浙江革命历史档案选编》（抗日战争时期·下），浙江人民出版社 1985 年版，第 342 页。

时间相对于其他抗日根据地较晚，有条件认真吸收其他革命根据地整风运动的经验教训，避免其中可能发生的偏差。这期训练班使全区党员干部骨干受到一次马列主义的教育，在思想政治、工作作风、理论学风方面得到了长足提高；提高了全体学员的党性观念，使他们真正理解了党的先锋队性质，提高了他们的群众工作水平；改造了学员的世界观、人生观，使他们真正成为一名共产主义战士。6 月底训练班结业后，区党委留用了一批学员，其他学员返回原地区、原单位继续工作。

7 月，本应按照原计划进行第二期训练班，但因抗日战争形势的迅速发展，区党委没有精力及时举办训练班。后因新四军的北撤，浙东区党员训练班未能继续开办。

第二节　干部教育

在全面抗战初期，中国共产党坚持抗日民族统一战线，在坚持抗战的同时十分重视对干部的教育培训，认为这是开展抗战的必要条件。中共“开办了一些训练班，也利用会议和个别谈话教育了干部和党员，增进了他们对党的认识，提高了他们的工作能力”。但由于这一时期中共没有巩固的根据地，不掌握政权组织，因此整体上“干部教育制度还未认真建立起来”。[①] 随

①《浙江省抗战二年来工作总结草稿》（节选），《浙江省革命根据地教育资料汇编》（上册），浙江教育出版社 1987 年版，第 6—7 页。

着根据地干部教育实践的丰富，对干部教育的目的认识日益深入，干部教育的方法和制度也日益成熟，中央认为在干部教育上要“彻底抛弃教条主义内容和教条主义方法，但也要防止和反对经验主义内容和经验主义方法”，指出除文化和专业技能外，“尤其注意新的人生观的培养，使每个干部具有为人民大众服务的无限热情和向人民大众学习的真正决心”。[①]浙东区党委和根据地政权认真贯彻党中央关于干部教育的精神，根据浙东的具体情况，创造性开展干部教育工作。

一、干部训练班

浙东抗日根据地创建之初，因为处于复杂、尖锐的环境中，“顽固派在浙江敌后广大地区仍保有相当强大的军事力量，保有大部分地方政权，以及深厚的社会基础”[②]。1942 年 7 月 18 日，谭启龙在浙东敌后第一次干部扩大会议上提出“加强全党及干部中之策略教育”[③]。1943 年 10 月，区党委提出“加紧教育学习”，“地方应抓住区级县级以上干部一直至区党委为止的干部”，“对文化水平很低的新涌现出来的农会自卫队干部应加强

① 罗迈：《开展大规模的群众文教运动》，教育科学研究所筹备处编：《老解放区教育资料选编》，人民教育出版社 1959 年版，第 36 页。

② 谭启龙：《目前国内外形势与我党发展浙江敌后游击战争建立根据地的方针》，中共浙江省委党史资料征集研究委员会、浙江省档案馆编：《浙东抗日根据地》，中共党史资料出版社 1987 年版，第 29 页。

③ 谭启龙：《目前国内外形势与我党发展浙江敌后游击战争建立根据地的方针》，中共浙江省委党史资料征集研究委员会、浙江省档案馆编：《浙东抗日根据地》，中共党史资料出版社 1987 年版，第 35 页。

其阶级教育，以提高其文化水平为学习的主要内容”。[①]

1943 年，姚南县就举办了群众干部训练班，对基层乡村干部进行培训，使他们在反顽斗争、开展生产等方面发挥了积极作用，县政府也取得了培训经验。之后，姚南县在 1944 年夏秋之际又举办了一次群众干部训练班。1944 年 6 月，浙东临时行政委员会专门针对乡村行政人员举办短期训练班。训练班名额为 30 人，由各县、乡推荐人员，培训时间为 1 个月。教育内容为：“（一）新中国建设问题。（二）乡村行政工作。（三）乡村民主建设问题。（四）各种民主政策。（五）乡村生产运动问题。（六）时事。（七）行政人员的修养。”[②] 培训结束后，各人员由行委会分配到各乡镇基层工作，为基层行政注入了新鲜血液。

11 月 20 日，姚南县第三届群众干部训练班开学。由于有了前两次培训的经验，这次培训的人数竟突破了 150 人。在开学典礼上，四明地区和姚南县的领导参加，其他县还发来贺信。县办主任讲了培训的意义是进一步提高基层干部的素质、完成冬季三大任务，要求“各干部在训练之后，要完成三大具体任务：（一）要加紧生产、组织打猎队，消灭生产敌人。（二）要彻底普及民主建设工作。（三）开展冬学运动，使每个百姓都能明理

①《浙东区党委关于今年冬季工作指示》，杭州大学历史系、浙江省档案馆编：《浙江革命历史档案选编》（抗日战争时期·下），浙江人民出版社 1985 年版，第 124—125 页。

②《培养民主政权干部　行委会办短训班》，《新浙东报》1944 年 6 月 8 日。

识字，使各方面都提高一步”[①]。四明特办的代表指出，抗战胜利必须依靠大家的团结合作，参加培训的群众干部肩负着领导群众取得抗战胜利的重任，应好好学习，建设好四明地区。参加培训的群众干部代表也表态要认真学习，提高自己，干好工作。第三次干训班虽然时间不长，只有短短10天，但学习节奏很紧张，学员们学习积极性很高。他们认真学习了马列主义基本理论、党的抗战方针政策、生产建政办法、群众工作方法等基本知识，文化水平也有了提高。培训期间，很多乡镇向训练班捐钱、捐物或写信表示慰问，梁弄镇向训练班捐献了3500元，大岚乡捐献了一头猪。白鹿乡乡长写信说：“诸位都是我们大岚地方的优秀干部，这次赴县受训，虽然时间这样短促，但在各位教官热心训导之下，可以获得不少宝贵的学识，可以胜读十年书。希望你们把学与用联系起来，发挥你们的天才，做一个群众的英雄，把落后的大岚群众组织巩固坚强起来，成为浙东革命力量重要的一环。”[②]来信极大鼓励了参加培训的干部，学员们不仅认真执行训练班的规章制度，认真学习文件，展开热烈讨论，还提出争当学习模范的口号。29日，训练班结束，在结业会上，县办主任总结了培训取得的成绩，希望群众干部带着学习成果在今后的工作中做到三点：“第一以孙行者的办法，拔一毫毛变成千百个小猢狲的精神去带领群众，教育群众。第二

①《为完成三大具体任务姚南三届群众干训班学员参加踊跃超出原定名额》，《新浙东报》1944年12月5日。

②《姚南第三届干训班学习情绪高》，《新浙东报》1945年1月8日。

要消灭野猪，保卫生产，做到多种洋芋艿，防止明春饥荒。第三要发展民兵，巩固组织。”[①]部队代表传达了1945年的工作任务，“号召每个干部要团结五十个群众，组织一万个群众，发展×千个民兵骨干”[②]。会上颁发结业证书，并对这次培训的先进团体和学员做了表彰：大岚中队获“群众模范”，沿江获“学习模范”，梁弄镇获“研讨有力”奖旗；表彰先进学员9人。结业会上，学员们把各乡镇捐献的财物加上自己的捐款，一起捐给了后方医院。

1945年1月，浙东行署正式成立后，对基层干部的培训更加重视。为贯彻《浙东地区施政纲领》提出的“改造各级旧有行政机构”“厉行廉洁政治”等措施，立即召开乡镇干部培训班。3月16日，浙东行署举办成立典礼，同时举办乡镇干部训练班结业仪式，显示出中共和浙东行署对干部培训工作的重视。连柏生要求全区干部“更好地发扬为人民服务的精神，在四明山建设起一个模范民主政权，使四明的人民更多地享受到民主自由幸福的生活”；对乡镇干部，他特别提出“必须把以往做客的，只是同情、帮忙的态度转变为积极负责工作的态度，并勉励大家在结业后继续不断地到群众中去学习、考验，在思想上与实际工作上都要紧紧随着时代前进，使自己能更好地为人民服务，共同负担起建设新民主主义的新四明的任务”。四明地委领导要求“镇长回去后，应与各阶层商讨如何来完成任务，来

①《姚南群众干训班结业号召学员做到三点》，《新浙东报》1945年1月10日。
②《姚南群众干训班结业号召学员做到三点》，《新浙东报》1945年1月10日。

开展乡镇工作及改变旧的工作作风”。罗白桦专员专门对乡镇干部提出3点希望：“一、在工作中继续不断学习，并随时纠正学习中的不正确态度。二、回去后必须以新的工作姿态出现，来迎接新的形势，并且必须很好地研究毛主席关于生产的指示和华北华中的生产经验，以领导人民生产及亲自参加生产。三、必须研究怎样完成上级政府交下的任务，成为执行法令的模范。”①

四明地区认真落实浙东行署的指示精神，1945年9月，在《四明地区三个月宣教工作计划》中，提出“为了迅速打下坚持与开展浙东斗争的基础，今天应着重培养乡以下的基本群众干部，在思想上政治上提高他们，并提高他们掌握政权、武装及群众运动的能力，以达到在乡村中基本群众的优势”，并制订了详细计划，要求“目前主要应抓住一切农忙的空隙，由各县或各区开办短期干训班，培养现有干部，主要为乡、区级的政权、农会、民兵干部”。②但可惜的是因抗战形势的迅速变化，这个计划未能实行。

二、保长训练班

保长训练班是群众干部训练班的一个特殊形式。专门针对保长进行培训主要是因为在根据地政权创建初期，中共采取的

---

①《行政专员公署成立》，《新浙东报》1945年3月19日。

②《四明地区三个月宣教工作计划》，浙东抗日根据地革命文化史料编纂委员会编：《浙东抗日根据地革命文化史料选编》（上册），内部资料1992年版，第206—207页。

建政方式不是彻底废除基层保甲制度，而是“经过多数群众起来控告和撤换最坏最顽固的保甲行政人员”[①]，同时对一些群众基础比较好的保甲长予以培训，提高其思想文化水平和工作能力。当时，在游击区、敌占区，国民党地方政权和部队也对保甲长进行培训，甚至在 1944 年秋，33 师还开办了保长训练班。中共认为“保甲制度原是专制政府统治人民压迫人民的最好办法，敌伪多方运用了它，国民党更多方强化了它，因此，它和民主政治是绝对不相容的，然而保甲人员还是可以而且应该加以教育与提高的。在当前民主建设的过渡时期，这种教育和提高是必需的”[②]。同时，还开办了针对基层保甲长的训练班。1944 年的冬季，四明地区利用冬闲时间普遍举办了“保长训练班”。同年 11 月，鄞慈县的“保长训练班”开班，共培训本县 9 个乡镇的保长 68 名，在报到时发现有 2 名保长系顶替，当即予以退回。中共和县政府对这次训练十分重视，县政府主要领导和各科室主管人员参与组织工作或参加讲课。训练班设正副主任各 1 名，主任教员 1 名；同时成立训练委员会负责教学工作，并对教课内容进行审查。训练班参照军事化编制，设一个大队，区长担任大队长，下设 2 个中队，每个中队设 4 个班。训练班对保长进行了思想政治、文化课的教育，还让他们联系实际展开讨论。在

① 谭启龙：《目前国内外形势与我党发展浙江敌后游击战争建立根据地的方针》，中共浙江省委党史资料征集研究委员会、浙江省档案馆编：《浙东抗日根据地》，中共党史资料出版社 1987 年版，第 40 页。

②《鄞慈一期保训班总结　保长提高了一步》，《新浙东报》1945 年 1 月 10 日。

这些培训内容中政治教育的内容是最重要的，所以时事政治占全部课程的60%，主要包括以下科目：时事讲话、战后新中国、民主建设、形势与任务、群众工作、怎样做个好保长等。在培训中注意开展讨论，进行班组的讨论，然后每个班组把讨论情况汇总向中队汇报，最后老师根据讨论情况进行讲评。训练班还寓教于乐，利用晚上时间举办不同形式的晚会。如恳谈晚会，主要是由保长讲自己的工作情况；问答晚会，采取问答、游戏形式做测试；生活检讨晚会，主要是进行批评和自我批评；意见晚会，听取大家对工作、训练班和老师的意见；另外还有文艺晚会。

在培训过程中，出现了组织小学生、群众和乡镇对保长的慰问活动。其原因是保长在之前工作中做征粮、征兵工作时，有些限于客观环境，工作态度生硬，有不少强征拉夫现象，在群众中形象不好。在训练班中，对他们在思想、作风等方面提出的意见也比较多，有的甚至十分尖锐。县和训练班领导认为“只有批评而无表扬，某些地方有流于攻击的现象”①，应该纠正这一偏差，所以组织了慰问活动。小学生前来慰问时，手拿红旗和糖果，讲了热烈的慰问词，保长们非常感动，说：“我们这次训练，要把脑子里污秽的东西都洗光，今天又得到许多小朋友的慰劳，晓得了民众对我们的关心，我们回去后，一定更加努力地工作。”县委文教科秘书讲道：“今天的小朋友已不是以

①《鄞慈一期保训班总结　保长提高了一步》，《新浙东报》1945年1月10日。

前的小朋友，他们不但读书，而且要听世事了。”“今天的保长也不是以前的保长了，能够在短短的六天中，得到很大的进步，将过去一切不良作风改变了。”[①]在鄞慈县，“鄞慈保长训练班自十三号至今，已有五天。每个学员都将自己的学习情绪提高到最高度。这在他们快报的活跃、生活的愉快、检讨会上对自己错误观念的批评和热烈讨论的普遍中，都可以得到明显的例证，尤其是决心想认识的几位过去敷衍的保长们改变了原来的错误意识，更引起各地人士的喜悦”[②]。这些转变得到了群众认可，群众纷纷前来慰问。保训班结束时，根据成绩和平时表现将学员评定为四级，并对先进予以表彰鼓励。

三、浙东鲁迅学院

1944年春，在三北办事处文教会议上，有代表提出了创办新型大学的建议，但在当时的三北地区，创办大学的条件还不具备。不过，浙东区党委对这个建议进行了认真研究，认为随着浙东形势的发展，原有的干部训练班的形式已经不能满足需要。虽然创办大学的条件还不具备，但创办一所新型的干部教育高级学校实有必要，而且相关条件也是初步具备的。在人才上，抗战全面爆发后，上海、杭州的一些人才来到浙东地区；在政治上，中共有大量的高素质党务人才；在办学上，1943年

①《儿童慰劳保训班　保长决心洗光脑中污秽》，《新浙东报》1944年11月27日。
②《保长学习情绪高　民众纷纷来慰劳》，《新浙东报》1944年11月27日。

10 月凤湖中学解散后未能复校，有大量教学行政人才可用。于是决定创办鲁迅学院，作为干部教育的高层次学校。为什么取名“鲁迅学院”？是因为“打鲁迅的旗帜，所以号召力很强、很大”[①]。经过区党委、临时行委会一段时间的筹备，1944 年 9 月，鲁迅学院在姚南县杜徐岙开学，后迁到梁弄镇。院长由文教处处长、知名左翼文化人士黄源兼任，第二期时又任命著名作家楼适夷为副院长；原台州特委宣传部部长陈成刚（林尧）任教育长，原凤湖中学教导主任李建民负责教学组织管理工作。

鲁迅学院的教育宗旨是“培养建设浙东敌后抗日民主根据地的各项人才”[②]；教育方针是“团结他们，引导他们，提高他们参加抗日救国的积极性。着重弄懂什么是共产党？什么是国民党？什么是假三民主义？什么是真三民主义？中国应向何处去？进而明确新民主主义文化是什么？怎样才能称得上抗日民主的人民教师”[③]；校训是“鲁迅学院的每一个同志应融会毛泽东与鲁迅的为国为民的最伟大最正确的思想，在抗日民主的神圣事业上，并团结广大群众，面向现实，深入民间教育与组织群众，达到巩固与扩大解放区，结成一条心为驱逐日寇、创造新

①《黄源回忆录》，浙江省新四军历史研究会浙东分会编：《浙东抗日根据地文化教育专辑》，内部资料 1999 年版，第 109 页。

②《浙东鲁迅学院招生简章》，浙江省新四军历史研究会浙东分会编：《浙东抗日根据地文化教育专辑》，内部资料 1999 年版，第 44 页。

③ 范执中：《浙东鲁迅学员的风采》，浙江省新四军历史研究会浙东分会编：《浙东抗日根据地文化教育专辑》，内部资料 1999 年版，第 146 页。

中国而奋斗”[①]。鲁迅学院第一期招生时，由于学校初建，采取推荐和考试相结合的办法，从第二期开始均采取公开考试的办法，如第二期招生简章规定“向各区署报名，经各县政府测验审查，合格者由县政府介绍至本院”，这说明招生是要经过公开测试的，只不过测试权放到了县一级。报名资格是“18 岁以上青年男女”，具有“中学以上学校毕业或同等学力者”，或“中小学教员、校长”，“身体健康，能吃苦耐劳者”。[②]第一期学员有 160 多人，大部分是各县推荐的文教战线的现任老师，少部分是社会知识青年。或许是因为这个，楼适夷在回忆中讲“鲁迅学院主要训练文化干部的。毕业后派到部队任文化教员，做区文化干事、县文教科工作，或做其他文化方面的事情”[③]。但实际上，第一期的办学因专业区分不大，学员主要分回原地工作，少部分留在学院工作。第二、三期都分专业招生，除学文教专业的大多分配到文化部门外，第二期毕业的民政专业学生大部分分配到了县、区党政群机关工作，财经专业的毕业学员大部分分配到浙东银行和财税部门工作。

鲁迅学院的学员主要来自浙东的三北、四明地区，金萧地区和沪杭甬等敌占区和国统区。学员大致按地区分为 3 个大队。学

① 《鲁迅学院学员毕业证书》，浙江省教育科学研究所编：《浙江革命根据地教育资料汇编》（中册），浙江教育出版社 1987 年版，第 67 页。

② 《浙东鲁迅学院招生简章》，浙江省新四军历史研究会浙东分会编：《浙东抗日根据地文化教育专辑》，内部资料 1999 年版，第 44 页。

③ 楼适夷：《续谈浙东行署文教处工作》，浙东抗日根据地革命文化史料编纂委员会编：《浙东抗日根据地革命文化史料选编》（上册），内部资料 1992 年版，第 348 页。

院人员高度精简，除校长、教育长、教务管理外，只有炊事员3人。讲课的教师首先是黄源、楼适夷等学院内部领导，另外主要是浙东区党委、浙东行署的领导兼职授课。教学内容包括3个方面：一是政治理论教育，二是形势任务教育，三是人生观和群众观点教育。综合来看，教学内容主要是思想政治教育。第一期时教材紧缺，只有一本区党委宣传部编的《政治常识》，但讲课老师革命经验丰富，结合自身的革命经历讲课。如区党委书记谭启龙就讲过“形势与任务”“党的建设”课程，浙东纵队司令员何克希讲过“马列主义基本原理”课程，浙东纵队政治部主任张文碧讲过“中共党史”课程，浙东行署的朱人俊讲过“辩证唯物主义和历史唯物主义”课程。学员听后印象很深刻，感到很新鲜，很有益。

鲁迅学院积极参与浙东抗战和根据地建设事业。在浙东各界临时代表会议上，鲁迅学院提出了“贯彻教育之新方针以利抗日民主事业之顺利进行案”“确定教育经费并保障教员生活案”等多条议案①，区党委、行署十分重视，认为要更加充分地发挥鲁迅学院在干部培训方面的作用。《一九四五年浙东地区施政方向草案》提出：“一切任务的完成与工作的开展，除了有正确的政策与领导外，就决定于足够而胜任的干部。因此干部教育……工作的第一项重要工作，较大规模的集训，以鲁迅学院为中心，培养乡镇行政干部；各县区在专署……根据当时当地

①《浙东各界临时代表会提案》，浙江省教育科学研究所编：《浙江革命根据地教育资料汇编》（上册），浙江教育出版社1987年版，第91、93页。

情况，有计划地灵活地运用各种形式，举办各种训练班、讲习会、座谈会等，首先以在职的乡行政干部及区级各种群众团体，财经、文教各部分的干部的素质，在教育内容与方式上，应该是实事求是的民主作风。"[①] 把鲁迅学院放到了干部教育的中心位置。在这之后，鲁迅学院成为干部教育的主要阵地。

第二期办学从 1945 年 3 月至 7 月，专业增加到 3 个，分别是民政、财经、文教。学生有 160 多人。3 月 11 日开学时，区党委书记谭启龙、浙东纵队司令何克希、政治部主任张文碧、浙东行署主任连柏生都亲临开学典礼，并邀请了日本友人吉永期参加。区领导开学典礼上号召全体学员："我们要下为大众服务的决心，我们要学会一套办法去教育群众。"[②] 要认识世界运动的规律，把个人利益和民族、国家利益统一起来，明白人生的价值。副院长楼适夷重点讲了小资产阶级出身的知识分子改造问题，提出学员在学习中要和群众结合，要培养纪律意识。开学后不久，学院迁到横坎头，之后又迁到大岚山，6 月间又迁到上虞县下管镇附近。第二期时，鲁迅学院机构上增加了副校长楼适夷、教务处长李建民、总务处长朱鸣山、教务干事范执中，学员队也增加了干部。教学内容继续延续第一期教学的内容，重视思想政治教育，同时增加了专业教育；后因浙东银行筹办等事宜的需要，财经专业改由鲁迅学院和浙东行署财经处

---

①《一九四五年浙东地区施政方向草案》(节选)，《浙江革命根据地教育资料汇编》(上册)，浙江教育出版社 1987 年版，第 79 页。

②《鲁迅学院二期开学　主席号召学习为大众服务》，《新浙东报》1945 年 3 月 19 日。

双重管理。在学院的学习中，教师结合实际深入浅出地讲课，要求学员也结合实际，深入理解教育内容。同时为了增强学员的劳动精神，在教学内容上增加了劳动。如学院的生产计划是“每星期全院集体劳动一次，每中队集体劳动一次，砍柴一次，平均每个学员一星期劳动生产时间占全部学习时间四分之一”，“生产股还买来了两只猪、一只羊、六只鹅、四只兔子，也由大家轮流喂养”。[①] 学院掀起了劳动竞赛，“总务处的劳动生产队也向学员提出挑战的条件：每小组每天至少砍一百五十斤柴，掘猪草十斤。杂务人员把每天所砍的与全院学员一星期的砍柴数量比赛，谁砍得最多，谁不破坏群众纪律，谁争得光荣的劳动英雄称号”[②]。同时学院的师生员工还进行生产节约反省活动，检讨自己在生产方面的不足和物资浪费现象，提高节约意识。鲁迅学院的学习还和抗战相结合，在第三次反顽斗争胜利后，民运、文教等专业的学员到前线参加了各项工作。根据《新浙东报》的记载：“我军扫清虞东田伪，再占丁宅街后，政府军队即在新解放地区展开抚慰与组织人民工作，鲁迅学院为了配合政府完成开拓与巩固新解放区的任务，本月九日特从学员中选拔男女生二十人，组织突击民运工作队前赴上虞。次日即由县政府分编两个队，在前线等地进行民运工作。十二日院方选派四个同志，参加随军美术工作单位，从事墙画、墙头字等美术宣传活动，至十四日该院又组织二十五个人的大的民运突击队，

①《鲁迅学院师生职员集体开荒节约反省》,《新浙东报》1945 年 4 月 16 日。
②《鲁迅学院师生职员集体开荒节约反省》,《新浙东报》1945 年 4 月 16 日。

准备于田伪某大据点攻下时出发工作。”[①] 学员毕业后大多分到区党委、行署的直属机构和部队，财经班的学员分到了财经单位和刚成立不久的浙东银行。鲁迅学院的影响迅速扩大，“有的学员原来是在国民党地区的浙大读书的，暑假回来，看到有这个学院，暑假以后他就不回浙大了，也进了我们学院”[②]。

第三期定为 8 月开学，招生专业增加了民运专业，原有 3 个专业不变。办学宗旨进一步明确为“培养为实现新民主主义政治的区乡级干部”。在学制上进行了改革：“采取富有弹性之新学制，以教育目的的完成来确定修业时间。”全学程划分为 3 个阶段：第一阶段为政治学习，不分系；第二阶段为业务学习，分别种类工作；第三阶段总结经验，分系。“根据学程的划分。本院分设初级与高级二班，初级班不分系，高级班分系。”[③] 但可惜的是，这些改革因形势变化未能得以实践。招生总人数为 420 人，其中男生 300 人，女生 120 人。对不同专业的招生条件予以细化，其中财政系、民运系招收“初中毕业，（以）及具有同等学历（力）及工作经验者”；民政系、文教系招收“高中毕业或具同等学历（力）及工作经验者”。[④] 考试方式采取初试和复试相结合的方式，初试在各县政府文教科，复试在鲁迅学院。

---

①《鲁院学员上前线　突击民运工作》，《新浙东报》1945 年 6 月 24 日。

②《黄源回忆录》，浙江省新四军历史研究会浙东分会编：《浙东抗日根据地文化教育专辑》，内部资料 1999 年版，第 110 页。

③《浙东鲁迅学院第三期招生简章》，浙江省教育科学研究所编：《浙江革命根据地教育资料汇编》（中册），浙江教育出版社 1987 年版，第 64 页。

④《浙东鲁迅学院第三期招生简章》，浙江省教育科学研究所编：《浙江革命根据地教育资料汇编》（中册），浙江教育出版社 1987 年版，第 64 页。

第三期招生扩大了招生范围，除在浙东地区招生外，还秘密去上海、杭州、宁波等大城市招生。并新聘请了教师，如上海的知名作家姚克、剧作家章泯等。正当复试学生来校报到时，抗日战争即将胜利，浙东抗日根据地急需大量干部，区党委和浙东行署决定鲁迅学院暂缓开学，对前来报到的160多名学员进行短期培训后，直接分配到浙东各级党政机关和部队工作，接着又对前来报到的150多名学员进行集训，分配到浙东各级机关工作。8月15日，鲁迅学院的第三期剩余学员和学院老师、干部没参加随军工作团，准备接管收复的城市。后新四军奉中央之命北撤到苏北，鲁迅学院的使命结束。

对浙东鲁迅学院的学习生活，当年曾在此学习过的郁文回忆道："经历一番曲折，我终于投入了抗战的革命队伍。当晚，就在鲁迅学院（第一期）一大队的晚会上，我讲述了自己投身抗战革命队伍所走过的曲折道路。那天是1944年11月2日，我18岁。""我进鲁迅学院后，如饥似渴地学习了毛主席的《新民主主义论》《论持久战》和《中国革命与中国共产党》等著作，真有如久旱逢甘霖！我多年来苦苦思索的种种问题，'中国的出路何在？''能否把日本鬼子赶出去？''青年人有什么前途？'等等，全都迎刃而解！思想上真有一种豁然开朗的感觉。多年来苦于不知如何行动的问题，也得到了解决。"[①] 这形象说明了鲁迅学院的学习，对提高学员的思想政治水平方面发挥的重要

① 郁文：《记青少年时期的一些往事》，宁波市政协文史委员会编：《烽火浙东——纪念抗战全面爆发80周年回忆文选》，宁波出版社2018年版，第5页。

作用。

浙东鲁迅学院为浙东根据地培养了大批人才，为根据地各级政权准备了大量具备一定思想政治和文化水平的干部。

第三节　军队教育

抗日战争不是短期战争，而是一个长期持久战。毛泽东在全面抗战初期发表《论持久战》，认为“抗日战争是持久战，最后胜利是中国的”，指出抗日战争的特点和中国必胜的结局。这就对中国共产党领导的军队提出了更高要求，必须对军队进行深入的思想、军事、作风等方面的教育，“政治上动员军民的问题，实在太重要了。我们之所以不惜反反复复地说到这一点，实在是没有这一点就没有胜利。没有许多别的必要的东西固然也没有胜利，然而这是胜利的最基本的条件”[①]。浙东抗日根据地的军队是一支年轻的队伍，大多没有经历过土地革命战争的锻炼，来自浙东地区和浦江两岸等地区；而且浙东是国民党统治力量雄厚的地区，部队里知识分子比较多，一些农民、工人出身的士兵身上还带有浓厚的非无产阶级思想意识。所以，必须要对军队进行深入的培训和教育。

① 毛泽东：《论持久战》，《毛泽东选集》第二卷，人民出版社1991年版，第513页。

一、从教导队到军政干校

1941 年 9 月，当浦东部队最早来到三北地区时，就立即在镇海县北部地区成立教导队，队长蔡群帆、政治指导员夏治行、军事教员张震，对 900 多名战士分期分批进行教育，学期达 4 个月，对这支以灰色面目参加抗战的队伍（“五支四大”），在浙东站稳脚跟起到了重要作用。第二年夏，浙东区党委和三北游击司令部成立之初，便举办第一期教导队，培训学员 80 多名，队长为蓝碧轩，政委为张浪。这期培训从 8 月持续至 12 月。第一期结束后立即进行了第二期培训，从 1943 年初持续至 6 月份结束，扩展为 2 个队，每个队为 80 多人，总称教导大队。结业后的学员分配到浙东各支部队中。接着于 1943 年 7 月开始，进行第三期教导大队的培训，人员扩大为 3 个队，每个队 100 多人。到 10 月份，第二次反顽战役爆发，学员提前毕业参加反顽战役，在战斗中明显表现出政治、军事素质过硬，起到了战斗骨干作用。第四次教导队培训于 11 月开学，这次培训是在紧张的战斗中间，培训结合实战，由于从教导队中抽调出人员，剩下的队员合编为一个队，直属司令部负责。这次培训至 1944 年 5 月结束。第 5 期教导队于 1944 年 7 月开始，至当年年底结束。总计 5 期教导队，共培训了战士 744 人，“其中连级军事干部 39 名，政工干部 49 名，排级军干 208 名，政干 113 名，班长 133

名，特等射手 104 名，其他干部 98 名”[①]。在第五期教导队培训结束后，根据形势发展需要，区党委和浙东纵队决定在教导队基础上成立浙东抗日军政干校。

教导队培训期间，在浙东一些地区也出现过其他形式的军队培训教育。1942 年 7 月，几个游击小组在义乌下宅祠堂集中，整编为金东义西抗日自卫大队。7 月下旬，第八大队正式宣告成立，下设 3 个中队。部队战士大多出身农民，大部分是文盲，为提高部队战士的政治素质和文化水平，部队领导为每班配备了文化教员，负责班里的政治文化教育。部队中还设立政工室，主抓部队思想政治教育工作。1945 年 5 月，文化教员吴子刚曾为三中队编印了4 册文化课本，前 2 册为识字，后 2 册内容是造句联句及一些讲述政治道理的课文，后来这 4 册课本为大队部采用，成为整个八大队的文化教材；八大队有时也采用浙东纵队的《初级政治文化读本》。这是浙东军队进行自我教育的开始。

浙东抗日军政干校于 1944 年 11 月起筹备，专门在《新浙东报》上刊发招生简章，招生条件是“思想纯洁，具有抗战热情；年龄在十八岁以上、二十八岁以下之男性；初中以上或具有同等学历（力）力者；身体健康，无传染病、慢性病及不良嗜好者”。考试有口试和笔试环节，笔试科目包括自然科学常识、算术、社会科学常识（包括历史、地理、时事、政治常识等）。对考上的学员提供较为优厚的待遇，“一切服装、行李、文具、日

① 唐炎:《新四军浙东游击纵队教导大队及军政干校的简史》，浙江省新四军历史研究会浙东分会编:《浙东抗日根据地文化教育专辑》，内部资料 1999 年版，第 126 页。

用品及膳宿、零用等费用，皆由本校按新四军排级干部待遇供给之”①。1945年元旦，浙东抗日军政干校正式开学，校址设在梁弄。校长由何克希司令兼任，沿用大队编制，由大队长唐炎、政委张浪主持工作。军政干校包括5个队，分别是第一队军事队、第二队政治队、由知识青年为主的第三队、以地方武装骨干为主的第四队、以老战士和公务员为主的第五队，此外还有培训反正部队的短训班，共计450多人。4月，军政干校迁到横坎头。6月，第一期干校结业，但也有少部分开学时间晚的队至9月才结业。第二期干校于6、7月间开学，学员310多人，分为军事、政治、文教3个队。7月，干校军政迁至南堡一带。随着抗战的胜利，中共和浙东军队按照中央决策北撤，军政干校就随大部队行动，至11月转移到江苏涟水，随浙东纵队改编为新四军第一纵队第三旅教导营，浙东抗日军政干校至此结束。

二、军校教育的内容和方式

教导队和军政干校虽然在办学规模上有不同之处，但教学内容却基本一致，主要包括政治教育内容和军事教育内容，另外对一些特殊班次增加有针对性的教学内容。

政治教育的内容主要包括抗日教育，阶级教育，关于党和八路军、新四军的教育，纪律教育，国际主义教育，等等。其中抗日教育是军校教育最基本的内容，主要目的是通过日本军

①《浙东抗日军政干部学校招生》，《新浙东报》1944年11月22日。

国主义在中国烧杀劫掠的事实，揭露其侵略中国的阴谋，树立战士们抗战必胜的信心。阶级教育是科学社会主义的基本内容，也是中国革命的基础理论。进行阶级教育的目的是让战士们懂得阶级、剥削、阶级压迫的基本道理，而不是被狭隘的“气节”所蒙蔽，这门课揭露汪伪政权屈膝投降的本质和国民党顽固派消极抗日、积极反共的真面目。关于党、八路军和新四军的教育主要是讲授党的无产阶级本质，八路军、新四军是党创立和领导的军队，要坚持党领导枪，八路军、新四军的战士是为了民族和无产阶级的最终解放而战斗的革命战士，要破除雇用观念。纪律教育是军校教育的重要内容，共产党的军队区别于其他阶级军队的体现之一就是坚强的纪律性，在共产党军队内部要发扬阶级友爱，实行官兵平等。教唱《三大纪律八项注意》歌曲，使战士自觉树立纪律观念。国际主义教育的内容是讲授共产主义的最后胜利必须是国际胜利，国际共产主义是一家，抗日战争上要坚持国际反法西斯战线，国际上要团结一切反法西斯力量以争取国际反法西斯斗争的胜利。另外，这些内容中还包括时事政治的内容。

思想政治教育的教材使用了当时“播种社”出版的“团结丛书”4 种，包括第一种《制止内战》、第二种《回答两个问题》、第三种《敌后六年》、第四种《评“中国之命运”》。内容十分丰富，政治水平是相当高的。如第二种《回答两个问题》有 5 篇文章，分别是《抗战六年与中国共产党诞生的二十二年——毛泽东在延安七一晚会上的报告摘要》《中国共产党与中华民族》《我们有办法坚持到胜利》《七一志感》《进一步发展生产》；第四种《评“中国之命运”》内的文章有陈伯达的《评“中国之命运”》、艾思奇的《中国之幸运——极端唯心思想的愚民政策》、吕振羽的《国共两党和中国之命运》和续范亭的《感言》；第三种内有陈毅的《新四军在华中》等重要文章。[①]

军事教育的内容主要包括制式教练和战术训练的内容。制式教练包括队列训练，通过队列训练使学员掌握军人姿态和纪律。战术训练包括投弹、射击、刺杀等单兵三大技术，并进行班、排、战斗队形和攻防战术训练，另外还有战术战略、地理知识教学，通过讲授理论和实际训练让学员掌握军事内容，提高军事素质。如蓝碧轩编著的《军事教授笔记》内容十分丰富，包括“教导队一般规则”“管理教育问题”“纪律条令”“陆军礼节”“射击学理”“地形地物之训练”“战斗”“游击战术”等。[②]为训练出一支坚强的、有战斗力的人民队伍，教导队对纪律和管理十分重视，但同时也注意方式方法，提出“积极的教育启发重于消极的强制服从”“教育启发重于指责处罚”“事先防范重于事后解决”“耐心说服重于急躁的打击”等原则，并特别指出“领导的艺术，就在于使下级真正明白你有坦白虚心爱护下级的心”[③]。对军队纪律的规定十分详细，如处罚包括“劝告”“警告”“队前悔过”“禁足”“禁闭”“劳役”“停职或降

①“团结丛书”，余姚市档案馆249-5-1。

②《教导队第一期军事教授摘要》，余姚市档案馆249-5-1。

③《教导队第一期军事教授摘要》，余姚市档案馆249-5-1。

职”“开除队籍”等，奖励包括“队前表扬”“荣誉嘉奖”“荣誉奖状”等[①]。每一种奖惩都有具体情节的规定。

军校的文化课教育根据学员大多为成年人的具体情况，按照学习规律，科学编辑课本。如新四军浙东游击纵队的《识字课本》（下册）第四至第六课的内容为：

第四课
早操回来了，
大家都放下背包，
有的去打水，
有的把地扫。

背、包、扫

第五课
副班长说：
“替大家把枪支、背包放整齐，
干粮袋
都挂好。”

挂、干、粮、袋

①《教导队第一期军事教授摘要》，余姚市档案馆249-5-1。

第六课

连长、指导员来了

看看枪支、背包、干粮袋。

他们说：

“你们内务整理得呱呱叫。”

指、员、理、内

然后，每三节课后进行练习：

把句子中的错字划（画）个 ×，把正字写在下面

1. 内务要整里好……（　）

2. 背仓要挂好……（　）

3. 干量袋装干量吃……（　）

4. 我们班要做全排的模范……（　）

教材内容贴近战士的战斗和生活，如同战士日常的再现，同时在教材中又加入政治、军事内容。每节课先讲课文，然后列出生字，每一学习阶段进行适当练习。

军校教学注意方式、方法。一是理论和实践相结合，提倡结合实际认真学习理论。1944 年 5 月，谭启龙讲：“我们的学习是为了革命，为了改造中国社会，而不是为了个人出风头做英雄，

因此，那些个别同志个人主义的学习观，是根本不对的，也是学不好的。”[①]提倡“做什么就学什么”，结合实际学习。二是启发式教育，反对灌输，提倡师生交流，采取辩论会等形式。如在讲授马列主义“剥削”理论时，教官提出“是资本家养活工人，还是工人养活资本家”的论题，让学员分正反双方辩论，双方争得面红耳赤，最终大大加深了认识。三是教学和生活紧密结合，培养集体主义精神。在教导队、军政干校的学习生活一律军事化，集体学习，集体生活，养成集体主义的习惯。

当然，浙东军校教育中的教育内容还根据形势变化予以适当调整。如1945年党的七大召开后，军政干校立即进行了七大文件的学习，通过对毛泽东《论联合政府》、周恩来《论统一战线》、朱德《论解放区战场》等重要文章的学习，广大学员的政治素质得到大幅提高。

三、部队内部教育

以教导队、军政干校为代表的军校教育并不是军队教育的全部，军队教育还包括军队内部的教育。

1941年12月，军队政治部宣教科就制定了“三三制”宣教制度。“三三制”的内容包括三课制、三会制、三报制。三课制是政治课、文化课和党课，明确规定：政治课包括干部

① 谭启龙：《做一个好的马克思主义者必须努力学习》，浙江省教育科学研究所编：《浙江革命根据地教育资料汇编》（中册），浙江教育出版社1987年版，第193页。

政治课和战士政治课，“干部政治课每星期至少进行一次，教材——阶级问题——集中对内政治部负责上，分散时由各单位进行上”，“战士的政治课每星期至少上三次，教材是《教材提纲》（政治），各政指负责上”，“战士党课（乙组）每星期一次，教材怎样做个共产党员为基本教材”，“文化课：每星期至少上六次，材料是军人识字课本”。三会制内容为“营的教育准备会”“干部讨论会（政治课党课在内）”“学习组长会，由各政指负责，每半月召开一次，检讨学习”。三报制的内容为“墙报：每星期出版一次，反映战士实际生活、实际工作及学习等情（形）”“读报：每天时事简讯发下，各政指负责进行读报”“干部小报：每月一次，反映干部一月来学习情形”。[①] 这表明，中共在浙东地区开展军事活动伊始，就建立了完备的军队内部教育制度。

军队内部学习时，也认真制订了学习计划。如 1945 年 1 月，八大队制订了政治文化学习计划，对教育目的、内容、时长、标准等做了详细规定。教育内容包括政治教育、文化教育。政治教育具体包括：中共及八路军、新四军对抗战成绩及敌后一般建设的概念；国民党对抗战的态度、对中共的态度及对人民的态度与抗战的损失；国际国内重大形势的一般了解（重大的）；政治上保证队员对部队集体的热忱，坚定革命意志，不管怎样变动都能跟上；中共对人民的关系（各阶层）。文化教育

① 《宣教工作制度草案》（节选），浙江省教育科学研究所编：《浙江革命根据地教育资料汇编》（上册），浙江教育出版社 1987 年版，第 12—13 页。

的具体内容包括以历史地理、自然卫生为主的常识课，以识字教育为目的的国语课，以及数学。对各门课程的教学标准也做了详细规定。如国语课，规定能认识“五百字，能写普通便条（不识字的），识字的至少能读《抗日报》和《我们的出路》”；自然课要了解“人从哪里来的，地球与人的关系，传染病的来源与一般避免办法”；史地课要“了解抗日民主根据地有多少，在哪些地方，世界最大的战场，十个大国的京都，抗战以后的大事记”；数学课应学到“加减法能进到五位数，乘除法一位”。

每科的教学时长为“每星期政治课6小时、文化教育5小时，每半年以25周计算，政治课150课、文化课125课”，并对其中每部分教学时长的比例做出规定。

之后，还对文化教育、政治教育中每科进一步学习的标准做出规定：

> 文教国语分高初两级，写20篇文章，300—1500字；日记、通讯、演讲、一般文章（说阶级、生活、自然、科学、革命战斗方面的），初级10篇、高级25篇全读。另设低级组，由文书教识字课。A.应用文：便条，书信，情报，报告。B.史地：①根据地地理形势（军区所在地）。②国民党在抗战中所失的大城市，交通线。③世界大战战场及10个国家首都。④抗战后大事记（以一笔总账为本）。⑤浙东我们地区情形。C.自然科学：①地球的成因。②大的星球。③风霜雨

> 雪的成因。④人的来源。⑤人的进化过程。⑥军事科学如武器枪弹的变化作用。⑦讨论人鬼问题。D. 算术：加减法 8 小时、乘除法 12 小时。出题材须要有教育意义（阶级性的）。
>
> 政治教育内容：A. 阶级教育：①各阶层在抗战中的态度。②各阶层生活状况。③中共前途与国民党前途。B. 时事教育：怎样读报 5 小时，政治形势 1 月 1 次 5 小时（3 小时报告，2 小时讨论）。C. 思想意识：①个人利益服从整个利益。②克服地方观念与家乡观念。③克服自由主义，养成集体生活。④革命纪律。⑤发生不良倾向随时随地进行克服教育。⑥军人大会的生活检讨会，进行思想斗争。D. 一般政治教育：①新民主主义制度，法西斯、苏维埃，资产阶级民主制度。②农村阶级（各阶层分析）。③拿一半时间 15 小时作为机动教育。[①]

教师主要有王平夷（负责一般教育）、孙克辛（负责时事教育）、王彬（负责选课应用文、抗战后陷落的大城市和交通线）、吴子刚（负责意识教育、抗战以后国内大事记）、施冠如（负责识字、世界地理）等。

部队内的学习大多根据本部队的实际情况而定，形式不拘一

① 金华市文化局史料汇编委员会编：《金华市革命文化史料汇编》，杭州大学出版社 1991 年版，第 352—356 页。

格。1944 年 3 月，浙东纵队直属部队的干部进行了学习教育活动。这次学习时间总计 18 天，人数 80 多人，分为 12 个学习小组，授课 4 次，讲课内容是纵队政治部下发的《时事政治讨论提纲》。那么，直属部队的这次内部学习是怎样运行的呢？根据当时的报道，学习的组织者先民主征求了大多数人的意见，决定“第一步请人将提纲详细解释；第二步，一面上课一面小组讨论；最后，将各小组争论的原则问题提交全体干部的大讨论会辩论，同时，一面辩论一面请谭政委将每一个辩论题加以总结”[①]。当时称为“正、反、合三段式”。

那么这个“三段式”效果怎么样呢？直属部队干部学习培训中，讨论是一个关键环节。18 天的时间内，上了 4 次课，讨论、辩论占了大多数时间，其中有 3 个整天的辩论会，政工队小组、创造军小组等都进行了四五次辩论。在这之前，由于直属部队的干部的思想政治水平相对比较高，因此存在一些骄傲自大心态，认为采用讨论、辩论形式学习还是老一套。但这次培训采用自由辩论形式，辩论中出现了一些预想不到的问题，如在讨论第二次世界大战中的“第二战场”问题时，有同志认为第二战场不会开辟，第二战场的提法是资产阶级骗人的东西；有同志认为第二战场可能会开辟，但结果可能是德国日本投降英美，然后集体反苏；有同志还怀疑即使第二战场开辟，日本也可能进攻印度。对这些专业性很强的问题，谭启龙和浙东纵队的首

① 苏陵：《直属部队干部学习是怎样进行的？》，《战斗报》1944 年 4 月 4 日。

长进行认真研究，决定不要压制辩论，而应该鼓励不同意见的出现，“认为在时事问题上，愈争愈好。不要拘谝一个‘结论’，直到弄得清清楚楚为止”。[①] 正是完全自由的辩论，才能让同志们充分地表达意见，才能使部队领导掌握真正的问题，也才能导向正确结论，最终使直属部队干部提高了分析问题的能力，理解、掌握了中央的方针政策。

除了采取自由辩论方式外，浙东纵队对政治学习也采用测试办法，以检验学习效果。1944 年 5 月，纵队对直属干部进行了以“古田会议决议案”为内容的测试，题目一共 5 个，包括人民军队的阶级成分基础、人民军队为什么打仗、人民军队的“三大任务”等。具体成绩如下：

表 4.3–1　浙东纵队直属队政治测试成绩统计表[②]

部门	参加人数	总分数	平均分数	成绩	不及格的
解放	27	1883	69.7	第三位	4
创造	17	1299	76.4	第一位	1
联合	10	661	66.1	第四位	2
巩固	17	1260	74.1	第二位	2
神威	6	386	64.3	第五位	3

同时，对得分 95 分的 4 位同志颁发奖品，对后 5 位同志予以点名。

①《直属部队干部学习是怎样进行的？》，浙江省教育科学研究所编：《浙江革命根据地教育资料汇编》（中册），浙江教育出版社 1987 年版，第 191—192 页。

②《直属队干部政治测试总结（巩固）》，浙江省教育科学研究所编：《浙江革命根据地教育资料汇编》（中册），浙江教育出版社 1987 年版，第 204 页。

同月，直属队又进行了党课测验，成绩如下：

表 4.3–2　浙东纵队直属队党课测验成绩统计表[①]

部门	总平均数	名次
创造	89.8	1
解放	87.3	2
巩固	84.0	3
联合	83.3	4
神威	80.4	5

军队内部普遍建立了俱乐部。1942 年 12 月，政治部宣教科制定了《宣教工作制度》，决定建立俱乐部。纵队俱乐部设主任 1 名，负责俱乐部全部工作。下设文化娱乐委员会、墙报委员会、经济委员会和卫生委员会，行使教育宣传职能的主要是文化娱乐委员会和墙报委员会。尤其文化娱乐委员会的构成和人员比较多，包括：文化组，设有文化委员若干，负责识字运动和识字比赛；歌咏组，设干事 1 名，负责歌咏小组和歌咏比赛事务；戏剧组，设干事 1 名，负责戏剧排练、演出和游戏活动；体育组，设干事 1 名，负责各项体育活动和比赛等事宜。墙报委员会设编辑委员和装饰干事，分别负责文字和美术工作，有能身兼两职的合适人员也可设 1 人。各委员在主任领导下开展工作，每周举行 1 次委员会，传达上级精神，总结一周以来的工作，布置下阶段工作。

政治部对俱乐部工作十分重视，在制度设计、工作安排、检

①《直属队总支党课测验揭晓》，浙江省教育科学研究所编：《浙江革命根据地教育资料汇编》（中册），浙江教育出版社 1987 年版，第 207 页。

查督导上做了很多工作，还派同志下连队蹲点。戏剧组组长杨奚到联合队蹲点调研了1个月，取得了第一手材料，总结了成绩和经验，以“联合队的俱乐部”为题，向全纵队推广，推动了基层连队俱乐部的建设。俱乐部的文娱教育活动主要包括：一是开展识字运动，推动战士学文化。很多战士出身贫苦家庭，还有不少来自北方的战士限于家庭条件，受教育水平很低。俱乐部采取集体教学、互帮互学、设立识字牌等方式，开展识字运动。在缺纸少墨的艰苦条件下，大地、墙壁都成了纸张，折一支树枝就成了笔。首长教战士，有文化的战士教不识字的战友，开饭时也提问几个生字才能打饭。二是开展文娱活动，在玩中学习知识。部队进行文艺活动，在排练节目时，让他们自己读剧本，根据剧情识字，使战士们在生动活泼的氛围中学文化。三是开展办墙报比赛，日常推广读报活动。1944年12月15日的《新浙东报》上发表了一篇题为《我们怎样进行读报？》的文章，对一支部队的读报活动进行了介绍，十分生动。文章写道：“一、首先由每班在任务会议上或者生活检讨会上，产生一个读报员，并在这个会议上讨论读报时间（课外时间）。二、当报纸一到，首先就集合各班的读报员到中队部来研究，解决一些生字和了解的问题。针对文章的内容，研究读报的方式，并且划分今天读几个问题，明天读几个问题，然后把报发下去，让读报员来读。三、大部分都由读报员来读，同时帮助与督促他们读，但也有的文章必须要政指或自己来读时，才找一个时间集合全体来读。”[①] 读报运动不仅提高了战士们的文化水平，还提高了他们的政治水平。

浙东军队是一支有严格纪律性的革命队伍，进行辩论、充分发扬民主并不意味不讲纪律，搞极端民主化。1945 年初，为贯彻毛泽东提出的“1945 年的任务”，提高部队战斗力，浙东纵队进行了整训。在第一个月的整训中，主要是进行军事训练，提高战士的军事素质；第二个月在军事训练外，重点加入政治内容，“最主要的应当从思想上，铲除过去存在着的，不服从上级命令、闹平均主义、极端民主化等不良现象，用坦白反省的精神进行自我检讨，对上级领导有何意见，应该很好地诚恳地提出，这样才能真正地做到全军团结得像一个人一样，便粉碎任何敌人的进攻，完成 1945 年的重大任务”[②]。这次整训的内容包括开展拥干爱兵运动、扩大浙东解放区、扩大主力发展民兵、努力建立民主的联合政府、生产节约、拥政爱民等内容。如在拥干爱兵运动中，讲授了人民军队和国民党军队的本质区别，战士的阶级意识和思想政治水平提高了，更要服从命令，遵守军纪，积极拥干，不能有极端民主化意识，要严格执行命令，对上级有看法要通过正常的组织程序讲；并布置了“怎样才能做到‘拥干’”等思考题目。在“生产节约”部分中，提出了开展生产运动、爱惜公家财物和个人节约的问题。在“拥政爱民”

① 东人:《我们怎样进行读报？》,《新浙东报》1944 年 12 月 15 日。

②《新四军浙东纵队整训教材》，浙江省教育科学研究所编:《浙江革命根据地教育资料汇编》(下册)，浙江教育出版社 1987 年，第 101—102 页。

部分，直言不讳地指出了存在的军队尊重政府机关不够、爱护群众利益不够等问题，对广大将士提出了“怎样才能做到军队与政府、与人民更进一步的团结”问题。经过整训，浙东纵队的军事素养和政治水平有了大幅提高，为浙东抗战的最后胜利准备了条件。

四、军队专业教育

军事专业教育主要包括医务教育和电讯教育。在医务教育方面，从1942年7月，区党委和人民军队在浙东抗战斗争后，进行了历次战斗，部队时有伤亡，对医务工作的要求十分迫切，为此建立了后方医院，但医务人员的短缺和业务水平的提高成为面临的一个重要问题。新四军为浙东派送了几位有经验的医疗人员，但远远跟不上抗战的需要，必须开始医务教育，培养大量根据地自己的医务人才。从1943年5月至1945年6月，军队进行了3期医务人员培训。

1943年5月，人民军队或浙东纵队在位于姚南晓岭的山南后方医院开办第一期医务干部培训班，依托医院进行教育活动，目的是让学员能结合实际更好地学习业务知识。后方医院医政股长华林担任医务干部训练班的班主任，并亲自授课；教师还有陶牧之、方仁等；训练班的政治工作由医院指导员楼燕如等负责。第一期学员有30多人，分别是来自各支队的青年士兵、干部和一些社会知识青年。训练班实行军事化生活，编成一个排四个班，男女学员混编，毕业后分配到各部队、机关等单位工作。第二期培训班从 1944 年 9 月持续至 1945 年 2 月，在姚南县袁马村开学，后转移了多个地方。这期培训班开学之际恰好是第二次反顽斗争胜利后，根据地空前巩固，培训班有 30 多人。在教学上比较正规，教师规模也扩大了，专业课除了华林授课外，还有后方医院的专科医师讲授内外科、眼科等专科教学。前 5 个月学习医学基础、临床和政治文化课，第六个月在后方医院实习。第三期医务干部培训班也是 30 多人，于 1945 年 3 月在梁弄镇开学。这一期由田舜医师担任班主任，并专门配备了政治指导员和伙食单位，表明培训班向着正规化道路发展。教学活动因第三次反顽战斗爆发，一些教师提前归队，在学科设置上进行了减缩。至 9 月份，培训班在北撤前结束。医务干部培训班在教学上科学设置学习内容，限于根据地条件，没有合适教材，教师就结合自己的专业知识亲自动手编写，不求高深而求普及使用，对人体解剖、内外科、妇科、药物学和常见疾病的治疗和预防都做了讲授，使学员对医学知识有较多了解，然后在这个基础上深入；虽教学中需要教具、器材，但因陋就简，鼓励学员自己制作；实行教学和实践相结合，鼓励医学理论学习和实际医务活动密切结合，在实习中，医师手把手指导，让学员把所学知识在实践中熟悉和深化。

电讯班的全称是“新四军浙东游击队电台报务人员训练班”，于 1945 年 3 月在梁弄镇开学。电讯班的学员包括来自部队和地方的共 20 多位年轻人，学期 6 个月。区党委和浙东纵队希望把他们培养成为精通电讯技术的人才，为抗战服务，为此在开学典礼时，区党委书记谭启龙亲临讲话，为电讯班的发展指明方向。电讯班的班主任由杨晋担任，政治指导员由刘崧担任。为加强党的领导，电讯班建立了党支部，刘崧兼任支部书记。电讯班随同部队一起活动，开学后不久就转移到横坎头。教学科目分专业课和政治课，有十几门课程。因为电讯班的特殊性，十分重视思想政治教育，由教员讲授政治常识和时事政治，对马克思主义的基本知识、社会发展史和党史，对抗日民族统一战线、根据地建设和抗战形势等内容，进行深入讲解，使学员们提高思想政治水平，增强党性，树立保守党的秘密观念。专业课讲授通报、电学、机务常识，收发报机原理，抄收电码，英语等多门专业课。各科老师辛勤教学，学员也十分珍惜来之不易的学习机会，在艰苦条件下，刻苦学习。比如英语，大部分学员的基础不好，只能花更多时间从头学起；电讯专业中的很多内容要靠记忆和练习，学员就反复背诵、练习，最终熟练掌握，多数学员的各科平均成绩达到 90 分。

原计划6个月的学习时间，因抗战形势变化只进行了4个月，至七八月间就结束了。学员毕业后大部分分配到浙东纵队、区直机关工作，在抗日战争末期、解放战争甚至抗美援朝战争中发挥了重要作用，如在 1948 年的豫东战争中，电讯班毕业的战士在艰苦环境中迅速发出华野一纵司令叶飞的特急电报，为剿灭国民党军区寿年部立下了大功；在抗美援朝战争中，电讯班毕业的姜峻海在一次战役中与前线电台失去联系时，采用在电讯班学到的“盲目拍发”技术，发出特急电报，保证了作战指示正常发出。

五、军校教育的经验做法

无论教导队、军政干校还是军队内部教育，其教学活动都是在紧张的军事斗争环境中进行的。所以，首先都强调教育和军事斗争相结合；其次，中共浙东的部队是人民军队，大部分来自贫苦农民、工人阶层，在教育中强调和生产劳动相结合。

军校的学校教育和军事斗争相结合，首先是在军校中结合实际传授军事教育的内容。区党委和军队领导认为，“理论与实战中所得的经验要密切结合，只有理论，会变成狭隘经验观点，没有经验，会变成空谈不会打仗的理论家”[①]。在教学中采用发生在浙东的实际案例进行教学，有时到刚结束的战场让学员亲身体验，让学员深刻理解教学内容。其次，学员参加浙东根据地的实际军事斗争。如1941年10月，教导队的学员发现国民党镇海县警察三大队姚华康部（当时还未投降日寇）和国民党镇海县江北办事处警察大队内讧，发生战斗。教导队为坚持抗日民族统一战线，团结各派力量共同抗日，迅速组织学员把双方隔离开，之后又调解双方关系，促进其枪口对外、共御日伪。在教导队第四期培训进行中，爆发了反顽斗争，教导队迅速加入战斗序列，在大岚山姚南一带开展游击战争；之后又到鄞西

①《学习军事的态度》,《战斗报》1944年7月21日。

一带进行阵地战，阻击了人数是教导队几十倍的顽军，为浙东抗战做出了贡献，也在战争实践中提高了自己的军事水平。

军队内部学习中，要求战士在紧张的战斗生活中加强军事学习。1944 年 7 月，何克希、张文碧等浙东纵队首长号召全军开展军事学习，要求部队制订详细的军事学习计划。《战斗报》要求部队在每次战斗后应进行深刻的检讨与总结战斗中的经验教训，有计划地根据部队目前情况进行教育，“不要疏忽研究敌人作战的优缺点”；在学习中要“经常到实地去研究地形，了解地形，比如移到新宿营地时，可组织看地形，且可假设情况，由大家发表意见，处理这些各种各样的情况，这样对学习军事才不会枯燥无味了”。[①] 在军队学习中，部队重视报纸在军事学习等方面中的作用，如浙东纵队政治部于 1944 年 6 月 18 日发出通知，要求各单位各同志深刻注意《战斗报》上有关学习的社论、首长论文，以及有关学习方式方法、经验介绍等的文章，并应经常有计划地把自己这一单位的学习经验、方式方法、自我反省、心得感想、学习中的倾向和优秀例子等写稿给《战斗报》，以作为全军学习的参考。《战斗报》经常刊登中央的精神、区党委和纵队领导的讲话，以及各部队学习的经验，战士们非常喜欢，不识字的战士请文化水平高的战友宣读、讲解，也有很大收获。区党委和纵队认为要正确处理军事教育和政治教育的关系，《战斗报》于1944年8月26日专门发表社论，认为“军

① 《学习军事的态度》，《战斗报》1944 年 7 月 21 日。

事教育与政治教育应有很好的配合，军事干部与政治干部应取得很好的协商与互相帮助，政治教育工作应善于利用各种间隙与机会来做，使能不妨碍行动与必要的军事教育，并配合当前斗争的需要。无论军事教育与政治教育，必须善于抓住当前丰富的实际斗争中的生动具体材料，来进行教育与学习”[①]。强调政治教育必须采取适合军事斗争的方式，军事教育也要结合实际进行，这就处理好了部队学习上面临的一个问题。

军队教育十分重视和生产劳动相结合。日常训练中，军队积极参加驻地农村的生产劳动。部队战士一到农村驻地就帮助农民干农活，打扫庭院，农忙时节帮助进行抢收抢种，反敌人抢粮。在抗战进入相持阶段的艰苦时期，部队进行了“大生产运动”。在 1944 年、1945 年的春耕时期，部队大力垦荒，疏通水利，种植作物；在 1945 年发生虫灾时，和农民一起扑灭蝗虫。

浙东抗日根据地军队是党领导下的人民军队，从成立伊始就坚持党指挥枪原则，坚持宗旨意识，无论在军校学习和日常教育学习中都坚持和军事斗争实践、生产实践相结合，提高士兵军事素养、政治素养和文化素养，锻造成了一支“铁军”。

---

①《战斗中不忘教育学习》,《战斗报》1944 年 8 月 26 日。

第四节　青年、妇女教育

抗战时期，浙东周边沦陷区的大批青年来到浙东参加抗日。在抗日民族统一战线的感召下，主政浙江的黄绍竑实行了一些坚持抗战、发展民主的措施，制定了《浙江省战时政治纲领》，使用进步青年进行抗战宣传教育，建立了政工队。中国共产党充分利用这个在全面抗战初期起到进步作用的组织，贯彻实行抗战主张，并在这个过程中发动、培养、教育青年。

浙东余姚县在1938年3月就建立了政工队，倾向进步的县长林泽和大革命时期的群众领袖郭静唐担任正副队长，共产党员陈小平和从延安学习回来的俞震在政工队中起到了中坚作用。但政工队毕竟还是国民党建立的正式组织，中国共产党为充分发挥其作用，必须建立自己掌控的机构，于是在政工队中建立了青年抗日救亡宣传室（简称“青宣室”）。青宣室最先在余姚马渚五区队建立，基本被中共所掌控，进行抗战宣传，对青年进行政治、文化教育。至1939年4月，全县青宣室发展了“13个，成员达3000多人，大多数是贫苦农民中的青壮年，也有店员、小学教师和其他劳动阶层出身的青年”①。在1939年五六月间举办了青年妇女骨干培训班，学习军事、救护、政治和妇女运动的内容，还在临山镇举办妇女训练班。慈溪县也在中国共

① 中共余姚市委党史研究室编：《姚江风云》，内部资料1994年版，第67页。

产党的推动和主导下，在政工队内部建立了类似青宣室的青年救亡团。据《慈溪日报》的记载，1939 年 2 月，“政工队城区组筹组城区青年救亡工作团，招收团员已有 20 余人，定废历新年，出发城区组各乡镇巡回宣传”[①]。还组织余姚商业人员工作队、慈南战时工程任务大队等，也进行了一些抗战宣传教育活动，其主体大多为青年。但随着国民党顽固派的倒行逆施，控制和取缔政工队，这些青年教育活动都陷于消亡。真正大规模、正式地开展青年教育还是在浙东抗日根据地成立以后。

一、三北民运训练班

1942 年 7 月，中共和浦东部队来到浙东抗战，创建浙东抗日根据地。为发动群众、提高爱国青年的素质，立即举办了训练班。8 月，三北总办事处派翁慧珍、肖黎（李时韵）到镇北，在原妇女训练班的基础上，又招收了一大批从上海来三北地区参加抗战的知识青年，改名为民运训练班，实际上是针对青年的训练班。翁慧珍负责训练班的行政工作，肖黎负责教学工作。中共慈镇工委委员吴祥田牵头联系工委和训练班的工作，训练班的一些老师也是共产党员。这个训练班的学员有 50 多人，分为 5 个组。在当时中共初到三北地区尚以“灰色”面貌对外的情况下，训练班没有成立党支部，知识青年中具有共产党员身份的也不多，但中共党员在其中起着主导作用。

---

①《政工队筹组青年救亡团》,《慈溪日报》1939 年 2 月 18 日。

训练班的教学内容包括抗日民族统一战线、社会发展史、中国革命史、民运工作、妇女运动方法等，主要是提高学员的思想政治水平和实际工作能力，而不是提高他们的文化水平。训练方式采取半军事化的集体生活方式，一边学习一边进行军事训练。训练班地址在龙山区的各个村，随着形势变化而迁移。9月份，肖黎调到三北总办宣传部，中共慈溪工委李默君来训练班负责教学工作。10月份，因顽军进逼三北，训练班提前结束，一部分学员被分配到区委和地方政权机构工作。三北民运训练班为浙东抗战培养了一批人才，但这个训练班在办学宗旨、组织形式、教学内容等方面还不太成熟，只能说是浙东青年教育的雏形。

二、四明地区青年训练班

1944年，浙东抗日根据地已日渐巩固，由于共产党及其领导的军队坚持抗战，在周边地区影响很大，各地青年纷纷来浙东参加抗战，地方上也有很多青年需要参加工作。同时随着根据地政权的建设，各项事业都需要高素质的青年，但新参加革命和工作的青年在思想政治、工作能力等方面还存在一些不足。所以，中共决定在根据地的中心区域四明地区举办青年训练班。

1944年9月初，在四明特署第五次政务扩大会议上，参加会议的浙东行署文教处处长黄源提出，“要通过教育行政会议，以行政力量来进行保送三人受训（初中以上三年教育经验，高中以上一年），仍发还原地工作”[①]。经过研究，四明特办做出“关于四明地区训练班的决议”，培养目标定为“造就各种行政干部及民运工作人员”。四明特办对训练班非常重视，9 月 11 日，专门在《新浙东报》上刊发招生启事，提出训练班宗旨是“为吸收各地知识青年参加抗战，培养各种行政与民主工作干部，以加强敌后民主建设运动与群众工作的开展”，条件是“年纪十八岁以上三十岁以下不分性别有初中程度之文化水平，有抗战热情，无不良嗜好，身体健全，思想纯洁之青年”，培训时间 2 个月，学习期间按照新四军供给制度给予相应待遇，并且“结业后视任务需要与个人能力工作兴趣由本处分派工作”。[②]9 月 23 日，再次通知督导各县政府，指出“前经第五次政务扩大会议通过，由各县负责保送优秀青年前来受训。并经分别规定各县应保送名额。令饬遵照在案。兹原定于九月二十七日前集中之限期即将届满，而各县报到之学员仍属寥寥，甚或犹存只图目前不计将来，只知向上级要人去工作，不知从下面送人来培养之短视浅见，此种狭隘观点殊属非是”，要求“各该主任克日能饬所属各级行政机关，广泛发动知识青年保送来处参加受

① 《四明特办第五次政务扩大会议记录》（节选），浙江省教育科学研究所编：《浙江革命根据地教育资料汇编》（上册），浙江教育出版社 1987 年版，第 37 页。

② 《浙东敌后临时行政委员会驻四明地区特派员办事处为举办青年训练班招生启事》，浙江省教育科学研究所编：《浙江革命根据地教育资料汇编》（中册），浙江教育出版社 1987 年版，第 380 页。

训，以免延误开训日期，事关培养干部，不容稍事玩忽”。[①]经过广泛动员，在报名和报送青年中经过考察，四明地区青年训练班在10月上旬开学，共招生48名。10月10日，青训班学员在袁马举行了新戏演出，剧目为《红鼻子参军》，学员扮演角色，得到了群众的称赞。12日，青训班举办开学典礼，四明地区的党政军领导参加，指出“我们的青训班与国民党不同，不是拿‘礼义廉耻’‘忠孝仁爱’一套来凝固与麻痹青年的认识与思想，而是要造成一种团结、紧张、严肃、活泼的作风，来锻炼青年自己，使成为一个民族的先锋战士”，“要发扬与继承共产党、八路军、新四军的艰苦奋斗、英勇牺牲的精神，克服困难，加强劳动观点，学习抗大和陕公的作风”。[②]这就进一步明确了青训班的宗旨和方向。朱之光恳切地说“不要学教条，理论应与实践结合”[③]，要发扬自我批评精神，加强团结友爱，把学习建立在自觉基础上，希望学员充分利用好难得的学习机会，在各方面提升自己的素质，为抗战和根据地建设做好准备。

培训班的课程内容为中国革命问题、新民主主义论、群众工作、游击战术、青年问题及各种专题报告等，采取专门教师授课和党政军领导讲座相结合的形式。在教学中以政治教育为中

①《四明特派员通知关于各县保送优秀青年去青年训练班受训》，浙江省教育科学研究所编：《浙江革命根据地教育资料汇编》（中册），浙江教育出版社1987年版，第379页。

②《培养新干部　四明青训班开学》，浙江省教育科学研究所编：《浙江革命根据地教育资料汇编》（中册），浙江教育出版社1987年版，第381页。

③《培养新干部　四明青训班开学》，浙江省教育科学研究所编：《浙江革命根据地教育资料汇编》（中册），浙江教育出版社1987年版，第381页。

心，注意改造青年的思想。教学强调理论和实践相结合，培训初期注重课程的学习，之后加重社会实践的分量。经过2个月的培训，学员对马克思主义基本原理、抗战政策、民运工作方法有了更深了解，有的甚至有“脱胎换骨”的感觉。结业后，这批学员大部分分到了四明地区各级政权机构工作。

三、妇女教育

共产主义的目的是解放全人类，妇女解放在中国革命具有特殊意义，共产党在浙东也十分注意妇女教育。1940年初，余姚中心县委就在庵东盐场举办了一期妇女训练班，时间为1个星期，学员有10多个人，大多为党员或积极分子。训练班由县委书记朱学勉亲自授课，主要内容为社会发展简史、党的基本知识、抗战形势、妇女工作等。在当年9月，又进行了一次妇女培训。经过培训的妇女的思想政治素质大大提高，在与国民党争取妇女会领导权上，坚决抵制国民党省党部的控制，与反动力量进行辩论，并发动进步女青年上街游行。

正因为有妇女培训的基础，在浙东抗日根据地建立后，1943年8月，梁弄妇女会成立，提出妇女会的任务是提高妇女觉悟，发展生产，支援革命斗争。1944年1月，妇女界就国民党顽军杀害李敏、袁春妍向全国通电，发出《四明山十万妇女向全国女界控告书》，有力揭露了国民党顽固派的倒行逆施。

四、青年教育的作用

青年教育不仅提高了青年素质，也提高了他们的组织意识。1945 年 5 月，浙东解放区青年联合会开始筹备，根据地各地 100 多名进步青年召开座谈会。会上，青年们根据自己的学习所得和社会实践踊跃发言，做了解放区和沦陷区的生动对比；还联系自身做了批评和自我批评："解放区的代表除了指出许多青年战斗、生产、学习、工作、生活等模范情形外，许多地方代表做了自我批评，并指出了一般青年目前尚存在的缺点。"[①] 经过思想交流，大家形成一致意见，成立了浙东解放区青年联合会。之后，逐渐在各级成立相关青年组织。9 月 1 日，大岚区知识青年会成立，下设宣传、学习、编辑、总务 4 个股，决定在协助政府进行秋季征粮、宣传根据地政府减租减息法令、拥军爱民等方面开展工作。

四明地区对青训班的经验十分重视。1945 年 9 月，四明区党委在制订四明地区三个月宣教工作计划时，专门指出"各地，特别是新解放区，应注意吸收当地青年知识分子参加各项工作"，要采取短期培训方式以提高他们的素质，"目前暂由各地或各工作部门自行分别加以必要的短期教育，教育内容以中国革命与中国共产党、中央八月廿五日对时局宣言及论联合政府

① 《浙东解放区青联筹备会成立》，浙江省教育科学研究所编：《浙江革命根据地教育资料汇编》（中册），浙江教育出版社 1987 年版，第 383 页。

的第二章第三章等为根据，应发扬自由思想、自由辩论，切忌采取对立或打击的方法，这样首先使其认识我党的政策与前途。此外应该以必要的有关的业务知识（如开辟群众工作的基本策略与方法等）”为教育内容[①]。但因抗战形势变化和新四军主力撤出浙东，这些设想未能实现。

---

①《四明地区三个月宣教工作计划》，浙东抗日根据地革命文化史料编纂委员会编：《浙东抗日根据地革命文化史料选编》（上册），内部资料1992年版，第207页。

第五章 浙东抗日根据地教育的历史经验与当代启示

第一节 浙东抗日根据地教育的历史经验

以上各章对浙东抗日根据地的教育方针及社会教育、普通教育、干部教育的具体内容做了较为详细的介绍和阐述，但仍有必要在此基础上拉长观察历史的时间段，把浙东抗日根据地教育放在中国教育近代化的进程中进行深入研究。

一、近代乡村危机中的抗日根据地教育

20 世纪初的中国进入中国历史上千年难见的“三期叠加”时期。所谓“三期叠加”，是指中国历史上常见的每经二三百年的朝代更替期、持续 2000 多年的帝制结束和民主政治制度试行

的时期、西方资本主义社会从自由竞争资本主义向帝国主义过渡从而导致的危机期，在20世纪初罕见地叠加在一起。一般而言，人地矛盾、阶级矛盾、社会矛盾等问题无法解决，引起朝代更替带来兵灾，导致长期积累的社会财富化为乌有，直到新王朝成立，休养生息，重新开始。太平天国起义便是朝代内部矛盾导致，只是由于清王朝依赖武装起来的汉族地主阶级，才得以镇压起义使王朝短期延续。清王朝的覆灭不仅是传统的改朝换代，而且是传统帝制结束、资本主义政治制度在中国试行的“改制”。但资本主义政治制度在中国这块土地上运行不畅，它迅速成为利益集团甚至军事集团掌控的“玩物”，这在北洋政府时期体现得尤为明显。更为严重的是，近代以来中国一直向西方（学日本是间接学习西方）学习，但到20世纪二三十年代，作为学习榜样的西方制度也出现了严重问题，具体表现在第一次世界大战、资本主义世界的经济危机及其带来的民生凋敝、贫富差距严重扩大等问题，使一直向西方学习的中国陡然失去了方向，这从当时诸如梁启超等知识精英的文章中可以看出。总之，这三个历史时期的叠加使中国的近（现）代化进程举步维艰。对中国而言，严重的内部矛盾要求她“外需和戎，内需变法”，迫在眉睫的帝国主义侵略要求她采用能集中力量的威权体制来应对，在城市现代化未充分发展的同时又要采取措施不能使农村破产，虽然这在一定程度上也是城市发展的效应之一。中国的教育正是在这样的背景下艰难地进行着近（现）代化转型。先是零星地学习西方教育制度，接着学习日本，然后学习美欧，进而在学习中发现难以解决的问题，这些问题在20世纪20年代日益突出，而日本帝国主义发动侵华战争使其愈加严重。

西方教育制度是在西方历史文化背景下发展起来、适应资本主义生产制度需要的一种教育制度。应该说它一定程度上代表了当时先进生产力的要求，但在落后的中国，教授先进科学知识的教育与生产形成“两张皮”，近代教育传授的知识对农村的生产和生活无用，财富和教育向城市集中，导致农村的落后和破产。农村的社会和文化也形成整体性衰败趋势，与城市形成两极分化。在城市中，大量的高等院校、职业学校、师范院校和中等学校集中设置，并形成了完备的教育布局。城市生活吸引财富、人才、文化汇集到城市。这种单向的流动如同抽水机一样把农村的资源“抽”到城市，大量人才的流失导致农村知识精英匮乏，而财富的流失也使农村的生存竞争加剧，面对政权的“集权化”趋势和行政“密化”，农村出现大量“土豪劣绅”，阶级、基层矛盾大大加剧。农村的社会规范和文化传统被破坏，也导致了乡村教育的衰败。

面对这样的严峻局面，近代的仁人志士想出不同的措施来解决，如工业救国、科学救国、教育救国等。应该说这些措施都有一定道理，也触及了一些真正的问题。如吴景超、陈序经等人提出的“工业救国”，认为中国还处于前工业化时代，落后的关键就在于工业不发达；中国农业确实落后，但农业要想真正发展，只有让工业先发展起来，才能为农业产品和原材料提供市场，才能为农村富余劳动力提供劳动机会。事实上，苏南、浙东等地区的工业发展确实也是这一地区发展的关键因素之一。但一方面，工业化的发展成果传导到农村有一个“时差”，在一定阶段工业化及其带来的城市化发展又成为乡村衰败的原因之一。又如科学救国，科学落后是近代中国落后的原因之一，但科学的发展需要经济、教育等条件，确实也在经济发展中起着重要作用。但单一维度的科学发展难以对社会全面发展起到关键作用。具体到教育领域来说，教育的发展需要稳定的政治局势、充裕的经济基础和开明的社会环境，但在社会全面衰败的“三期叠加”时期，这些条件都不具备，教育起不到应有的促进社会发展的作用，反而自身也出现“撕裂”，使乡村教育呈现“不适”状态。

同时，乡村教育在教育模式和培养目标上被迫与城市教育一体，纳入西方资本主义的工业社会教育模式中。中国教育近代化的途径基本是以欧美（日本也是学习欧美）工业社会的教育为样本，其学制、教学方式、培养目标都是学习西方，将西方适应工商城市社会的教育模式搬到乡村。如西方教育模式的规范性相当强，假期为星期日放假和寒暑假，这和中国农村的农业生产季节不一致，而且农村家庭大多数把少年儿童作为半劳动力使用，难以真正实行星期日和寒暑假休息制。现代西方的初等、中等教育是上一级学校的准备，是为了让学生升入上一级学校，如果升不上学则所学知识甚少，为当时中国乡村所不适用；也就是说按照中国近代教育实际情况，完成初级、中级教育后如果升不上学，对农村来说就是个“废人”。

另外，近代西方教育是一种高成本的教育模式，为当时农业社会所难以承担。近代西方学校教育中的中等以上教育大多设在城市，如接受完初等教育，就要进城读书，所需成本是一般贫苦农民所难以承担的。同时，近代西方教育模式的学习时间长，如“癸卯学制”的初小为5年，高小为4年，这样要花费9年时间才能进入中等教育；“壬子癸丑学制”的初等教育也要7年时间。就当时乡村的经济水平来说，一般农村家庭是很难承担的。

为解决这些难题，在20世纪二三十年代出现了“乡村建设派”，这个派别成员大多为城市知识阶层，他们通过组织团体、募集资金、争取当局支持等方式深入农村进行建设。在20世纪30年代，全国相关机构、团体有600多个，在1000多个试验区进行过“乡村建设”。如梁漱溟在河南、山东等地进行“乡村建设”，他提倡政治、经济、教育三者相互配合、合而为一，综合改造，进行适合农村生产、生活之需要的教育，但辛苦多年，成效甚微。蒋梦麟等人也建立了湘湖乡村师范学校，以陶行知先生的生活教育和乡村教育思想为指导，进行乡村建设。该校在创建初期曾实行过“弹性学制”和“教学做工学制”。“弹性学制”是不限制学习年限，通过学校的课程考核后便可毕业；“教学做工学制”是学校学习和农业、手工业劳动相结合，并在学习成绩中予以体现。此外还开展了办农村小学、民众夜校，进行农业技术推广和文化宣传等社会教育。但随着国民党统治的巩固，对乡村建设加紧了控制，在这些学校内实行“训育”

制度，压缩其社会教育的范围，取缔社教组织和活动，只允许官办社教机构的存在，导致其影响越来越小。到全面抗战时期，依赖于国民政府支持的“乡村建设派”因为政权在日寇侵略中“逃亡”，大部分乡村建设活动及其在教育上的实践迅速消亡。

既然改良的方法走不通，只有走激烈的革命方式，特别是在抗战全面爆发的民族危亡关头。中国共产党创建抗日根据地，在各根据地范围内完成了政令统一，率领根据地军民反抗日伪和国民党顽固派的进攻，进行经济、社会、文化等各项事业建设，为根据地的乡村建设和教育发展准备了条件。中国共产党吸收苏维埃时期的教育经验，结合抗战需要和根据地乡村的实际情况予以改进，制定了新民主主义教育政策，在社会教育、普通教育、干部教育等领域中都有新的发展，取得了很大成绩。虽然当时国民党政权和一些“乡村建设派”诟病根据地教育水平不高及意识形态性，但中国共产党成功地普遍提高了根据地人民群众的思想文化素质，把他们整合起来成为新政治体系中的一部分，一定程度上解决了“乡村危机”，却是不争的事实。

二、浙东抗日根据地教育的历史经验

作为中国共产党领导建立的抗日根据地，浙东抗日根据地和其他抗日根据地一样，在教育的大政方针上都是和中央保持一致的，对中央提出的新民主主义教育方针，浙东抗日根据地都是认真贯彻执行的。但是浙东由于建立较晚，具有后发优势，且具有教育基础好、地域文化独特等条件，根据地教育形成了以下经验。

（一）浙东抗日根据地是贯彻执行新民主主义教育方针的典范

新民主主义教育的内涵是“民族、科学、大众”的教育。“民族”就是坚持民族独立，反抗日本侵略，反对奴化教育；“科学”就是反对封建愚昧，吸收近代先进科学技术；“大众”就是坚持人民利益。浙东抗日根据地是贯彻这个方针的典范。中国共产党和根据地政权从进入浙东第一天起就秉承坚定的抗战目标，指出教育工作的重心就是“打鬼子”，在这一点上没有任何迟疑、犹豫、反复。这和浙东国民党政权形成鲜明对比。国民党政权在日军入侵之际畏敌弃责，致使国土沦丧，教育受到严重摧残，大批学生失学流亡。而中国共产党和浙东抗日根据地政权积极恢复教育，坚决反对日军的奴化教育，提高社会各阶层思想政治水平。浙东抗日根据地政权认真开展基本文化教育，采用灵活的学制和教学方式，提高根据地儿童、青年和干部的文化水平和现代科学水平。中国共产党根据地政权高度重视根据地人民群众的根本利益，在教育上适当向贫苦农民倾斜并在升学等方面予以适当照顾。客观上，由于浙东抗日根据地建立较晚，根据地政权大力发展教育之时正是新民主主义教育方针、政策成熟之时，所以更易于贯彻执行党中央提出的各项具体政策。总之，浙东抗日根据地虽然处在日伪的侵略和国民党顽固派的频繁摩擦环境中，远离党中央和陕甘宁抗日根据地，但仍认真贯彻执行新民主主义教育方针，取得了很大成绩。

（二）浙东抗日根据地的教育在各抗日根据地中独具特色

相对于抗战时期局势比较稳定的陕甘宁抗日根据地、文化教育相对落后的华北各抗日根据地、处于游击状态的苏南抗日根据地，浙东抗日根据地有着更为复杂的环境和深厚的文化积淀，在教育上也呈现出更多的特色。著名教育学家陈桂生教授提出，浙东抗日根据地“创造了一种既不同于陕甘宁边区抗日后方基地，又不同于华北、华中其他敌后抗日根据地，甚至也不同于苏南游击根据地的抗日民众教育新类型”[①]。但陈桂生教授没有具体阐述这一点。据个人体会，其原因主要是：一方面，在教育政策上，浙东抗日根据地根据浙东的实际情况，对陕甘宁边区的教育政策实事求是地灵活运用。根据地的教育模式有其内在的逻辑，不可简单拿西方近代教育制度比附，陕甘宁边区提出了“干部教育重于群众教育”“成人教育重于儿童教育”的教育政策，其内在逻辑是：“我们的学制中的各种等级、入学资格、在学年限及其互相衔接，是不能像旧制度那样去设想和处理的。我们大致也有个三级制，即群众教育（村镇乡市范围的成人教育和儿童教育）、初级干部教育（县或分区范围，县科员及区乡级干部的提高和培养）和中级干部教育（军区或边区范围，边区科员、县区干部及从事农工商医艺术文化事业干部的提高和

① 陈桂生：《中国革命根据地教育史》（中册），华东师范大学出版社 2016 年版，第 376 页。

培养）。”“这三级的学校，有时也许还可以袭用一般中学大学的名目，但实质却显然不同。”“在和平的时代，这种情形并不是我们的理想（虽然这种情形就在那时也不能完全避免），但在战争时期，这就是合乎规律，也就是合乎理想的。”①并在重要程度上明确指出“把干部教育放在第一位”②。但浙东抗日根据地“善于掌握这些文件与指示中的精神与实质，根据浙东的具体环境及时改变方针”③，将中央的教育政策和陕甘宁的经验加以运用，并调整为“开展社会教育”“改革学校教育”，符合浙东情况，引导了实际教育工作的发展。另一方面，在实际教育的开展上，在全面抗战初期，浙东党组织更多地采取“灰色隐蔽”的方式，依靠国民党政权的合法面目开展教育事业，在根据地政权建立后，也充分利用抗日民族统一战线，发挥当地士绅、进步力量参与教育，在基本区、游击区和敌占区采用不同方式，使根据地的教育呈现了多种形态。

（三）浙东抗日根据地的教育充分体现了浙东文化特质

浙东文化具有重视实际、经世致用、开放兼收等特质，这也反映在浙东抗日根据地的教育上。在根据地教育发展过程中，中国共产党和根据地政权深刻认识到广大农村生产生活的水平，在学制、教学、经费等方面充分顾及这种实际情况，侧重“普

①《论普通教育中的学制与课程》，《解放日报》1944年5月27日。

② 李鼎铭：《文教工作的方向》，《老解放区学校教育资料选集》（第二辑），河南人民出版社1958年，第40页。

③《第三届浙东文教会决定新的文教方针》，《新浙东报》1944年10月11日。

及”，不强求一律，教学内容兼顾抗战和生产需要。浙东的商品经济比较发达，虽然在抗战时期受到严重破坏，但根据地政权仍开办了职业教育，这在其他抗日根据地是不多的，体现了浙东文化中的“讲求实效”精神。浙东抗日根据地虽坚定地贯彻执行新民主主义教育方针，但并不自我封闭、排斥先进因素。在发展教育中，它通过教育会等形式，吸收进步知识分子，认真采纳复式教学、联合休业式等教学方法，并编辑《三北教育》等专业杂志予以推广，体现了浙东文化中的包容性、创新性和“自得”精神。

第二节　浙东抗日根据地教育的当代启示

中国共产党领导浙东抗日根据地教育的恢复和发展，在全面抗战时期的艰苦条件下取得了很大成绩，创造了丰富的历史经验、做法，对新时期教育特别是浙东地区教育的发展具有重要启示。

一、新时代的教育必须坚持党的领导，办人民群众满意的教育

在革命和建设的不同历史阶段，中国共产党领导各族人民和进步力量，通过制定教育方针和政策、发展各种类型的教育、团结知识分子等方式，确立正确的教育方向，大力发展教育。

在苏维埃时期，开始建立适应革命环境和苏区实际的教育制度，普及工农劳动群众的免费教育，开展干部教育和军队教育。在抗战时期，适时调整教育政策，建立教育界的抗日民族统一战线，坚决反对日伪奴化教育，调整教育结构，系统改革学制，为抗战胜利培养了思想文化合格的人才队伍。在解放战争的后期，提出了接管和改造旧学校的政策，为新中国教育事业的发展奠定了基础。中华人民共和国成立初期，稳妥地接收学校，进行教育调整。改革开放时期，对学制进行了改革，普及义务教育，协调发展高等教育，取得了很大成绩。虽然其中也出现过一些缺点和偏差，但整体上在革命和建设时期，党领导教育事业取得了丰功伟绩。这些成绩和进步获得了人民群众的赞赏和满意。

为人民服务是党的宗旨，办人民群众满意的教育是党在教育领域的根本目的，革命时期党办教育取得成绩的根源在此，社会主义建设时期、改革开放新时期和中国特色社会主义新时代的教育取得成绩的根本也在此。毛泽东曾指出，办教育“一定要从群众的实际需要出发，而不要从任何良好的个人愿望或历史教条出发”[①]。习近平在党的十九大报告中指出：“建设教育强国是中华民族伟大复兴的基础工程，必须把教育事业放在优先位置，深化教育改革，加快教育现代化，办好人民满意的教

①《毛主席在边区文教大会演讲文教统一战线方针》，《解放日报》1944年11月1日。

育。”[①] 在建设中国特色社会主义的新时代，必须坚持党对教育的绝对领导，以人民群众满意不满意为标准，贯彻执行新时代中国特色社会主义理论和习近平总书记关于教育工作的系列指示精神，办好新时代的社会主义教育。

二、坚持实事求是原则，善于根据时代主题的变化及时对教育进行改革

实事求是是党的思想路线，浙东抗日根据地按照这个路线，对浙东教育情况认真深入调研，不是教条式地贯彻中央的教育方针、政策，而是根据浙东的历史、文化特点创造性地执行，并根据不同时期的革命主题进行改革。不同历史时期、不同地区的人民群众对教育有不同的需求，如果说在革命时期人民群众更多地需要教育普及，其需要相对单一；那么在新时期，人民群众在教育上不仅需要普及，还需要提高，而且其教育需求呈多样化趋势。如改革开放后，党和政府对教育体制进行了深入、系统的改革。《国家中长期教育改革和发展规划纲要》提出要“把改革创新作为教育发展的强大动力”，新时期的教育应该勇于、善于根据时代主题的变化和人民群众需求的变化，发现问题，认真研究，科学、及时地进行改革。

①《习近平在中国共产党第十九次全国代表大会上的报告》，2017 年 10 月 28 日，http://cpc.people.com.cn/n1/2017/1028/c64094-29613660-10.html。

三、汲取浙东优秀文化的营养，促进新时代教育发展

习近平指出："一个没有精神力量的民族难以自立自强，一项没有文化支撑的事业难以持续长久。"① 他还讲道："中国特色社会主义文化，源自于中华民族五千多年文明历史所孕育的中华优秀传统文化，熔铸于党领导人民在革命、建设、改革中创造的革命文化和社会主义先进文化，植根于中国特色社会主义伟大实践。"② 对浙江来说，浙江文化传统和浙江精神对新时代浙江的全面发展和教育进步起到了不可替代的作用。《宋史》认为浙江人的文化气质，是"人性柔慧，尚浮屠之教。俗奢靡而无积聚，厚于滋味。善进取，急图利，而奇技之巧出焉"③，充满了浓郁的图利、进取精神。正是在这个基础上形成的"工商皆本""义利并重""经世致用"的精神，形成了浙江人的精神底色，也深刻影响到浙江文化教育的特质。习近平曾对浙东学派的几位思想代表做过总结，认为："宋代'永嘉学派'代表人物陈亮提出'商藉（借）农而立，农赖商而行'；'永嘉学派'代表人物叶适提出'通商惠工，皆以国家之力扶持商贾、流通货币'，主张农商相补，反对义利两分。明末大思想家黄宗羲则第

---

① 习近平：《在同各界优秀青年代表座谈时的讲话》，中共中央文献研究室编：《十八大以来重要文献选编》（上），中央文献出版社 2014 年版，第 280 页。

② 习近平：《决胜全面建成小康社会　夺取新时代中国特色社会主义伟大胜利》，《党的十九大文件汇编》，党建读物出版社 2017 年版，第 28 页。

③ 脱脱：《宋史》，中华书局 1998 年版，第 2177 页。

一次明确提出‘工商皆本’，反对歧视商业的观念。”[①] 正是在浙东文化优秀因素的滋养下，“自强不息、坚韧不拔、勇于创新、讲求实效”的浙江精神形成了，推动浙江成为改革发展的“领头羊”。新时代浙江尤其浙东地区的教育发展也应该充分继承、发扬浙东文化的特质，使现代教育充满人文精神、创新精神、兼容精神、进取精神。

四、科学总结、传承弘扬浙东抗日根据地的“红色基因”

“红色基因”是一种革命精神的传承，是中国共产党人的精神内核，是中华民族的精神纽带。“红色基因”和浙东抗日根据地、南湖一大会址等浙江革命历史资源有密切关联。习近平一贯重视“红色文化”和“红色基因”的传承，并深刻阐述了“红色基因”的精神内涵。2003 年春节前，刚就任浙江省委书记的习近平到梁弄镇考察，为其提出建设“革命老区全面奔小康样板镇”的目标；2005 年 2 月，习近平率浙江省委理论学习中心组成员到嘉兴南湖瞻仰中共一大会址之一——红船，之后在 6 月 21 日的《光明日报》上发表《弘扬“红船精神”　走在时代前列》。文章指出“红船精神”是“中国革命的精神之源”，与党在历史上形成的优良传统、革命精神有着直接的渊源关系；还阐述了“红船精神”的内涵，包括“首创精神”“奋斗精神”

① 习近平：《干在实处　走在前列——推进浙江新发展的思考与实践》，中共中央党校出版社 2006 年版，第 316 页。

和“奉献精神”的系统内容。[①] 这个概括不仅极为丰富和精辟，而且“渊源”说和“基因”存在着内在的密切联系。党的十九大胜利闭幕后，中央政治局常委第一次集体考察选择了嘉兴南湖。同时，习近平对“基因”的概念十分重视，他在浙江工作期间提出浙江“文化基因”的概念，指出正是这种“文化基因”孕育和造就了“浙江精神”，并“极大地推动了浙江社会生产力的解放和发展”。可以说，习近平虽在浙江时期未正式提出“红色基因”的思想，但他提出的“红船精神”、浙江“文化基因”等概念和关于红色文化、党的优良传统、精神丰碑等一系列论述中蕴含的精神内涵，与之后提出的“红色基因”精神内涵都是一脉相承的。经过长时间的酝酿，习近平于 2013 年 2 月在兰州军区正式提出“红色基因”思想，指出西北地区红色资源丰富，是延安精神的发源地，要发扬红色资源优势，深入进行党史军史和优良传统教育，把红色基因一代代传下去。[②]2017 年 7 月 21 日，习近平和中央政治局常委班子在中国人民革命军事博物馆参观时，又对“红色基因”“四个自信”和中国梦的关系做了阐述。2019 年 5 月 20 日，习近平同志又在赣南提出传承“红色基因”需要贯彻“四个不忘”的要求。这一系列的重要论述形成了完整的“红色基因”思想体系。“红色基因”思想内涵深邃、包容宏大，从横的角度看涵盖了政治、经济、社会、文

---

① 习近平：《弘扬“红船精神” 走在时代前列》，《光明日报》2005年6月21日，第A3版。

②《兰州军区将红色基因融入官兵血脉为打胜仗提供动力》，2014 年 10 月 26 日，http://politics.people.com.cn/n/2014/1026/c70731-25909248.html。

化建设各领域，还包含党的组织建设、思想建设、廉政建设等各方面，从纵的角度看包含党诞生以来的各个历史阶段的经验，还包括实现途径、发展方向等各方面内容，有必要深入挖掘、研究。

习近平指出："红色基因不能变，变了就变了质。"① "要讲好党的故事……加强革命传统教育、爱国主义教育、青少年思想道德教育，把红色基因传承好，确保红色江山永不变色。"② 浙东抗日根据地有着丰富的红色资源，习近平对此十分重视。2018年3月2日，他在给梁弄村干部群众的回信中，提出"不忘初心、牢记使命，传承好红色基因，发挥好党组织战斗堡垒作用和党员先锋模范作用"③，对研究、传承浙东红色基因做出重要指示。中国共产党在浙东的不同历史阶段，在政治、军事、经济、社会、文化、教育等各领域的建设中都有丰富内容，还有很多值得深入研究的领域，从本书关于浙东抗日根据地教育的研究中就可以发现不少新的内容。"红色基因"的传承要建立在扎实研究的基础上，有史有据有论，应重视对浙东抗日根据地的教育及其他领域的深入研究，在新时期传承好浙东抗日根据地的"红色基因"。

① 习近平：《论中国共产党历史》，中央文献出版社 2021 年版，第 109 页。
② 习近平：《论中国共产党历史》，中央文献出版社 2021 年版，第 111 页。
③《习近平回信勉励浙江宁波余姚横坎头村全体党员》，《人民日报》2018 年 3 月 2 日，第 1 版。

参考文献

一、专著

[1] 中共浙江省委党史资料征集研究委员会，浙江省档案馆．浙东抗日根据地 [M]. 北京：中共党史资料出版社，1987.

[2] 杭州大学历史系，浙江省档案馆．浙江革命历史档案选编：抗日战争时期·下 [M]. 杭州：浙江人民出版社，1985.

[3] 浙江省档案馆，中共浙江省委党史研究室．日军侵略浙江实录：1937—1945[M]. 北京：中共党史出版社，1995.

[4] 宁波市新四军暨华中敌后抗日根据地研究会．浙东抗战与敌后抗日根据地史料丛书 [M]. 北京：中共党史出版社，2001.

[5] 绍兴市文化局，中共绍兴市委党史办公室．绍兴革命文化史料汇编（1919—1949）[M]. 北京：团结出版社，1992.

[6] 金华市文化局史料汇编委员会 . 金华市革命文化史料汇编 [M]. 杭州：杭州大学出版社，1991.
[7] 浙江省教育科学研究所 . 浙江革命根据地教育资料汇编 [M]. 杭州：浙江教育出版社，1987.
[8] 余姚市新四军研究会，余姚市史志办公室，余姚市关心下一代工作委员会 . 姚江怒涛：余姚抗日战争史料选编 [M]. 北京：中国文化出版社，2005.
[9] 中共慈溪市委党史研究室，慈溪市新四军研究会 . 慈溪抗战文献 [M]. 北京：中共党史出版社，2007.
[10] 教育科学研究所筹备处 . 老解放区教育资料选编 [M]. 北京：人民教育出版社，1959.
[11] 老解放区学校教育资料选集：第 2 辑 [M]. 郑州：河南人民出版社，1958.
[12] 浙江省宁波市委党史研究室 . 宁波市江东区抗日战争时期人口伤亡和财产损失 [M]. 北京：中共党史出版社，2015.
[13] 中共浙江省委党史研究室 . 浙江八年抗战：下册 [M]. 北京：中共党史出版社，1996.
[14] 宁波市政协文史委员会 . 烽火浙东：纪念抗战全面爆发 80 周年回忆文选 [M]. 宁波：宁波出版社，2018.
[15] 楼适夷 . 四明山杂记 [M]. 秦皇岛：求实出版社，1949.
[16] 浙江省教育志编纂委员会 . 浙江省教育志 [M]. 杭州：浙江大学出版社，2004.
[17] 浙江通志教育志编纂委员会 . 浙江通志・教育志 [M]. 杭州：

浙江人民出版社，2019.
[18] 邵祖德，等 . 浙江教育简志 [M]. 杭州：浙江人民出版社，1988.
[19] 宁波市教育委员会 . 宁波市教育志 [M]. 杭州：浙江教育出版社，1996.
[20] 奉化教育志编纂委员会 . 奉化教育志 [M]. 杭州：浙江人民出版社，2003.
[21] 鄞县教育志编纂办公室 . 鄞县教育志 [M]. 北京：海洋出版社，1993.
[22] 马克思，恩格斯 . 马克思恩格斯选集 [M]. 北京：人民出版社，1972.
[23] 列宁 . 列宁专题文集 [M]. 北京：人民出版社，2009.
[24] 毛泽东 . 毛泽东选集 [M]. 北京：人民出版社，1991.
[25] 习近平 . 论中国共产党历史 [M]. 北京：中央文献出版社，2021.
[26] 中共浙江省委党史研究室 . 中国共产党浙江历史 [M]. 北京：中共党史出版社，2011.
[27] 浙江省新四军历史研究会 . 浙东抗日根据地史 [M]. 北京：中共党史出版社，2005.
[28] 楼子芳 . 浙江抗日战争史 [M]. 杭州：杭州大学出版社，1995.
[29] 王艳玲 . 教育学 [M]. 北京：北京师范大学出版社，2016.
[30] 金普森 . 浙江通史 · 民国卷：上 [M]. 杭州：浙江人民出版

社，2005.
[31] 袁成毅 . 浙江通史 · 民国卷：下 [M]. 杭州：浙江人民出版社，2005.
[32] 张彬 . 浙江教育史 [M]. 杭州：浙江教育出版社，2006.
[33] 张彬 . 从浙江看中国教育近代化 [M]. 广东教育出版社，1996.
[34] 李涛 . 浙江近代乡村教育史 [M]. 杭州出版社，2009.
[35] 辜筠芳 . 宁波教育史 [M]. 杭州：浙江大学出版社，2011.
[36] 陈桂生 . 中国革命根据地教育史：中册 [M]. 上海：华东师范大学出版社，2016.
[37] 朝泽江 . 宁波抗日战争史 [M]. 宁波：宁波出版社，2020.
[38] 宋荐戈，张腾宵 . 简明中国革命根据地教育史 [M]. 北京：中国文史出版社，2016.
[39] 余子侠，冉春 . 抗日战争时期中国教育研究 [M]. 北京：团结出版社，2015.
[40] 常云平，罗玲 . 调适、规划与重建：抗战时期的中国教育近代化 [M]. 北京：科学出版社，2017.

二、期刊

[1] 冯永之 . 浙东抗日根据地的教育事业与教育方针 [J]. 宁波师范学院学报（社会科学版），1991（2）：33-36+44.
[2] 钟冶平 . 浙东抗日根据地的越剧改革 [J]. 铁流，2018（38）：

214-219.

[3] 汪湛穹 . 乡村传统戏剧的时代呈现：基于浙东抗日根据地“的笃戏”改造的考察 [J]. 中国农史，2020（6）：90-99.

[4] 吴敏超 . 浙东抗日根据地统战工作再研究 [J]. 中共党史研究，2018（9）：21-33.

[5] 吕克军 . 浙东抗日根据地廉政建设：历程、经验与当代价值 [J]. 浙江理工大学学报（社会科学版），2021（3）：311-316.

[6] 谢济堂 . 适应革命需要　快速培养干部：试谈苏区专业学校的办学特点 [J]. 党史研究与教学，1981（2）：22-28.

[7] 高华 . 试论延安教育的价值和意义 [J]. 江苏社会科学，1999（6）：120-126.

[8] 张孝亮 . 陕甘宁边区教育基本经验初探 [J]. 教育研究，1982（7）：24-30.

[9] 张孝亮 . 论抗日战争时期毛泽东同志的教育理论与实践 [J]. 延安大学学报（社会科学版），1984（1）：26.

[10] 仕钟印 . 论抗日战争时期陕甘宁边区的两次教育改革 [J]. 华中师院学报（哲学社会科学版），1984（2）：84-92.

[11] 陆平一 . 抗日战争时期我党干部教育的优良传统 [J]. 上海党校学报，1985（4）：10-14.

[12] 郑涵慧 . 陶行知教育思想在陕甘宁边区 [J]. 行知研究，1987（1）：56.

[13] 林子秋 . 华中抗日根据地的干部学校教育 [J]. 盐城师范学院学报（人文社会科学版），1987（2）：127-129+132.

[14] 宋荐戈．抗日根据地普及小学教育的历史回顾 [J]. 山西师大学报（社会科学版），1988（3）：88–91.

[15] 马树功，王明钦．论抗日根据地的冬学教育 [J]. 南都学坛，1990（4）:63–70.

[16] 吴德刚．革命根据地义务教育举要 [J]. 教育史研究，1992（1）:45–48.

[17] 陈桂生．略论抗日根据地的教育方针与教育政策 [J]. 教育史研究，1992（4）:41–46.

[18] 李忠康．略论党在抗日根据地的教育政策 [J]. 山西师大学报（社会科学版），1995（3）：71–46.

[19] 陈祖怀．抗日民主根据地教育特色论 [J]. 史林，1995（2）：29–37.

[20] 渠长根．论抗日战争时期我党干部教育的历史经验 [J]. 法学论坛，1995（3）：48–52.

[21] 巩小华．试论抗日根据地学校中的民主精神 [J]. 教育史研究，1997（3）：49–74.

[22] 万新方．抗日根据地太行区的冬学运动 [J]. 河南大学学报（社会科学版），1997（6）：52–54.

[23] 瀚青，梅艳．革命根据地反奴化教育的斗争 [J]. 河北师范大学学报（教育科学版），2000（2）：23–27.

[24] 许友根．抗战时期盐阜根据地社会教育述论 [J]. 教育史研究，2001（4）：84–89.

[25] 向喜宗．浅析党在抗战时期的干部教育工作 [J]. 绵阳师范高

等专科学校学报，2001（6）：16-18.

[26] 方晓东 . 试论毛泽东关于新民主主义文化教育纲领的理论建树及影响：纪念毛泽东诞辰 110 周年 [J]. 中国教育学刊，2003（12）：5-8.

[27] 徐卫红 . 毛泽东论教育的双重身份及对中国学校教育的影响 [J]. 教育史研究，2004（1）：7-10.

[28] 栗洪武 . 陕甘宁边区“干校教育模式”的基本特点及其意义 [J]. 陕西师范大学学报（哲学社会科学版），2005（3）：123-128.

[29] 姚尚右 . 试论淮南抗日根据地的教育 [J]. 巢湖学院学报，2005（5）：104-108.

[30] 詹永媛 . 从政治社会化视角论抗日民主根据地的教育 [J]. 广西师范大学学报（哲学社会科学版），2005（3）：111-115.

[31] 王春慧 . 抗日根据地冬学运动的民众动员作用 [J]. 贵州文史丛刊，2005（4）：80-84.

[32] 周江平 . 论抗战时期陕甘宁边区“干部教育重于群众教育”之成因 [J]. 湘潭大学学报（哲学社会科学版），2005（S2）：73-75.

[33] 周谷平，袁玉华 . 借鉴、融合与创新：抗日根据地教育模式探析 [J]. 浙江教育学院学报，2006（1）：63-69+87.

[34] 李玉玲 . 抗战时期的在职干部教育 [J]. 历史教学，2006（2）：70-73.

[35] 苏泽龙，刘润民 . 抗战时期太行根据地的冬学运动 [J]. 教育

理论与实践，2006（4）：4-6.

[36] 尹全海，周江平. 浅析抗日根据地开展冬学运动的原因 [J]. 信阳师范学院学报（哲学社会科学版），2006（5）：117-120.

[37] 崔玉婷. 延安教育模式与邹平教育模式：近代中国乡村教育的不同路向 [J]. 华东师范大学学报（教育科学版），2006（4）：88-95.

[38] 姚艳杰. 老解放区的扫盲教育及其现代启示 [J]. 继续教育研究，2007（1）：118-120.

[39] 周江平，刘素娜. 论抗日根据地冬学运动的领导与管理 [J]. 河北青年管理干部学院学报，2007（2）：55-57.

[40] 郭夏云. 中国乡村教育的改革与实践：以抗战时期根据地的小学教育为例 [J]. 教育理论与实践，2007（12）：4-6.

[41] 周竞凤. 冬学运动历史对当代农民教育的几点启示 [J]. 中国成人教育，2007（5）：128-129.

[42] 赵娟. 试论革命根据地的教材建设及其现实启示 [J]. 河北师范大学学报（教育科学版），2009（7）：36-40.

[43] 张志忠. 对抗日民主根据地文化建设的若干思考 [J]. 晋阳学刊，2010（4）：120-129.

[44] 吴小鸥，杨红波. 试论革命根据地教科书的政治动员 [J]. 广西社会主义学院学报，2010（6）：68-72.

[45] 庞海音. 在精英教育与大众教育之间：延安“鲁迅艺术学院”文艺教育方针的变迁及反思 [J]. 北京广播电视大学学

报，2010（6）：56-58+64.

[46] 程斯辉，李中伟．从政治教育学到民生教育学：中国共产党领导教育的与时俱进 [J]. 复旦教育论坛，2011（4）：5-14.

[47] 李峰．中国教育史上的伟大变革：新民主主义教育思想对中国教育发展的影响（上）[J]. 甘肃教育，2011（13）：11-13.

[48] 李峰．中国教育史上的伟大李变革：新民主主义教育思想对中国教育发展的影响（下）[J]. 甘肃教育，2011（14）：5-8.

[49] 李俊奎．中国共产党在延安时期的教育实践考察及反思 [J]. 南京理工大学学报（社会科学版），2011（4）：7-11.

[50] 李波，范冬月．中国共产党新民主主义革命时期干部教育述略 [J]. 党政干部学刊，2012（2）：31-34.

[51] 乔书田．抗战时期中共领导的革命音乐运动 [J]. 党史博览，2013（6）：49-52.

[52] 郭孝文，王琪．论毛泽东教育思想的形成阶段、体系特征与历史地位 [J]. 中共青岛市委党校、青岛行政学院学报，2014（1）：78-83.

[53] 王龙飞．战争与革命时空下的小学教员与学生：以陕甘宁边区为中心 [J]. 南京大学学报（哲学、人文科学、社会科学），2014（5）：101-112+159-160.

[54] 刘巧利，王晓燕．抗战教育的历史贡献与深远启示：纪念抗

战胜利 70 周年 [J]. 教育研究，2015（9）：4–9.

[55] 周保垒 . 抗战时期中国共产党吸引与动员青年方式探讨 [J]. 湖北科技学院学报，2015（12）：43–45.